2022
年度版

「コンサルティング力」がアップする

FP資格を活かす

150の話題

中野克彦 著

ビジネス教育出版社

JN172881

～ 本書の特徴 ～

1．ＦＰコンサルティングを行うためのスキルと手法を掲載！

　ＦＰは知識さえあればいい！と思われがちですが、知識はお客様に伝えてこそ価値があります。しかし、重要な知識でさえ、今となってはネットで検索すれば調べられる時代です。**デジタル時代に対応できるＦＰ**になるにはどうすればいいのでしょうか？

　本書は、最終章の**コンサルティング・スキル**をさらにパワーアップし、最新テクノロジーからシェア経済、DXについても触れています。

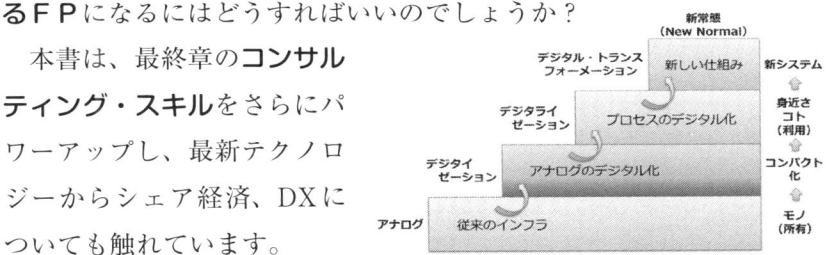

2．制度改正の背景や、改正ポイントを分かりやすく解説！

　さて、下記の改正はどこまでご存知でしょうか？

① 公的年金の繰下げが**75歳**までできるようになった

② 地震保険料がまた**引き上げ**られた

③ **ひとり親控除**という新しい所得控除ができた

④ 建ぺい率を「**建蔽率**」と漢字で書くようになった

⑤ 自筆証書遺言でも、**検認不要**とする方法がある

大切なことは改正の詳細ではなく改正の背景や概要を知ることです。

３．データから分析する生命保険の死亡保障と医療保障！

　日本人の多くが加入している生命保険。保険の種類は様々ありますが、死亡保障と医療保障、どのくらいの備えが必要なのかイメージできるでしょうか？

　保険料の具体的な計算も含め、厚生労働省の様々なデータから、考えていきます。例えば、65歳以上の平均の入院日数は、心疾患で22.2日、脳血管疾患だと86.7日と、脳がらみの入院が特に長くなっています。

（単位：日）

34歳	35〜64歳	65歳以上	75歳以上（再掲）
1.1	21.9	37.6	43.6
3.		43.3	52.9
3.	**22.2日**	39.5	47.8
0.0	9.0	22.2	28.8
5.6	45.6	86.7	98.9
	86.7日	36.6	39.4
8	33.4		35.3

４．知識のブラッシュアップは定期的に行うのがコツ！

　ＦＰの試験科目は6課目もあり、幅広い知識が求められています。時が経てば忘れていくものですが、一度学んだことは、本書を読み返すことで蘇ってきます。下記は、いわゆる103万円の壁です。試験対策本ではありませんが、**資格ホルダーを意識した内容**を目指しています。もう一度ご自身の知識に磨きをかけてみませんか？

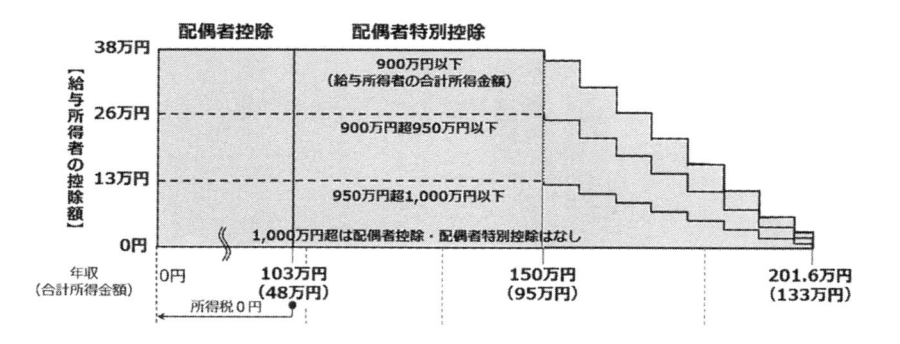

「コンサル力」がアップする
FP資格を活かす 150の話題

も く じ

第 1 章　ライフプランニングと資金計画

第1章特集　公的年金と確定拠出年金

第2章　リスク管理

第3章　金融資産運用

第4章　タックスプランニング

第5章　不動産

第6章　相続・事業承継

第7章　コンサルティング・スキル

（本文イラスト：福島由恵）

第1章

ライフプランニングと資金計画

　長寿の国に住む私たちにとって、ライフプランを検討することは重要です。仮に、20歳から60歳まで仕事をしたときの自由時間と、引退後60歳から80歳までの自由時間は、ほぼ同じかそれ以上あります。未来を想定し計画を立てることで、すべきことが見えてきます。それがライフプランを作成する意味なのです。

1. ライフプランニングと 人生の３大必要資金

借入金2,500万円、35年ローンの利息は金利１％で464万円、２％で978万円、３％で1,541万円もかかります！

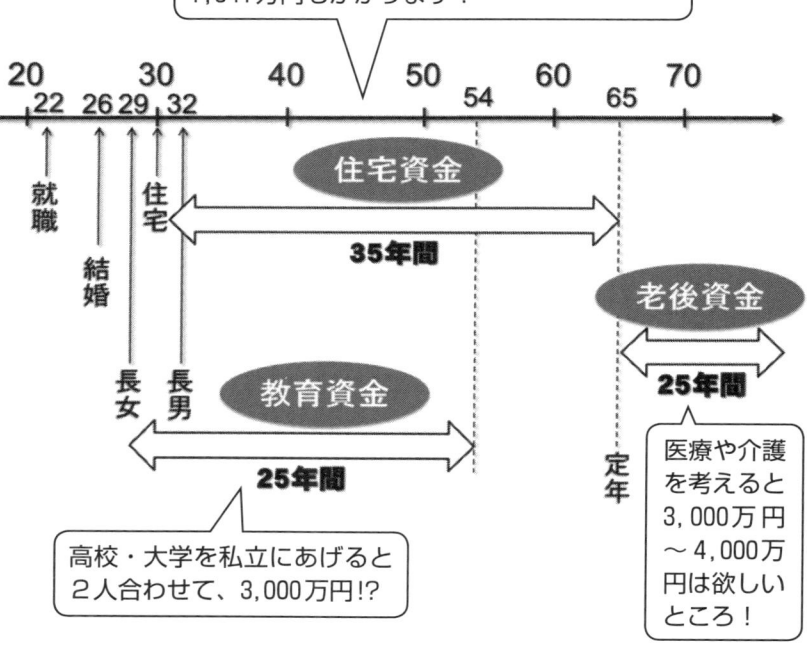

住宅資金

35年間

老後資金

25年間

教育資金

25年間

就職 22
結婚 26
長女 29
住宅 30
長男 32
40
50
54
60
定年 65
70

高校・大学を私立にあげると２人合わせて、3,000万円!?

医療や介護を考えると3,000万円〜4,000万円は欲しいところ！

「人生の３大必要資金」とは、教育資金、住宅資金、老後資金を指します。必要になる資金は約１億円！大変な時代になったものです。

教育資金と住宅資金は、それぞれ3,000万円もかかる！？

　左表は、とある家族の簡単なライフプランである。22歳で就職、26歳で結婚、29歳で子どもが生まれ、翌年にはマイホームも購入している。幸せを絵に描いたような4人家族だが、その後の支出を考えると、その金額の大きさに頭が痛くなってくる。

　例えば、子ども一人を大学まで卒業させるのに必要な教育資金は、高校・大学を私立に行かせた場合約1,500万円だ。2人なら約3,000万円になる。

　住宅資金もみていこう。マイホームを購入し35年のローンを組んだ場合、利息は複利計算されるので、思ったよりも負担は重くなる。借りた金額が2,500万円であっても、金利によっては総返済額が3,000万円を超えてくる場合もある。

老後資金が1億円必要というのは本当か？

　最もデリケートなのが老後資金である。「何歳まで生きるのか」という問いに答える必要がある。長生きはよいことであるが、生きていくにもお金がかかる。「老後資金がいくら必要なのか？」といった雑誌の特集を目にするが、最近の相場は1億円だ。宝くじにでも当選しない限り現実的な金額とは思えない。節約するにしても、医療費や介護費も考えると、3,000〜4,000万円は最低でも用意しておきたい。

　そう考えると教育・住宅・老後資金（これを人生の3大必要資金という）だけで合計1億円近く必要になる。もちろん外食費や家族旅行などの娯楽費等は「含めずに」である。冒頭から頭の痛い話だが、検討せざるを得ない。

2. 2人分の教育費で家が買える!?

公立と私立の学習費の違い

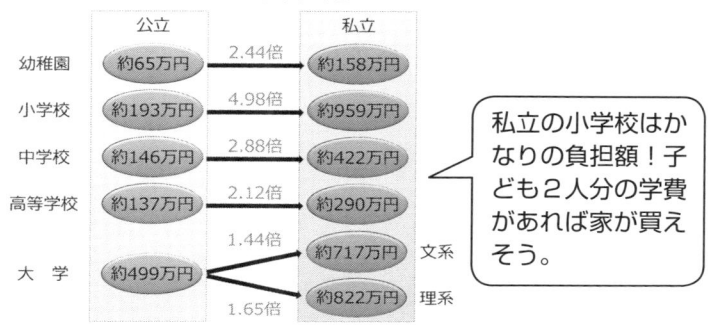

	公立		私立
幼稚園	約65万円	2.44倍	約158万円
小学校	約193万円	4.98倍	約959万円
中学校	約146万円	2.88倍	約422万円
高等学校	約137万円	2.12倍	約290万円
大学	約499万円	1.44倍	約717万円 文系
		1.65倍	約822万円 理系

> 私立の小学校はかなりの負担額！子ども2人分の学費があれば家が買えそう。

1年ごとの学習費（子ども2人の場合）

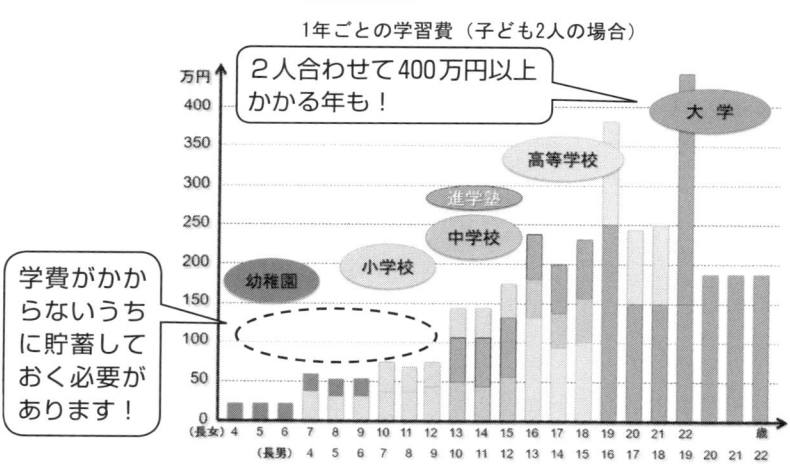

> 2人合わせて400万円以上かかる年も！

> 学費がかからないうちに貯蓄しておく必要があります！

> 公立と私立のどちらにするか、進学塾に通わせるのかどうかは、かかる費用と相談する必要がありそうです！

子どもを1人、大学まで卒業させるのに約1,500万円かかる！

　子どもが生まれると、大学までは行かせてあげたいと思うのが親心というものだろう。左図を見ると明らかだが、やはり私立はかなりのお金がかかる。データは、文部科学省「2018年度子供の学習費調査」からの引用で、2年に一度、偶数年に更新される幼稚園（3年間）や小学校（6年間）から私立に通わせようと思うと、計算前に怯んでしまうかもしれない。仮に、中学校までは公立、高校・大学を私立と仮定すると、理系文系の選択にもよるが、およそ1,500万円かかる。大学の費用は、日本政策金融公庫『教育費負担の実態調査結果（2020年度)』によるものである。

教育費が1年間で400万円以上かかる年も

　教育費は、毎月の授業料だけではないことに注意が必要だ。特に子どもが二人以上いる場合、1年ごとにいくらかかるのかをシミュレートしておくことが大切である。グラフ上で、長女が大学4年生(22歳)、長男が大学に入学（19歳）するときの教育費を合わせると、入学金もかかるため400万円を超えてしまう。準備不足の家庭では、定期預金を解約して対応することも多い。そうならないためには、子どもが小さくあまり費用が掛からないときに、貯蓄などの準備が必要だ。小学校から私立に入学させる難しさがここにもある。

　少子化の時代ではあるが、名の通った私立大学に入学させるには、進学塾に通う必要も出てくる。進学塾にかかる費用は、夏期講習、冬期講習なども加味すると、年100〜150万円くらいは覚悟しておいた方がいい。それなら「いっそのこと私立中学に」と考えるかもしれないが、その場合、小学校で進学塾に通うことになる。親は大変だ。また私立中学に通ったところで進学塾が不要と考えるのは早計である。

3. 教育資金が足りなくなったら お金を借りるしかない？

＜貯める＞

こども保険、学資保険
- ・貯蓄機能
- ・保障機能

財形貯蓄制度
- ・一般財形貯蓄
- ・財形年金貯蓄
- ・財形住宅貯蓄

財形貯蓄制度は、給与からの天引きで行う貯蓄制度です。この制度が導入されていない企業もあります。

＜借りる＞

教育一般貸付
（日本政策金融公庫）
- ・融資限度額：350万円
- ・返済期間　：15年以内
- ・金利　　　：固定金利
- ・親の年収要件有

奨学金制度
（日本学生支援機構）

[給付型]　・給付型奨学金

[貸与型]　・第1種奨学金
　　　　　・第2種奨学金

給付金の方が貸与型に比べ利用要件が厳しくなっています！

教育費の調達手段として、教育一般貸付に加え、給付型奨学金、貸与型奨学金（第一種奨学金、第二種奨学金）などがあります。

貯めて足りなければ、借りるしかない

　教育資金は、まず「貯める」、次に「借りる」という流れをイメージしておきたい。保険会社の「こども保険」やお勤めの会社の福利厚生として「財形貯蓄制度」があれば利用してみるのも一つの方法であろう。毎月、独自に積み立てていく方法もある。株式などのリスク商品で増やしていくのは、オススメはできないが、自己責任の範囲であればそのような手段も考えられる。

　次に、教育資金を借りる場合である。大きく二つの考え方がある。親が借りて親が返済する「教育一般貸付」、子どもが借りて子どもが返済する「奨学金制度」などがその一例だ。

親が借りるか、子どもが借りるか、それが問題だ！

　親が借りる教育一般貸付は、国の教育ローンで日本政策金融公庫が融資を行っている。子ども1人につき350万円まで、15年以内に返済するのが原則だ。ただし、保護者（親）の世帯年収の要件には上限額があり、扶養している子どもの人数によって異なる。1人の場合は790万円、2人で890万円、5人なると1,190万円となる。次に記す、日本学生支援機構の奨学金と併せて利用することもできる。

　子どもが借りる奨学金制度には、無利息の第一種と有利息の第二種のタイプがある。魅力的な第一種であるが、「特に優れた学生」といった文言があり、第二種の利用者の方が多い。有利息といっても在学中は無利息である。第二種は月額3万、5万、8万、10万、12万の5種類の貸与月額から選択する。

　なお、2020年4月より、一定の要件を満たす学生全員に対して、授業料等の免除・減額、および給付型奨学金などの支援が受けられるようになった。

4. 住宅購入と住宅ローンの組み方

自己資金 + 借入金（住宅ローン）= 住宅取得資金

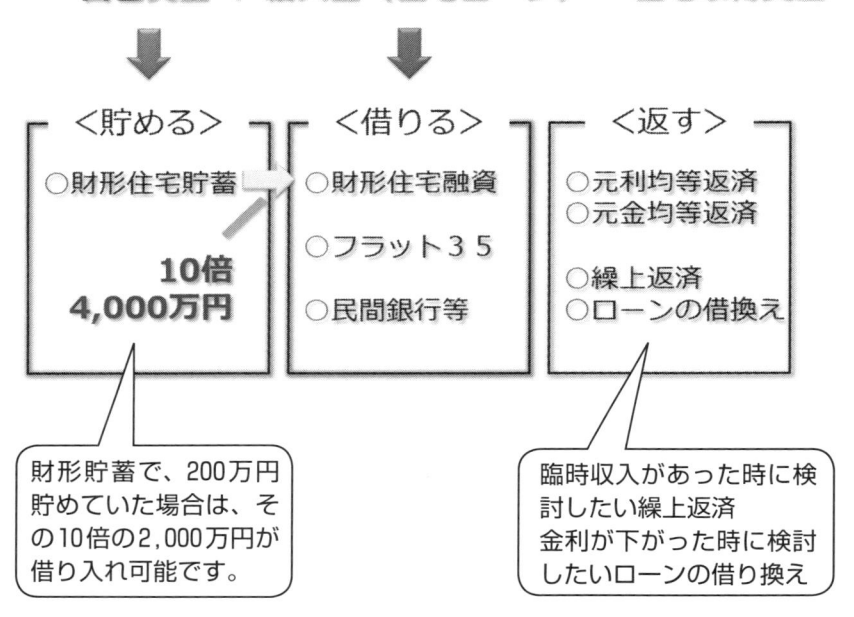

＜貯める＞	＜借りる＞	＜返す＞
○財形住宅貯蓄 **10倍 4,000万円**	○財形住宅融資 ○フラット３５ ○民間銀行等	○元利均等返済 ○元金均等返済 ○繰上返済 ○ローンの借換え

財形貯蓄で、200万円貯めていた場合は、その10倍の2,000万円が借り入れ可能です。

臨時収入があった時に検討したい繰上返済
金利が下がった時に検討したいローンの借り換え

2021年12月の各最低金利は下記の通り！
・フラット35：1.33%（固定金利）
（返済期間21 〜 35年以下、融資率９割以下）
（新機構団体信用生命保険付き）

住宅を購入するには、購入費用の7％〜10％の現金が必要！

　マイホームを購入する場合、住宅ローンを組んで購入するのが一般的だ。購入資金をすべて貯めてから買おうとすると、かなりの年数がかかってしまう。

　とはいえマイホームを購入時に、自己資金は必須だ。自己資金とは、頭金や購入に係る諸経費を含めたものをいう。頭金なしというローンもあるが、登記費用や手数料などの諸経費は確実にかかる。新築・中古でそれぞれ必要な諸経費は異なるが、購入費用の7％〜10％が目安となる。

いつの時代も悩ましい、固定金利と変動金利の選択

　住宅ローンの組み方次第で、支払総額は大きく変わる。まず知っておきたいのは、フラット35を代表とする固定金利の商品や、民間の金融機関に多い固定金利期間選択型や変動金利の商品などの金利の仕組みについてだ。

　固定金利は融資実行時点から返済が終わるまで一定の金利となるが、変動金利は、金利の見直しは半年ごと、返済額の見直しは5年ごとに行われる。現在、利用者の多い固定金利期間選択型のタイプでは、当初は固定金利だが、一定期間が過ぎると、その後の金利を固定金利にするか、変動金利にするかを選択できる。金利が上がる要因の少ない今の状況下では、変動金利や固定金利期間選択型にして金利負担を減らす選択が賢いかもしれない。

　2017年10月より新機構団体信用生命保険付きの金利となっているフラット35（21年以上35年以下、融資率9割以下）の最低金利は1.330％（2021年12月）である。

5. 住宅ローンは借入額ではなく、総返済額で考えよう

借入金：3,000万円、返済期間：35年、金利：3％（固定）の例

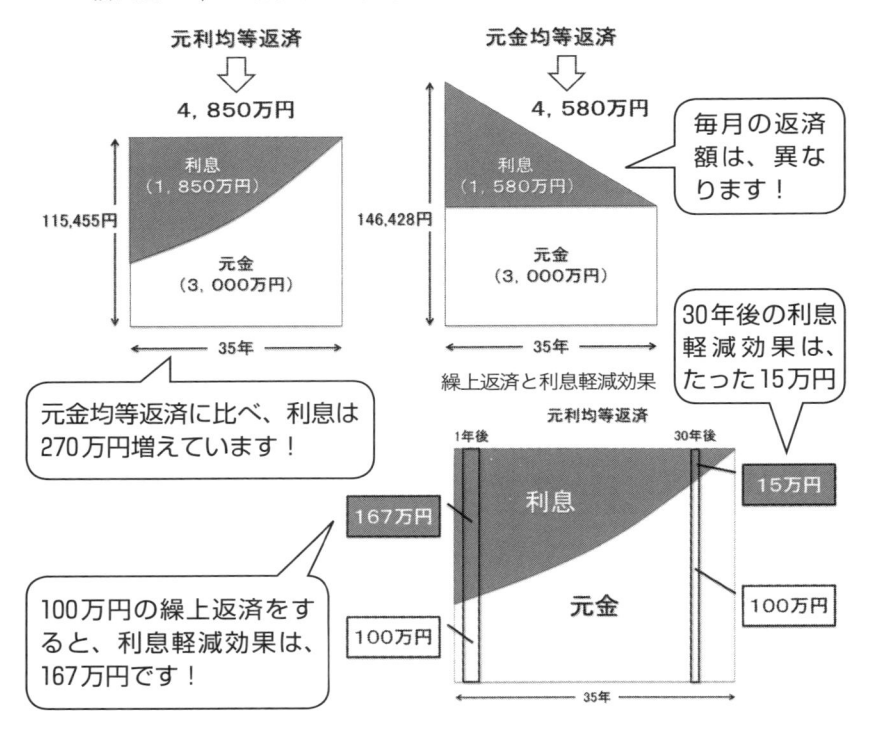

元利均等返済

4,850万円

115,455円

利息（1,850万円）
元金（3,000万円）

35年

元金均等返済に比べ、利息は270万円増えています！

元金均等返済

4,580万円

146,428円

利息（1,580万円）
元金（3,000万円）

35年

毎月の返済額は、異なります！

繰上返済と利息軽減効果

元利均等返済

1年後　30年後

利息

元金

35年

167万円

100万円の繰上返済をすると、利息軽減効果は、167万円です！

30年後の利息軽減効果は、たった15万円

15万円

100万円

上記の元利均等返済、元金均等返済の図は、繰上返済も含め、正確に描いています！

住宅ローンの返済方法は、教育費負担と一緒に考える

　住宅ローンを利用する時に気になるのが、「金利・返済期間・借入額」だろう。これらによって総返済額が求まり、毎月の返済額が決まる。大切なのは、借りられる金額ではなく、返すことのできる金額を選択することである。

　返済方法には、「元利均等返済」と「元金均等返済」があり、条件が同じであれば総返済額は「元金均等返済」の方が少ない。しかし、返済当初の毎月の返済額が高くなる点や、毎月の返済額が異なるなど、使い勝手がよくないと感じる人もいるだろう。家族構成にもよるが、子どもの教育資金と住宅資金と併せて考えると、元金均等返済の方がバランスが取れているといえるだろう。要するに視野を広げて考えることが重要だ。

支払総額を大きく減らすのは、「繰上返済」

　住宅ローンは早く返済すれば、利息負担が少なく済むため支払総額を減らせる。そこで検討すべきは繰上返済である。繰上返済とは、前倒しで返済する方法で、その返済額は元金部分にのみ充当される。元金に相応する利息は支払わなくて済むため、支払総額を減らす効果がある。これを利息軽減効果と呼ぶ。例えば、100万円の繰上返済すると、繰上返済の時期が1年後と30年後とでは、左表のように利息軽減効果に10倍以上の開きがでる。利息軽減効果を高めるには、できるだけ早い時期にたくさん繰上返済をすることが大切である。

　繰上返済は、第1回の返済時に行うことができれば理想的である。つまり、頭金を増やすことができれば、最高の利息軽減効果を享受できるのだ。頭金なしの住宅ローンも、世の中には存在するが、利用には注意が必要だ。

6. 会社員に有利な 日本の社会保険制度

		会社員など	自営業者など
社会保険 (狭義)	医療	健康保険 (協会、組合)	国民健康保険
	介護	介　護　保　険	
	年金	厚生年金保険	国民年金
労働保険	労災	労働者 災害補償保険	
	雇用	雇用保険	

戦前・戦中・戦後に、雇用労働者の救済のため、社会保険が整備されていました！

今になると、雇用保険や労災保険のない自営業者等は、心細くも感じます。

日本の社会保険制度は、戦前・戦中・戦後に制定され、雇用労働者の生活の困窮等に備えるために、発達してきました！

社会保険は、雇用労働者の困窮の救済を目的に制度化された

　まず日本の社会保険制度の歴史を説明しておきたい。日本で初めて作られたのは、医療保険で、1922年（大正11年）のことである。その後、戦時中の1941年（昭和16年）に労働者年金保険（現在の厚生年金保険）が、終戦から2年後の1947年（昭和22年）に労働者災害補償保険（以下、労災保険）、失業保険（現在の雇用保険）が制度化された。社会保険は、雇用労働者の傷病等による生活の困窮に備えるという意味合いが強いため、対象者は会社員が中心である。自営業者等に対しては、1961年（昭和36年）に国民健康保険を受け皿とした国民皆保険が、国民年金の創設による国民皆年金が実現された。こうして日本の社会保険制度が整ってきたのである。

社会保険制度は自営業者等より会社員等の方が恵まれている

　会社員等と自営業者等を比べると、会社員等の方が、給付・サービスにおいて恵まれている。健康保険と国民健康保険を比較した場合、傷病手当金、出産手当金は国民健康保険では支給されていない。厚生年金保険と国民年金を単純に比較することは難しいが、会社員等は厚生年金だけでなく、国民年金も支給されることを忘れてはいけない。労災保険や雇用保険にいたっては、自営業者等にはその存在すらない。日本の社会保険制度は、その働き方によって給付・サービスの充実度が異なるのである。

7. 公的医療保険の保険料

	健康保険（協会）	国民健康保険
保険料	各都道府県による （全国平均 10.0%）	各市区町村による
負担	労使折半	全額被保険者

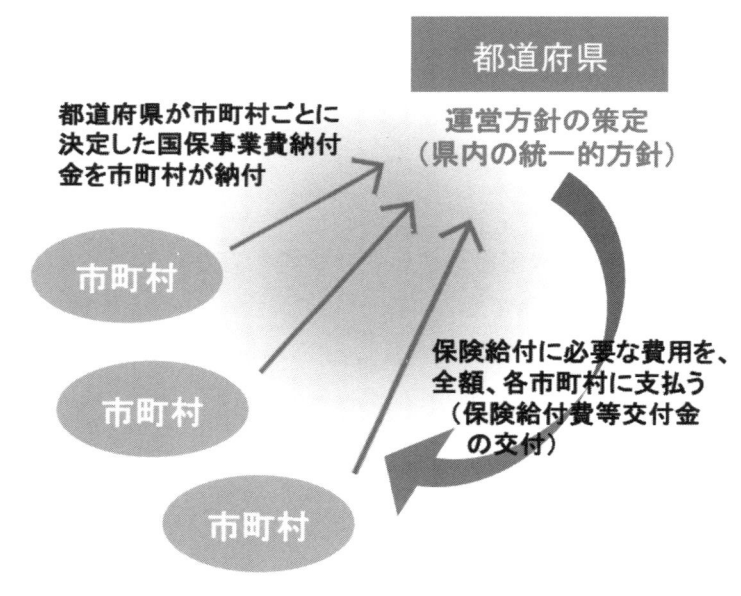

都道府県が市町村ごとに決定した国保事業費納付金を市町村が納付

都道府県

運営方針の策定
（県内の統一的方針）

保険給付に必要な費用を、全額、各市町村に支払う
（保険給付費等交付金の交付）

市町村
市町村
市町村

厚生労働省「国民健康保険制度における改革について」より

健康保険の保険料は労使折半となりますが、国民健康保険の保険料は市区町村ごとに異なり、全額被保険者負担となります！

協会けんぽの保険料は、地域間格差の拡大が予想される

　公的医療保険は、75歳以上の後期高齢者医療制度を除けば、大きく健康保険と国民健康保険（以下、国保）に分けられる。さらに、健康保険には、主として大企業が導入している組合管掌健康保険と、中小企業が導入している全国健康保険協会管掌健康保険（以下、協会けんぽ）がある。

　協会けんぽは、都道府県ごとに保険料率が異なり、事業主と被保険者が半分ずつ保険料を負担する労使折半となっている。都道府県ごとの保険料率の差が急激に広がらないよう負担調整を行っていたが、2020年3月31日をもって保険料の激変緩和措置は終了し、新たにインセンティブ制度が導入された。支払っている保険料の約6割が加入者の医療費等に、残りの約4割が高齢者の医療費を支えるための拠出金等として使われている。高齢者の医療費は増加し続けると考えられるため、今後も保険料負担は増えていくだろう。

国民健康保険制度の保険者は、都道府県および市町村！

　国保の加入者は、自営業者をはじめ、定年退職後、後期高齢者に該当する75歳になる前の方などである。前者の自営業者等には労災保険がないため、仕事中の傷病も国保で対処する点で異なる。後者は高齢の方々のため、年齢と共に医療費は増大してしまう。つまり、保険者には大きな負担がのしかかる。

　そこで、2018年4月から市町村だけでなく、都道府県も国民健康保険の保険者となった。都道府県が加わることで、市町村の財政は安定し、同一都道府県内で他の市町村との格差是正にもつながる。また、サービスの拡充や保険者機能の強化も行っていく。

8. 公的医療保険の一部負担金

医療保険の一部負担金の負担割合（自己負担割合）

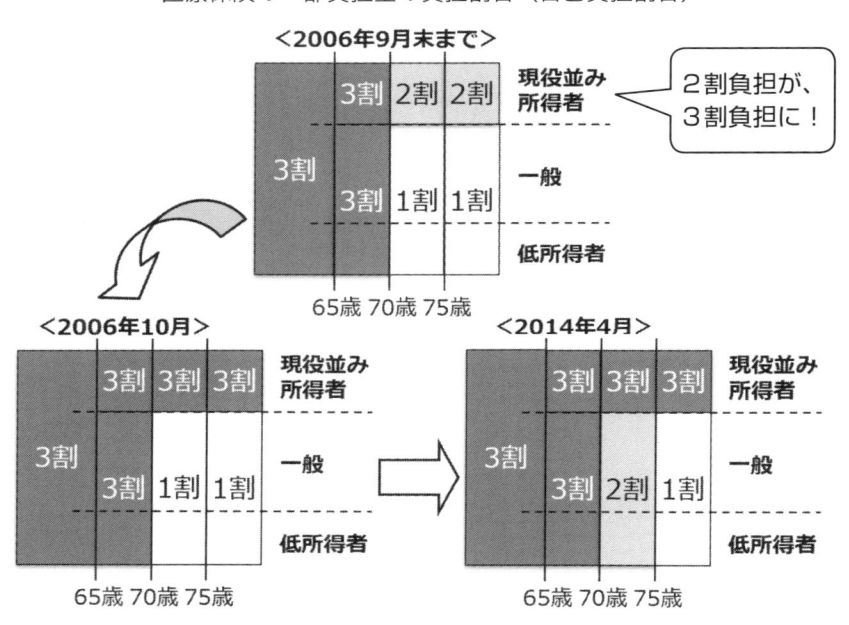

2割負担が、3割負担に！

公的医療保険の財政は厳しい状態が続いています。今後は、より細かい所得要件の中で、自己負担割合が決まっていくことでしょう！

一部負担金の割合は上昇の一途、どこまで上がるのか？

　病院で診察を受けた場合、通常医療費の3割を負担する。仮に本来の医療費が10,000円の場合、窓口負担は3,000円だ。この一部負担金の割合は、ここ15年で徐々に上昇している。

　2006年には健康保険法が改正され、同年10月から70歳以上の現役並み所得者の負担割合は、2割から3割に引き上げられた。そして、2年後の2008年4月からは、70歳以上75歳未満の一般所得者や低所得者の負担割合は1割から2割に引き上げられる予定になっていた（実際に引き上げられたのは、2014年4月からである）。今後も医療費は増大するばかりであり、負担金の割合は増えることはあっても減ることはないだろう。

次なるターゲットは75歳以上の後期高齢者

　2014年4月、予定から6年遅れで70歳以上75歳未満の方々の負担は2割（一般）となった。ただし、2014年4月2日以降に70歳になった方から2割に引き上げられるという経過措置が取られていたため、70歳以上75歳未満の方々全員が2割負担となったのは2019年度である。次なる引き上げのターゲットは、75歳以上の後期高齢者の方々である。75歳になると後期高齢者医療制度に加入し直すことになり、一部負担金の割合は1割（一般）である。ただし、課税所得が28万円以上かつ年収200万円以上（単身世帯の場合）の者については、窓口負担が2割となる。

　導入時期は、2022年10月から2023年3月の間で、今後政令で定めることになっている。

　なお、外来受診において施行3年間は1ヵ月の負担増を最大3,000円とする措置も政令で規定される。

17

9. 高額療養費制度の見直し

> 年3月以上ある場合の4月日以降の
> 自己負担限度額（多数該当高額療養費）

■70歳未満の区分（2015年1月〜）

所得区分	自己負担限度額	
①区分ア（標準報酬月額83万円以上の方）	252,600円＋（総医療費－842,000円）×1%	140,100円
②区分イ（標準報酬月額53万円〜79万円の方）	167,400円＋（総医療費－558,000円）×1%	93,000円
③区分ウ（標準報酬月額28万円〜50万円の方）	80,100円＋（総医療費－267,000円）×1%	44,400円
④区分エ（標準報酬月額26万円以下の方）	57,600円	44,400円
⑤区分オ（低所得者・被保険者が住民税の非課税者等）	35,400円	24,600円

■70歳以上の区分

区分	外来（個人）	限度額（世帯※1）
現役並み（年収約370万円以上）健保 標報28万円以上 国保・後期 課税所得145万円以上	44,400円	80,100円＋1%＜44,400円＞
一般（年収156万〜370万円）健保 課税26万円以下 国保・後期 課税所得145万円未満※2	12,000円	44,400円
住民税非課税	8,000円	24,600円
住民税非課税（所得が一定以下）		15,000円

（2017年8月から）

区分	外来（個人）	限度額（世帯※1）
現役並み	57,600円	80,100円＋1%＜44,400円＞
一般	14,000円（年間上限14.4万円）	57,600円＜44,400円＞
住民税非課税	8,000円	24,600円
住民税非課税（所得が一定以下）		15,000円

（2018年8月から）

区分（年収）	外来（個人）	限度額（世帯※1）
年収約1160万円〜 標報83万円以上 課税所得690万円以上		252,600円＋1%＜140,100円＞
年収約770万〜約1160万円 標報53〜79万円以上 課税所得380万円以上		167,400円＋1%＜93,000円＞
年収約370万〜約770万円 標報28〜50万円以上 課税所得145万円以上		80,100円＋1%＜44,400円＞
一般	18,000円（年間上限14.4万円）	57,600円＜44,400円＞
住民税非課税	8,000円	24,600円
住民税非課税（所得が一定以下）		15,000円

※1 同じ世帯で同じ保険者に属する者　　※2 収入の合計額が520万円未満（1人世帯の場合は383万円未満）の場合も含む。
＜＞内の金額は、過去12ヶ月に3回以上高額療養費の支給を受けた場合の4回目以降の限度額（多数回該当）。年収は東京都特別区在住の単身者の例。

> 70歳以上の区分を見ると、この
> 2年間で自己負担限度額は大き
> く引き上げられました。

> 70歳以上の自己負担限度額は引き
> 上げられ、2022年後半には自己負
> 担割合が2割に引き上げられる予
> 定です！

総医療費100万円でも自己負担は９万円弱になる高額療養費制度

　高額療養費制度とは、１ヵ月当たりの自己負担額が一定額を超えた場合に、その超えた分を請求することで、後から給付される制度である。民間の医療保険加入の前に知っておきたい制度の一つである。例えば、70歳未満で、標準報酬月額が28〜50万円の人の場合、自己負担限度額は「80,100円＋（総医療費－267,000円）×１％」で計算できる。仮に手術等で医療費を100万円支払った場合でも、自己負担額は87,430円で済む。高額療養費は私たちにとってありがたい制度である。

高額療養費制度の見直し

　図表のように、高額療養費制度は70歳未満と70歳以上でその仕組みが異なる。70歳未満の区分については、2015年１月から見直され、所得の高い人の自己負担限度額が引き上げられた。過去12ヵ月に３回以上高額療養費の支給を受けた場合の４回目以降の限度額（多数回該当）は、①区分アの場合、140,100円となる。

　70歳以上の区分は、2017年８月に見直され、現役並み所得者の外来（個人）および、一般所得者の外来（個人）・外来入院（世帯）の自己負担限度額が引き上げられた。さらに2018年８月にも見直され、①現役並み所得者の自己負担限度額は３区分に細分化、70歳未満の①区分ア〜③区分ウと同様となった。

　高額療養費制度は、医療機関等での窓口負担をしてから申請することにより払い戻されるが、「限度額適用認定証」を提示すると、支払時の負担が自己負担限度額を上限額で済み、申請が不要となる。

10. 公的医療保険の給付

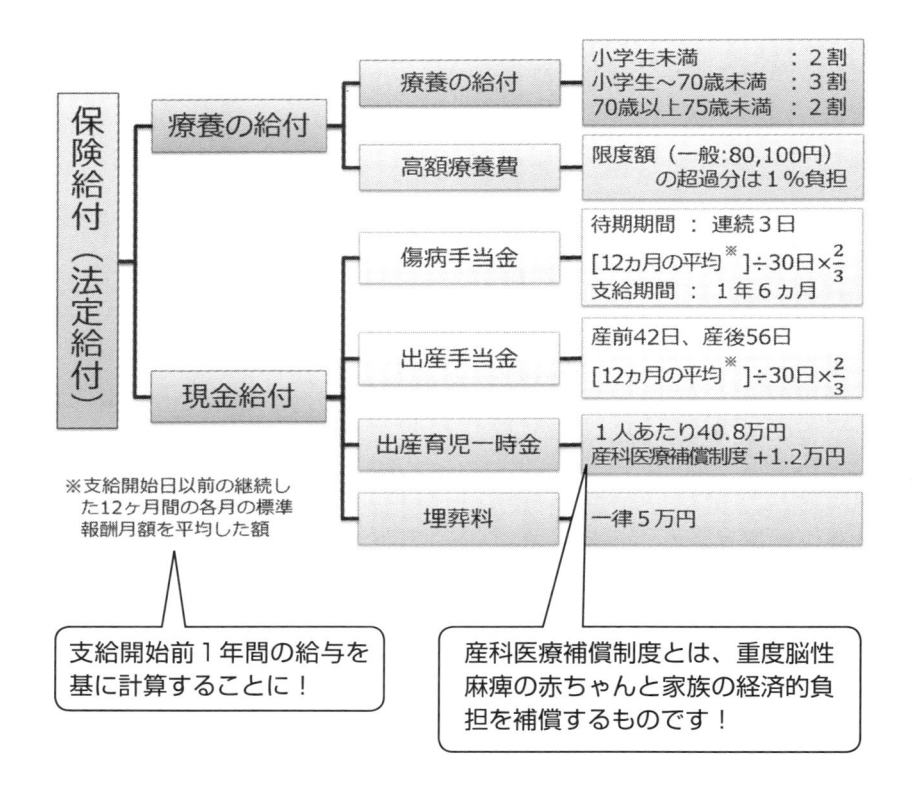

保険給付（法定給付）

- 療養の給付
  - 療養の給付
    - 小学生未満 ： 2割
    - 小学生〜70歳未満 ： 3割
    - 70歳以上75歳未満 ： 2割
  - 高額療養費
    - 限度額（一般:80,100円）の超過分は1％負担
- 現金給付
  - 傷病手当金
    - 待期期間 ： 連続3日
    - [12ヵ月の平均※]÷30日×$\frac{2}{3}$
    - 支給期間 ： 1年6ヵ月
  - 出産手当金
    - 産前42日、産後56日
    - [12ヵ月の平均※]÷30日×$\frac{2}{3}$
  - 出産育児一時金
    - 1人あたり40.8万円
    - 産科医療補償制度 +1.2万円
  - 埋葬料
    - 一律5万円

※支給開始日以前の継続した12ヶ月間の各月の標準報酬月額を平均した額

支給開始前1年間の給与を基に計算することに！

産科医療補償制度とは、重度脳性麻痺の赤ちゃんと家族の経済的負担を補償するものです！

2022年1月：出産育児一時金の内訳が変更！
傷病手当金の支給期間が通算して1年6ヵ月に！

給与の代わりともいえる各種手当金の計算方法が変更！

　各種手当金は、被保険者が傷病や出産で仕事を休み、事業主から十分な報酬が受けられない場合に、休業中の生活保障のために支給されるお金だ。傷病手当金は、病気やケガで連続して3日間休んだ場合、4日目から最長1年6ヵ月間支給される。出産手当金は、出産の日以前42日から、出産の日後56日間までの間で、仕事を休んだ日数分支給される。なお、2022年1月から出勤に伴う不支給期間は、その分を延長して、通算1年6ヵ月の支給が受けられるようになった。

　一昔前は、残業を増やすなど意図的に手当金を増やすような操作ができたが、2016年4月1日から「支給開始日以前の継続した12ヵ月間の各月の標準報酬月額を平均した額を30日で除した額」の3分の2相当額と基準を変更されたため、今は金額操作がしにくくなっている。

出産、死亡時に給付される一時金、出産育児一時金が見直し！

　一時金は、事業主からの報酬に関わらず要件を満たせば受け取ることが可能である。例えば被扶養者が出産したときは、1児ごとに40.8万円が出産育児一時金として支給される。産科医療補償制度に加入する医療機関等で出産した場合は、1.2万円が上乗せされ、合わせて42万円となる。2022年1月から産科医療補償制度の見直しで、掛金が今までの1.6万円から1.2万円に引き下げられたが、総額の42万円を維持するため、出産育児一時金も同時に見直された。

　埋葬料は、被保険者が死亡した場合に支給される。被扶養者が亡くなった場合は、家族埋葬料として5万円が支給される。なお、埋葬料を受けられる人がいない場合は、実際に埋葬を行った人に5万円の範囲内で実費として埋葬費が支給される。

11. 退職後の公的医療

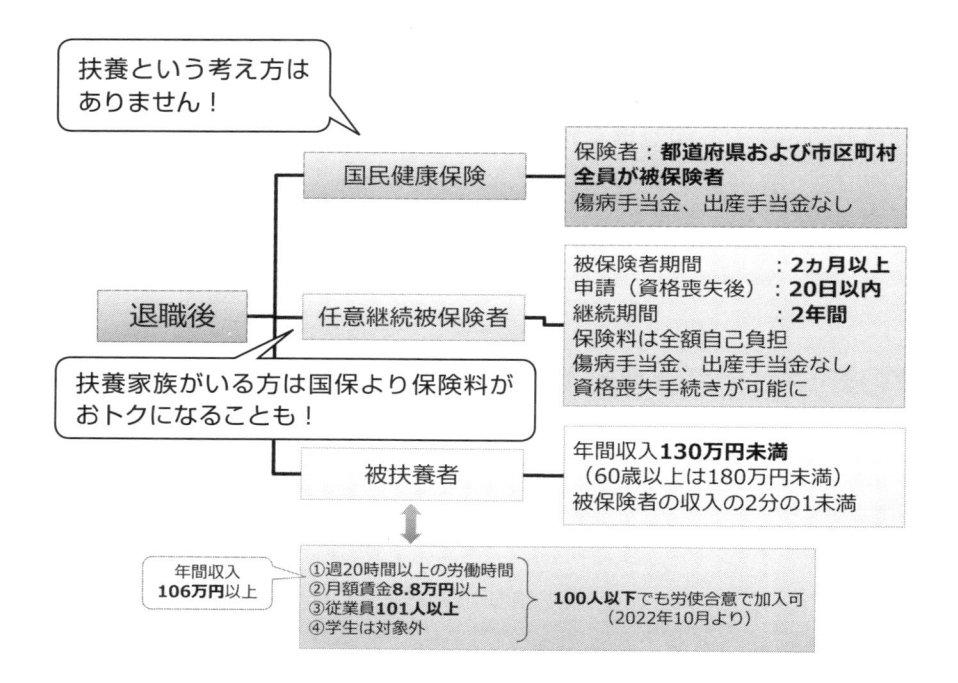

扶養という考え方はありません！

国民健康保険

保険者：**都道府県および市区町村**
全員が被保険者
傷病手当金、出産手当金なし

退職後

任意継続被保険者

被保険者期間　　　　：**2カ月以上**
申請（資格喪失後）：**20日以内**
継続期間　　　　　　：**2年間**
保険料は全額自己負担
傷病手当金、出産手当金なし
資格喪失手続きが可能に

扶養家族がいる方は国保より保険料がおトクになることも！

被扶養者

年間収入**130万円未満**
（60歳以上は180万円未満）
被保険者の収入の2分の1未満

年間収入
106万円以上

①週20時間以上の労働時間
②月額賃金**8.8万円以上**
③従業員**101人以上**
④学生は対象外

100人以下でも労使合意で加入可
（2022年10月より）

社会保険の加入が義務化される従業員数が2022年10月には101人以上、2024年10月からは51人以上に拡大されます！

受け皿としての国民健康保険は、加入者全員が被保険者！

　会社を辞め、すぐに就職しない者や自営業者等は、原則として住所地の都道府県と市区町村が運営する国民健康保険（以下、国保）に強制的に加入する。国保は、公的医療保険の受け皿的な要素を兼ね備えているのだ。

　国保は世帯単位での加入となり、大人や子どもの区別がない。加入者一人ひとりが被保険者となり、健康保険のような被扶養者という概念はない。なお、保険料は市区町村ごとに異なる。

要件を満たせば、退職前の医療保険を継続することも可能！

　退職後も希望すれば2年間、退職前の医療保険に継続して加入できる。これを任意継続被保険者という。ただし、被保険者でなくなった日までに継続して2ヵ月以上の被保険者期間があり、退職後の翌日から20日以内に申請をする必要がある。なお、保険料は当然に労使折半とはならず全額自己負担で、傷病手当金と出産手当金は支給されない。なお、被保険者からの申請による資格喪失手続きが可能となった。

「130万円の壁」と「106万円の壁」の注意点

　育児等で退職し、専業主婦として夫の健康保険の被扶養者になった場合、保険料の支払いはなくなる。

　原則として、年間収入130万円（60歳以上は180万円）未満で、被保険者の収入の2分の1未満であることが要件となる。「130万円の壁」などと呼ばれている。

　2022年10月より、従業員101人以上の大手企業で継続的にパートをし、月額賃金8.8万円以上など一定の要件を満たす短時間労働者は被扶養者とはならず、健康保険や厚生年金に加入する。これが「106万円の壁」である。

12. 後期高齢者医療制度

都道府県単位の広域連合とすることで、地域間格差を更正！

保険料支払いの明確化で、世代間格差を更正

全市町村が加入する広域連合

公費（約5割） ［国：都道府県：市町村＝4：1：1］		患者 負担
後期高齢者支援金（約4割） ［若年者の保険料］	高齢者の保険料 （約1割）	

保険料　社会保険診療報酬支払基金
医療保険者（健保、国保等）

保険料　年金から天引き
口座振替・銀行振込等

保険給付

各医療保険（健保、国保等）の 被保険者	後期高齢者医療制度 の被保険者
0〜74歳	75歳以上

原則75歳以上は、後期高齢者医療制度に加入。制度間格差を更正！

単身世帯の年収と自己負担割合は、
　3割：年収383万円以上
　2割：年収200万円以上（新設）
原則は1割です！

波乱の幕開けとなった、後期高齢者医療制度

後期高齢者医療制度は、2008年4月からスタートしたものの、「後期高齢者」という名称や、原則、保険料が年金から天引きされる点など施行当時に批判を浴び、波乱の幕開けとなった。しかし、日本人の平均寿命の延びや、高齢化の進展、国民医療費の増加などから、高齢者医療の改革が求められていた時でもあったのである。

若い人の怒りが爆発？「世代間格差」の是正

後期高齢者医療制度が始まる前は、老若の区別なく保険料を徴収し老人保健制度に拠出していたため、実質的には若者が高齢者の医療費を負担するシステムになっていた。こうした世代間格差を是正するため、後期高齢者の医療にかかる費用を年金から天引きを行い、高齢者にも負担を求める必要性があった。

市区町村によって保険料の差が約6倍!?「地域間格差」の是正

公的医療の受け皿としての役割が大きい国民健康保険の保険料は市区町村単位のため、居住地により保険料の格差も約6倍に拡大した。そこで、運営主体を市区町村単位ではなく、都道府県単位の高齢者医療広域連合とすることで、地域間格差の対策を行った。

原則75歳以上は後期高齢者医療制度！「制度間格差」の是正

健康保険などの被保険者の被扶養者は保険料の支払いがないなど、国民健康保険と比べると有利であり制度間格差があった。そこで、原則75歳を迎えた高齢者は、それまで加入していた医療保険から脱退し、後期高齢者医療制度に加入する。

13. 公的介護保険

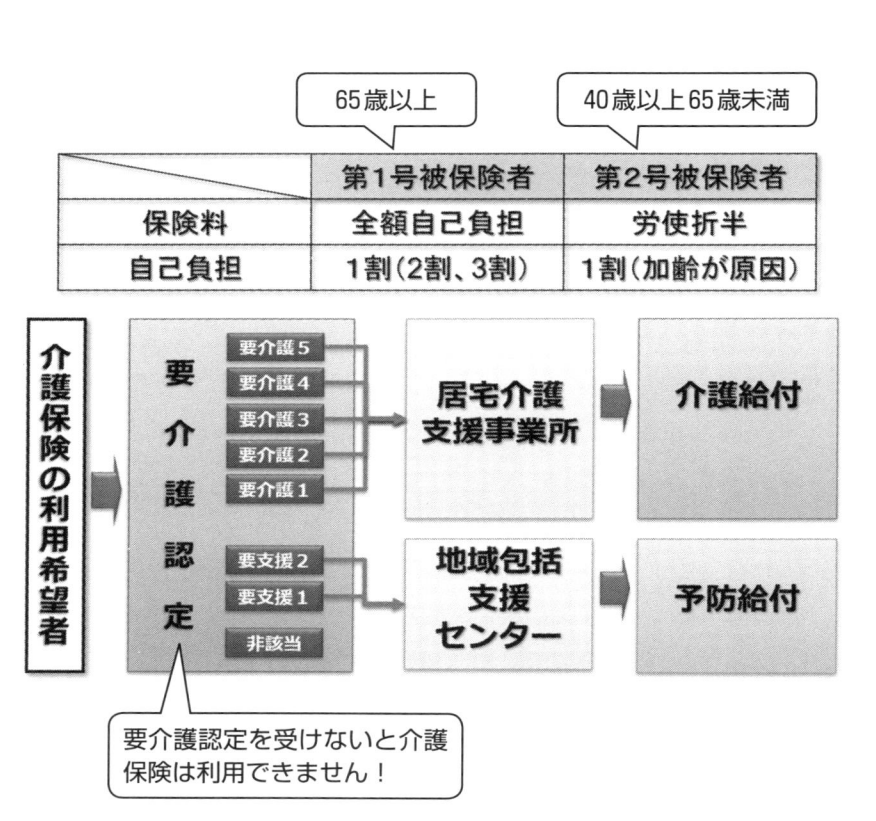

	第1号被保険者（65歳以上）	第2号被保険者（40歳以上65歳未満）
保険料	全額自己負担	労使折半
自己負担	1割（2割、3割）	1割（加齢が原因）

介護保険の利用希望者 → 要介護認定

要介護5
要介護4
要介護3
要介護2
要介護1
→ 居宅介護支援事業所 → 介護給付

要支援2
要支援1
非該当
→ 地域包括支援センター → 予防給付

要介護認定を受けないと介護保険は利用できません！

一定の年金収入等のある　第一号被保険者の自己負担額割合は、単身世帯の場合280万円以上で2割、340万円以上で3割です。

長生きのリスクに備える、公的介護保険制度とは？

　公的介護保険は2000年4月から施行された制度で、日本の社会保険制度の中では最も新しい制度である。

　介護保険の被保険者は、第1号被保険者と第2号被保険者の2つに区分される。第1号被保険者は原則65歳以上で保険料は全額自己負担、第2号被保険者は40歳以上65歳未満の医療保険加入者で、保険料は労使折半である。第2号被保険者が要介護状態または要支援状態になったとしても、介護保険を利用するには、加齢（老化）を原因とする16の特定疾病に起因する必要がある。つまり、交通事故で足が不自由になってしまったとしても、その原因は加齢ではないため、介護保険を利用することはできない。一方、第1号被保険者には、要介護者、要支援者であれば、そのように至る原因までは問われない。

年金収入等によって、1割負担が2割、3割負担に！

　介護保険を利用するには、まず住民票のある役所に出向き申請書を提出し、認定調査員の訪問調査を受ける。原則30日以内には要介護認定の結果が届く。次に、ケアマネージャーにケアプランの作成を依頼し（自分でも作成可能）、介護事業所と契約することで、ようやく介護サービスが利用できるようになる。利用者の自己負担は原則1割である。しかし、2015年の8月から一定以上の年金収入等がある場合、第1号被保険者の自己負担は2割に引き上げられた。単身の場合、年金収入等が280万円以上になると、自己負担は2割に引き上げられる。さらに2018年の8月からは、単身世帯の年金収入等が340万円以上になると3割負担となった。なお、医療の高額療養費に相当する、高額介護サービス費の上限額（世帯合計）は44,400円である。

14. 介護保険法の 2021年改正の概要

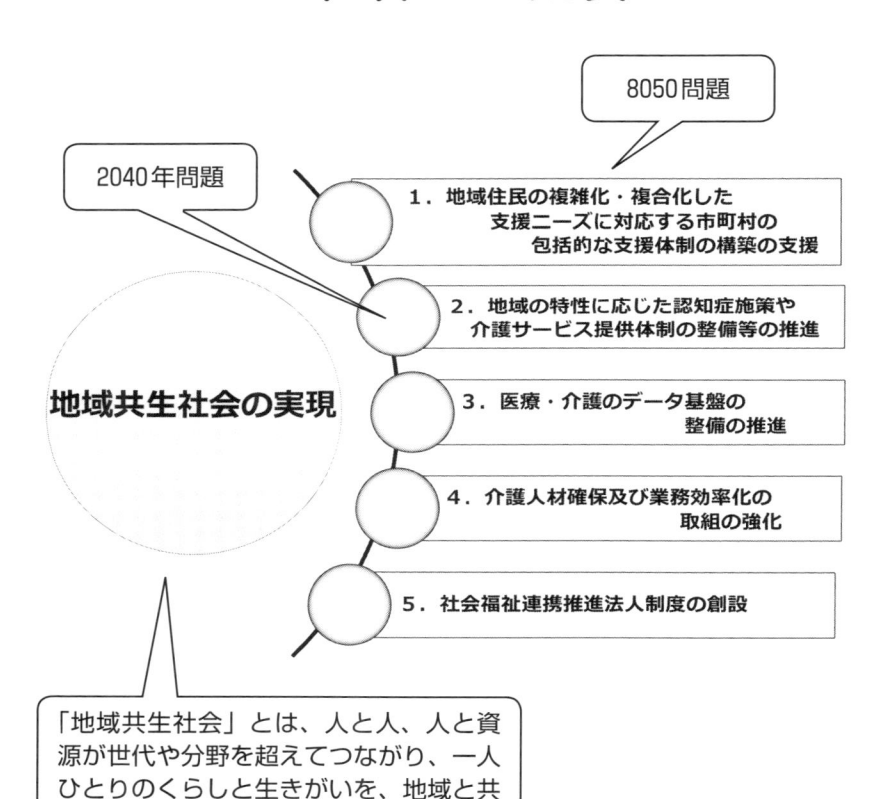

8050問題

2040年問題

地域共生社会の実現

1．地域住民の複雑化・複合化した
支援ニーズに対応する市町村の
包括的な支援体制の構築の支援

2．地域の特性に応じた認知症施策や
介護サービス提供体制の整備等の推進

3．医療・介護のデータ基盤の
整備の推進

4．介護人材確保及び業務効率化の
取組の強化

5．社会福祉連携推進法人制度の創設

「地域共生社会」とは、人と人、人と資源が世代や分野を超えてつながり、一人ひとりのくらしと生きがいを、地域と共に創る社会をいいます！

介護保険の次の改正予定は、2024年です。医療保険との同時改定の年でもあり、どのように変わるのかが注目されます！

自己負担割合がさらに引き上げられた2018年改正！

　公的介護保険は、2012年、2015年、2021年と3年ごとに見直されている。ここでは直近の2018年の改正についてみていきたい。

　図表では、2021年の改正の骨子が5つ挙げられている。1番目は「8050問題」、2番目は「2040年問題」を例に説明したい。

　3番目以降は、医療や介護、さらには地域や組織間での連携をすることで、より効率的な取り組みをしつつ、介護人材の確保がテーマとなっている。

複雑化・複合化した問題　〜8050問題〜

　8050問題とは、80代の親と50代の子の親子関係のことであり、高齢者の引きこもりに関する問題である。1980年代から約10年の間にいじめによる不登校問題があった。その結果、引きこもりの若者が存在していたが、それが長期化しその若者が50代になり、親は80代となり親子で社会から孤立した状態になっている。そこで、市町村において、属性や世代を問わない相談支援、就労支援、見守り等居住支援などの支援体制の構築を挙げている。

高齢者人口がピークとなる問題　〜2040年問題〜

　2040年は、65歳以上の高齢者人口が約4,000万人となりピークを迎える。85歳以上の高齢人口が3割を占める一方、現役世代は2040年までに約1000万人近く急減する。必要となる社会保障費は今の1.6倍、医療・介護の担い手は約200万人の不足となる。

　2025年問題の主役は団塊の世代であったが、2040年問題は団塊ジュニアがその座を奪うことになる。

15. 労働者災害補償保険（労災保険）

●サラリーマン等

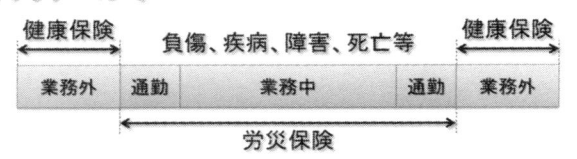

健康保険	負傷、疾病、障害、死亡等			健康保険
業務外	通勤	業務中	通勤	業務外

労災保険

●自営業者等

自営業者等には労災保険の適用はありません！

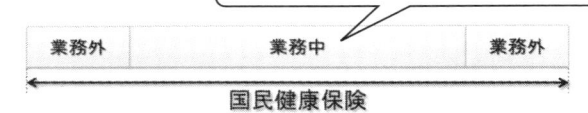

業務外	業務中	業務外

国民健康保険

	サラリーマン等	自営業者等
保険料	全額事業主	―
自己負担	O割	―

ケガをしやすい業種の労災保険率は高めに設定されています！

金属鉱業、非金属鉱業又は石炭鉱業	1000分の88（最高）
水力発電施設、ずい道等新設事業	1000分の62
農業又は海面漁業以外の漁業	1000分の13
卸売業・小売業、飲食店又は宿泊業	1000分の3
その他の各種事業	1000分の3
金融業・通信業・時計等製造業	1000分の2.5（最低）

（2018年4月 改定）

労災保険率は、2018年4月から変更されていません。

30

民法だけでは、労働者災害はフォローしきれない！

　労働者が業務上の災害でケガをした場合、民法上では過失賠償責任といって、裁判になったら労働者が会社の過失を立証する必要がある。この過失の証明は非常に大変で、裁判で証明義務のある方が敗訴する可能性が極めて高い。つまり、「会社が労働者の安全に配慮しなかった」「これは会社の落ち度である」ということを証明しないといけないということだ。

　そこで労働基準法は、災害補償を規定している。労働者は使用者（会社）に対して、災害補償請求をすることが可能であり、この場合、労働者に立証責任はない。しかし、会社が倒産してしまった場合などは、会社に補償させることが難しい。

公的医療保険を代替する「療養（補償）給付」

　労災保険制度とは、政府が会社から保険料を徴収し、社会保険制度として労働者を迅速かつ公正に保護する制度であり、業務災害または通勤災害における負傷・疾病・障害・死亡等に関して給付を行う。療養（補償）給付は、病気やケガの医療費を補償する給付である。いわゆる公的医療保険を代替する給付といえる。療養補償給付は受診時の患者負担はゼロであるが、通勤災害の療養給付の場合には、200円の一部負担がある。なお、カッコで示してある「補償」が含まれるのが業務災害で、その名称が除かれているのが通勤災害を意味する。

「休業（補償）給付」は医療保険の傷病手当金的な役割

　労働者が一定の要件を満たし、療養のため賃金を受けていない場合、延べ3日間の待機期間後4日目から1日につき給付基礎日額の60％が支給されるのが、休業（補償）給付である。

16. 労災保険の保険給付

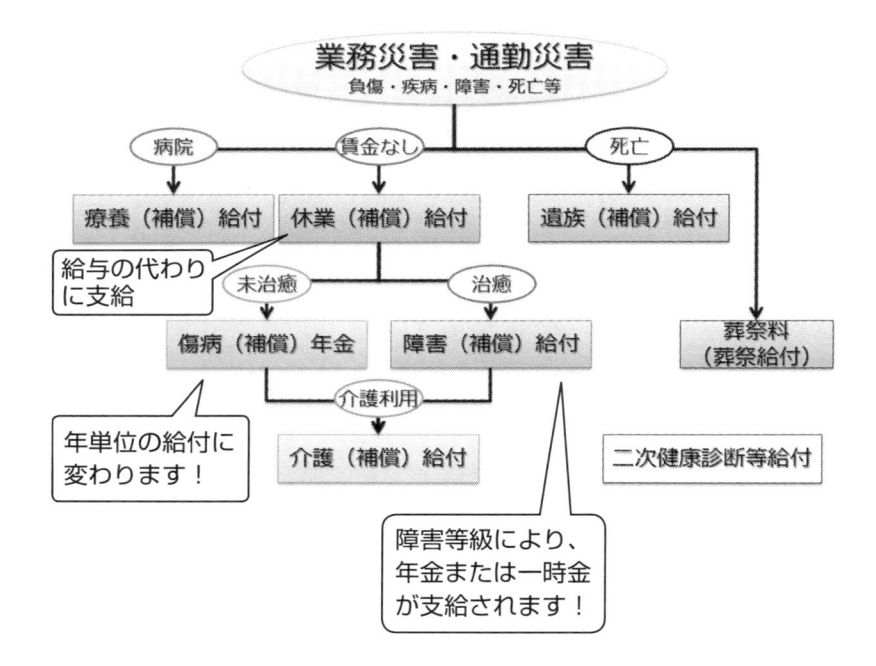

労災保険の保険給付はたくさんあるため、上記のように、体系化して理解することが大切なのです！

労災保険の給付は、「医療、介護、年金」の特徴を持つ！

　休業（補償）給付は、病気やケガの療養のために就労できず給与を受けられない場合、4日目から給付が1年6ヵ月を限度に給付される。公的医療保険でいう、傷病手当金に準じた給付だ。病気やケガが長引き1年6ヵ月を経過しても治らない場合、一定の要件のもとに、休業（補償）給付の代わりに支給されるのが傷病（補償）年金である。1日単位の給付から年単位への給付に変わる。治癒したとしても一定の障害が残ってしまった場合は、障害（補償）給付が障害の程度に応じて、年金または一時金で支給される。介護（補償）給付は、障害（補償）年金または傷病（補償）年金の受給者が、一定の障害・傷病によって介護を要する場合、その費用の一部ないし全額が支給される。

　遺族（補償）給付は、労働者が死亡した場合、一定の範囲の遺族に対して、年金や一時金として支給される。また、死亡時には、葬祭料（葬祭給付）も支給される。

　労災保険の保険給付は、医療、介護、年金といった特徴を持ち合わせている。

労働者災害の最後の砦、社会保険としての労災保険！

　労災保険の保険料は、会社から強制的に徴収している。しかし手厚い補償を実現するためには、保険料だけでは原資として足りないため、国庫の補助もある。保険料率は、事業の種類ごとに、その労災事故発生の危険性に応じて決められる。3年に一度改定され、2018年4月に、全54業種の平均の労災保険率は0.45％となり、従前から0.02ポイント引き下げられた。最も保険料率が高いのは、金属鉱業、非金属鉱業または石炭鉱業で8.8％、最も低いのは、通信業、金融業、時計等製造業で、0.25％である。

17. 雇用保険の保険料と基本手当

	サラリーマン等	自営業者等
保険料	本人が一部負担	−
自己負担	−	−

事業の種類	失業等給付 介護休業給付		雇用二事業	計
	被保険者	事業主	事業主	
一般の事業	$\frac{3}{1000}$	$\frac{3}{1000}$	$\frac{3}{1000}$	$\frac{9}{1000}$

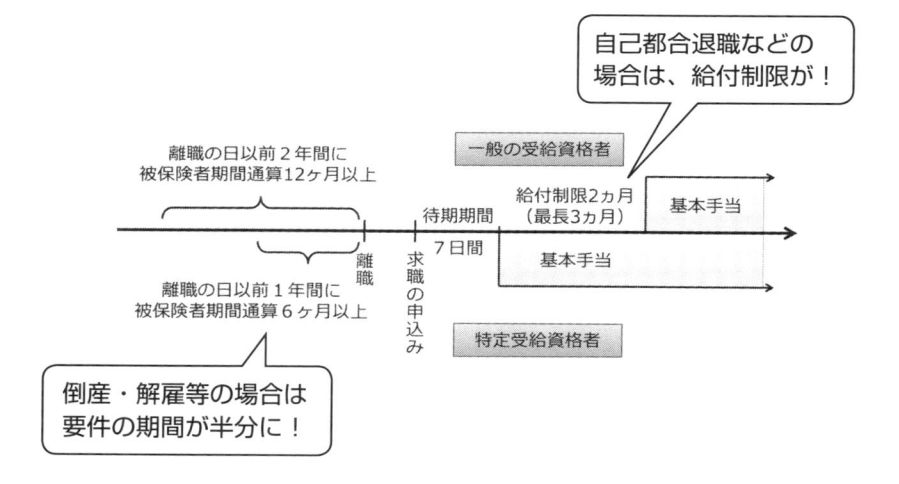

自己都合退職などの場合は、給付制限が！

離職の日以前2年間に被保険者期間通算12ヶ月以上

一般の受給資格者

給付制限2ヵ月（最長3ヵ月）　基本手当

待期期間
7日間

離職

求職の申込み

基本手当

離職の日以前1年間に被保険者期間通算6ヶ月以上

特定受給資格者

倒産・解雇等の場合は要件の期間が半分に！

2020年10月1日から、失業等給付の給付制限は5年間のうち2回までは2ヵ月に短縮されました！

失業保険法から雇用保険法に！　就職促進や雇用継続も対象

　雇用保険は、戦後の民主化の一環として労働者保護が叫ばれる中で、労働基準法や労災保険法と共に1947年に制定された。当時は失業保険法という名称であったが、1974年に雇用保険法に改められた。

　保険料の雇用保険率は2020年4月1日以降、一般の事業の場合、給与や賞与の1000分の9である。全体でみると労使折半ではないが、失業等給付・介護休業給付については労使折半、雇用二事業については全額事業主負担となっている。なお、保険料は労働保険料として労災保険料（全額事業主負担）と一緒に国に徴収される。

失業したときの助けとなる、基本手当！

　雇用保険の基本手当は、失業した場合、職が見つかるまでの短期間、生活の保障と再就職の支援をするものである。一般的には、1日当たりの賃金の45％〜80％の基本手当日額を受け取れる。なお、基本手当は非課税のため受給しても税金はかからない。

基本手当を受給するための要件と手続き

　基本手当は、離職すればすぐに誰でも受け取れるわけではない。受給要件としては、原則、離職の日以前2年間に被保険者期間が通算12ヵ月以上あることが必要である。倒産・解雇等の場合はその期間の半分で要件を満たす。受給の手続きは、離職票を含む一定の書類を職業安定所（ハローワーク）に持参し求職の申し込みを行う。申し込みの曜日がその後の出頭の曜日になるので注意が必要だ。待期期間の7日を過ぎると、特定受給資格者の場合はすぐに、一般の受給資格者の場合は一定の要件のもと2ヵ月の給付制限の後に基本手当が支給される。

18. 雇用保険給付の全体像

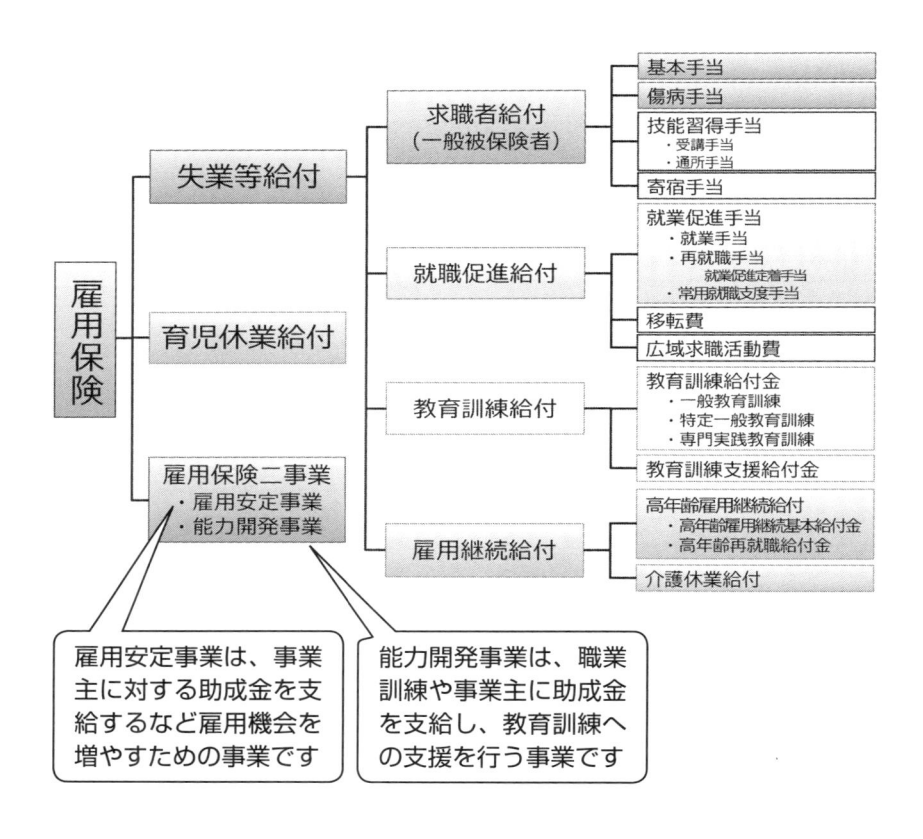

雇用保険

失業等給付
- 求職者給付（一般被保険者）
  - 基本手当
  - 傷病手当
  - 技能習得手当
    - ・受講手当
    - ・通所手当
  - 寄宿手当
- 就職促進給付
  - 就業促進手当
    - ・就業手当
    - ・再就職手当
      - 就業促進定着手当
    - ・常用就職支度手当
  - 移転費
  - 広域求職活動費
- 教育訓練給付
  - 教育訓練給付金
    - ・一般教育訓練
    - ・特定一般教育訓練
    - ・専門実践教育訓練
  - 教育訓練支援給付金
- 雇用継続給付
  - 高年齢雇用継続給付
    - ・高年齢雇用継続基本給付金
    - ・高年齢再就職給付金
  - 介護休業給付

育児休業給付

雇用保険二事業
- ・雇用安定事業
- ・能力開発事業

雇用安定事業は、事業主に対する助成金を支給するなど雇用機会を増やすための事業です

能力開発事業は、職業訓練や事業主に助成金を支給し、教育訓練への支援を行う事業です

育児休業給付は、失業等給付の雇用継続給付から削除され、失業等給付とは別に新設されました！

教育訓練給付金制度が拡充され現在は３種類に！

　教育訓練給付金制度には、一般教育訓練、特定一般教育訓練、そして専門実践教育訓練の３種類があり、2022年３月31日までの時限措置として、教育訓練支援給付金がある。

　歴史が一番ある「一般教育訓練」は、雇用の安定と再就職の促進を図ることを目的に、支給要件期間が３年以上（初回に限り１年以上）ある場合、教育訓練経費の20％（上限10万円）が支給される。

　「特定一般教育訓練」は、2019年10月からの制度で、速やかな再就職、早期のキャリア形成を目的としている。支給要件期間は３年以上（初回に限り１年以上）、支給額は40％（上限20万円）である。受給には、訓練前キャリアコンサルティングの受講が必須であり、介護支援専門員実務研修や一定のITパスポート試験合格講座などがある。

複数年、さらに訓練終了後のサポートもされる専門実践教育訓練

　2014年10月からスタートした「専門実践教育訓練」は、中長期的キャリア形成、雇用の安定と再就職の促進が目的である。支給要件期間は３年以上（初回に限り２年以上）、支給額は受講中の場合50％（３年間の上限額120万円）である。受講終了後、資格取得等をし、かつ終了した日の翌日から１年以内に被保険者として雇用された場合にも支給され、その支給額の合計は70％（３年間の上限額168万円）である。こちらも「訓練前キャリアコンサルティング」の受講が必須となっている。対象となる資格は、看護師、介護福祉士、歯科衛生士などがある。

　「教育訓練支援給付金」とは、専門実践教育訓練給付金の受給資格者が、失業状態にある場合、訓練受講を支援するため一定の要件を満たせば「基本手当の日額×80％」が支給される制度である。

～高齢者医療の自己負担割合の変遷～

　70歳以上75歳未満の一部負担金の割合が１割から２割への引き上げは2008年４月に予定されていた。福田内閣の時である。同時期に後期高齢者医療制度が施行された。75歳以上の方々を「後期高齢者」と呼ぶのは失礼なのではないか、年金から保険料を天引きするのはひどいのではないか、といった批判が相次ぎ、マスコミでも散々取りあげられた。前年には、アメリカにおいてサブプライムローン問題が騒がれ始め、そのような状況下で、70歳以上75歳未満の方々の負担割合を２割に引き上げることはできず、１年凍結された。

　翌年の2009年、次は麻生内閣である。この年も問題の多い年だった。前年にリーマンショックが起こり、年末年始には、いわゆる派遣切りにあった失業者のため一時的に設置された派遣村の報道が世間を賑わせた。そして2009年は衆議院の解散総選挙のある年でもあった。政局的に２割への引き上げは困難となり、また１年凍結されたのである。

　2010年、総選挙後の政権は民主党が握り、鳩山内閣が誕生した。４月前後は、アメリカとの普天間基地問題もあり、さらに政権交代直後ということもあり、１年凍結された。2011年、すでに菅内閣になっていたが、東日本大震災の影響が大きく、２割への引き上げは困難を極めた。続く2012年の野田内閣は、復興優先ということで、早々に凍結を明言した。

　2013年、再び安倍内閣がスタートしていた。２割引き上げを可決させた政権ではあったが、消費税を８％に引き上げることも念頭に置いたのか、もう１年凍結された。そして2014年４月、６年の時を超え２割に引き上げられた。凍結に要した１年当たりの国の負担額は2,000億円であった。

 # コンサルティングのポイント〔ライフ〕

　なんでも今は人生100年時代らしい。現在の平均寿命は、男性81.64、女性87.74なので、一昔前は人生80年時代といっていいだろう。

　生まれてから20歳あたりまでは学校に通い教育を受ける。20歳前後から60歳過ぎまで約40年間仕事をし、それ以降の20年間は老後という余生を過ごす。しかし、人生100年時代になると、その余生が20年伸び40年間になる。40年間仕事をしてその後の40年間の自分のサポートをするのはさすがに厳しい。というか、不可能に近い。そこで死ぬまで受け取ることのできる公的年金だが、その金額をみると心もとないのは事実だ。

　ではどうすれば良いのか。

　ひとつは、60歳過ぎで引退などせず働き続けることだ。正直、引退するには早すぎる。元気で経験値もあるため働くべきだ。確かに、若い時のように、体力や精神力は維持できないかもしれないが、知恵袋的存在はこの世代の右に出るものは少ないだろう。しかし、病気なども含め、引退せざるを得ない時期は必ずやってくる。

　もうひとつは、その様な時に備えて、老後の収入源（フロー）をいかに確保するかである。国民年金にしろ、厚生年金にしろ、公的年金の老齢給付は原則65歳から支給される。まずはこれを増やす手段から考えてみたい。有名なのは繰下げ支給だ。現在は70歳まで遅らせてもらうことが可能である。遅らせて受け取ると、１ヵ月当たり0.7％の増額になるため、70歳からに変更すると年金額が42％増になる。かなりの率であり、しかも一生涯増額されるため、利用しない手はない。もらい始める年齢がおそくなるが、そのくらいまでは働いていたいところだ。

後の資産形成の手段の一つにiDeCo（個人型確定拠出年金）がある。こちらは、原則60歳から支給され、年金形式で受け取れば公的年金扱い、一時金で受け取れば退職所得扱いと税制面での優遇が多い。積立てをしている現役時代にも、その掛金は全額所得控除になるなど節税にも貢献してくれる。

　60歳を過ぎて働くと、給与の額が少なくなる場合もあるが、60歳からはiDeCoで補い、70歳からは増額された公的年金を受け取る。それでも心細いのであれば、民間の保険会社の個人年金保険に加入するのも一つの方法といえよう。こちらも保険料を支払うときに、個人年金保険料控除の対象になるものもあり、現役時代の節税にもなる。

　あとは、人や家計によって異なるが、どれだけのストック（老後資金）を蓄えておくかになるだろう。

　このように、60歳以降の収入プランニングをいかに早いうちに行い実行に移すかが今の時代を生き抜くポイントになってくる。現役世代は節税をしつつ老後の資産形成、働き続けることによって老後をできるだけ遅くさせ、老後の収入源である公的年金をいかに増やすかの工夫をしておくのだ。

　公的年金の繰上げ支給一つとってみても、計画しておかないと原則通り65歳から受け取ってしまうだろう。そして計画するには、様々な知識が求められる。まずは公的年金の知識と手続きの仕方だ。iDeCo一つとっても、税制や資産運用の知識がなければ使いこなすことは難しいし、個人年金を利用するのであれば生命保険の知識も必要になる。日々暮らしていくための居住についてはどうすべきなのか、最後に訪れる相続の備えはどうなっているのかなど、コンサルティングに求められる領域は広く深い。表面的なアドバイスではもうお客様には振り向いてもらえないだろう。

第1章 特集

公的年金と確定拠出年金

　公的年金は、保険料や年金額が毎年のように改定されています。さらに制度も頻繁に改正されるなど、知識のブラッシュアップを行う必要性の高い分野です。相談業務でも必ず話題に上がる公的年金について理解を深めましょう。

1. 生活状況の変化と公的年金

公的年金・恩給を受給している高齢者世帯における
公的年金・恩給の総所得に占める割合別世帯数の構成割合

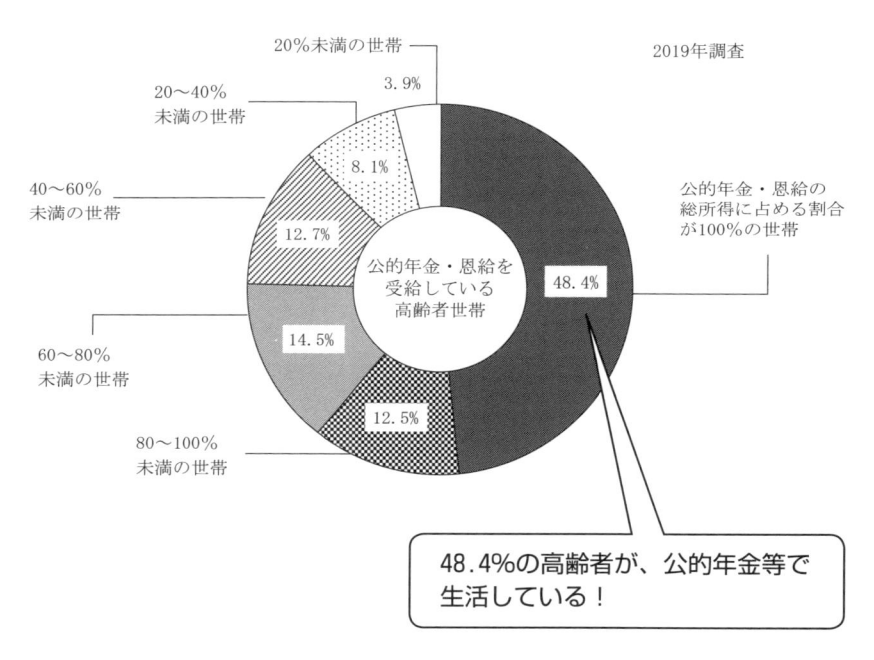

2019年調査

公的年金・恩給を
受給している
高齢者世帯

- 20%未満の世帯 3.9%
- 20〜40%未満の世帯 8.1%
- 40〜60%未満の世帯 12.7%
- 60〜80%未満の世帯 14.5%
- 80〜100%未満の世帯 12.5%
- 公的年金・恩給の総所得に占める割合が100%の世帯 48.4%

48.4%の高齢者が、公的年金等で生活している！

厚生労働省「2019年国民生活基礎調査の概況」より

2020年の国民生活基礎調査は、新型コロナウイルス感染症への対応等の観点から中止されました。

国民皆年金制度の発足と、日本の人口構造の変化

　公的年金というと、「難しい、よく分からない」であるとか、「将来は1円ももらえなくなるのでは？」といった声を耳にする。

　国民年金がスタートした1961年頃の私たちの状況は、現在とはかなり異なっている。サザエさんの家族のように、三世代同居の世帯数は400万世帯を超え、親と同居をして農業や自営業を一緒に営む人が多く、自ら親を養っていた。会社員等の割合は5割強だった時代である。しかし、戦後の右肩上がりの経済成長と共に、若者が会社員として大都市に移動し、核家族化が広まってきた。その結果、現在の会社員の割合は9割弱となり、平均寿命も15年ほど伸びた。人口は減少し、少子高齢化が進んだ現在、自分の親を養うことが難しくなってきた。そこで、現役世代が国や地方を介して保険料を支払い、親が年金を受給する公的年金制度が良くも悪くも注目を浴びている。

公的年金は、老後生活に欠かせない収入！！

　2019年の国民生活基礎調査の概況によると、48.4％の高齢者世帯が公的年金や恩給のみで暮らしているのが分かる。高齢者の1世帯当たりの平均所得金額のうち、公的年金や恩給の占める割合は、63.6％もある。そして年金・恩給の1世帯当たり平均所得金額は、199.0万円なのである。老後の収入源である公的年金は、私たちに欠かせない制度であることが分かる。

　公的年金は、物価や賃金の水準の変化に準じている。小売物価統計調査の、1965年と2010年の物価を比較すると、鶏肉は約2倍、牛乳は約6倍に上昇している。物価変動を考慮してくれる公的年金は、私たちの老後に欠かせない収入なのである。しかし、現在はマクロ経済スライドが導入されている。

2. 所得代替率と マクロ経済スライド

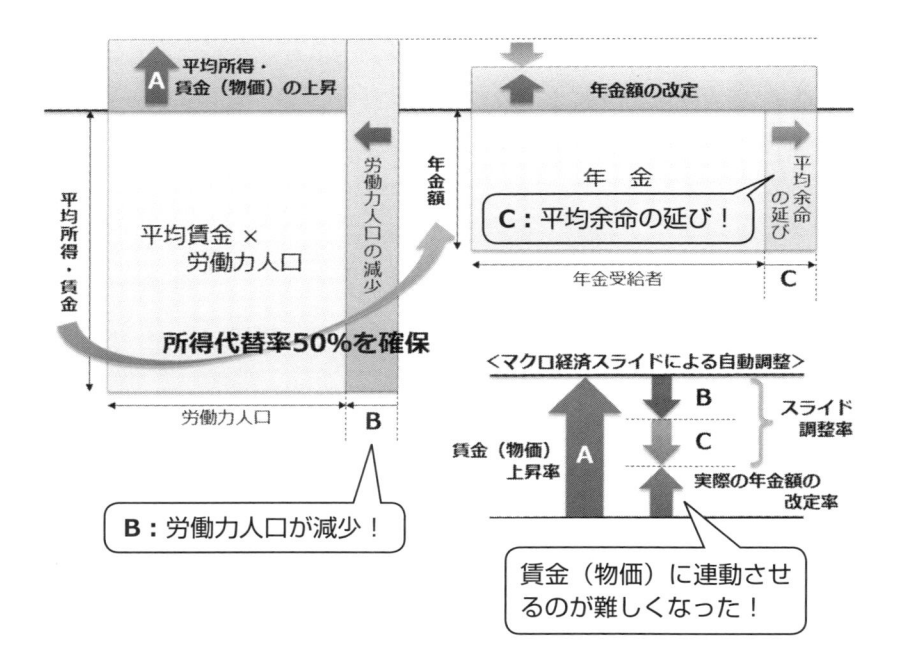

- **B：労働力人口が減少！**
- **賃金（物価）に連動させるのが難しくなった！**

年金の伸びを押さえる「マクロ経済スライド」は2015年度、2019年度、2020年度の３回発動されています。

物価に連動した金額が支給される公的年金

　年金額の物価スライドが初めて導入されたのは、1973年のことである。この時は、物価変動率が5％を超えて変動した場合に、変動率を基準として年金額が改定された。平成元年になると物価スライドの5％枠が撤廃され、「完全自動物価スライド制」が導入された。しかし、2000年度〜2002年度の間は、物価が下落したにもかかわらず、物価スライド特例措置により年金額を下げなかった。これにより、本来水準と物価スライド特例水準の差は▲1.7％となった。その後も同様の状況が続き、差は▲2.5％と拡大した。国からの「借り」に相当する。2013年度から2015年度の3年間で解消する（借りを返す）ことになるが、結果として年金額は減少の一途をたどった。2015年度の年金額改定で、特例水準が解消し、賃金（物価）上昇率も +2.3％と伸びたため、初めて「マクロ経済スライド」が発動されたのである。

知っておきたい「マクロ経済スライド」の仕組み

　マクロ経済スライドとは、物価が上昇したときの年金額の上昇が抑えられ、物価が下落したときは年金額も連動して下落する仕組みである。

　労働力人口は少子高齢化により減少、平均余命の延びもあり、年金受給者は増加している。このような状況下では、現役世代の平均所得・賃金(物価)が上昇したとしても、以前のように、同じだけ年金額を上昇させることは現実的には難しい。政府は、現役世代の所得の半分の年金額（これを所得代替率50％という）を確保することを謳っているが、労働市場への参加が進むこと、経済が持続的に成長することなどが前提になっている。

3. 国民年金の保険料

国民年金の保険料に高齢化率の推移

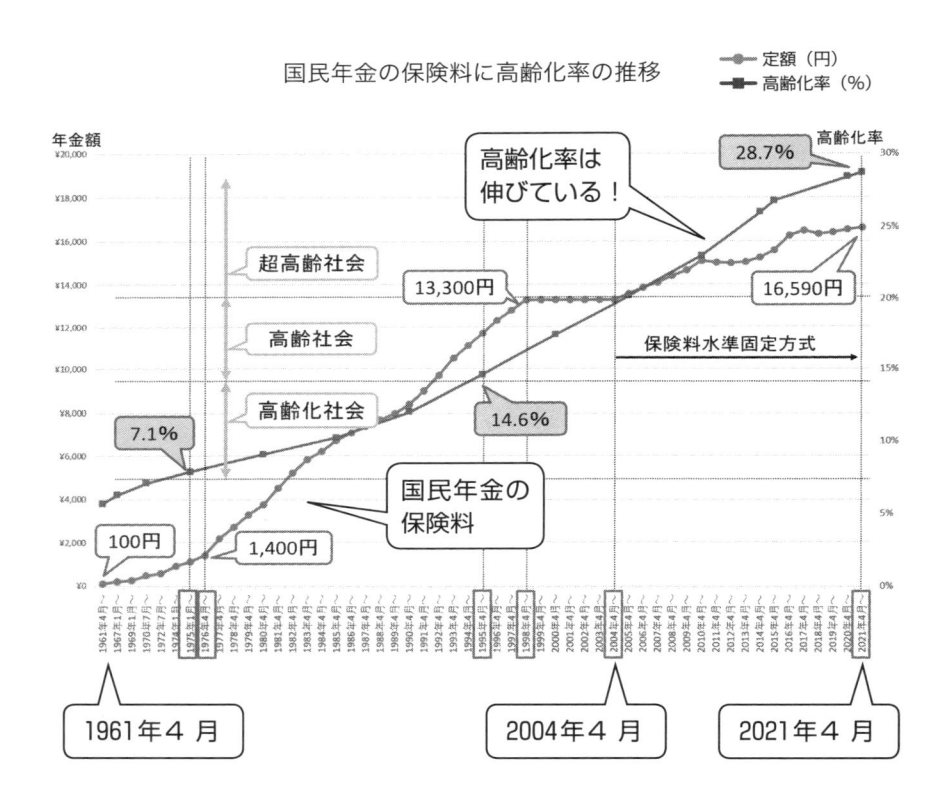

2022年度の国民年金の保険料は、16,590円と前年と比べ20円の引き下げとなりました！

「給付水準維持方式」と「保険料水準固定方式」

　2022年度国民年金の保険料は、月16,590円である。2004（平成16）年の年金改正において、2017年度まで毎年4月に280円ずつ16,900円まで保険料を引き上げられてきた。なお、2019年4月1日から100円引き上げられ17,000円（詳細は次節）となった。

　2004年3月31日までは「給付水準維持方式」といい、年金額の給付水準を維持するために保険料を引き上げる制度であった。しかし、少子高齢化等の社会経済情勢の変化によりそれが困難になってきた。そこで最終的な保険料の水準を定め、それに見合う給付を行う方針に切り替えたのが、2004年4月1日からの「保険料水準固定方式」である。この方式は名目賃金の変動に応じて改定を行うため、2022年度は試算上の17,000円ではなく16,590円となっている。

高齢化率は伸びれば、国民年金の保険料も増える

　国民年金の保険料は、高齢化と共にどんどん増えている。制度がスタートした1961年には35歳未満で100円だった保険料が、今は16,590円である。この先も高齢化率は高まる推計が出ており、保険料がこのまま固定されるとは考えにくい。

　高齢化率とは、国民年金が支給される65歳以上の人口の割合を意味する。高齢化率7％以上を高齢化社会の国といい、14％以上を高齢社会の国と国際的に呼んでいる。7％から14％までの年数を倍化年数といい、日本は24年というスピードだった。参考までにアメリカは72年、1864年に7％を超えたフランスは115年もかかっている。一方、韓国は18年、シンガポールは20年と日本を上回る早さで高齢化が進んでいる。

4. 国民年金保険料と免除制度

○法定免除　　　　　○申請免除　　　　　　　　　　○学生納付特例制度
・障害年金の受給者　・全額免除　・4分の3免除　○納付猶予制度
・生活保護者　　　　・半額免除　・4分の1免除　・2025年6月まで
　　　　　　　　　　　　　　　　　　　　　　　　・30歳未満→50歳未満(2016.7)

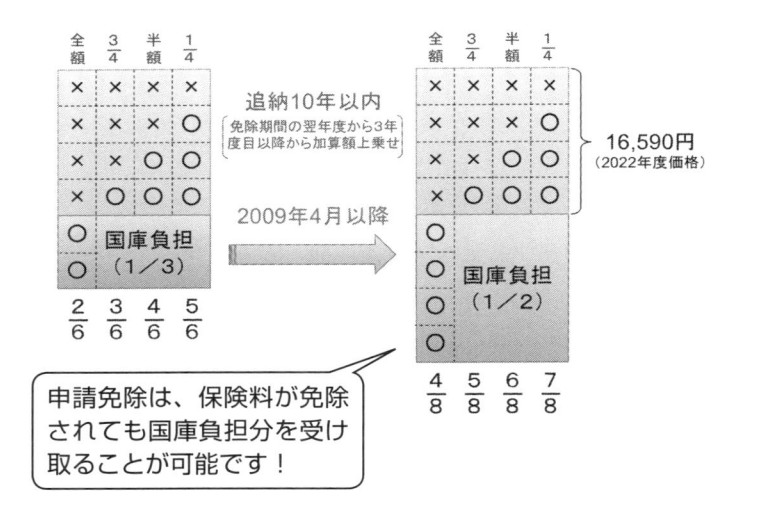

追納10年以内
免除期間の翌年度から3年度目以降から加算額上乗せ

2009年4月以降

16,590円
（2022年度価格）

国庫負担（1／3）

国庫負担（1／2）

申請免除は、保険料が免除されても国庫負担分を受け取ることが可能です！

2019年4月から、産前産後期間の保険料免除制度がスタートしました！その財源として、国民年金の保険料が100円引き上げられました。

国民年金保険料の産前産後期間の免除制度がスタート！

　2019 年 4 月から、国民年金第 1 号被保険者の出産予定日または出産日が属する月の前月から 4 ヵ月間の保険料が免除される制度が始まった。厚生年金保険にはあったが国民年金にはなかった制度である。産前産後期間として認められた期間は、将来、年金額を計算する際は、保険料を納めた期間として扱われる。

申請しないと国民年金保険料が免除されない申請免除！

　国民年金保険料の免除制度には、法定免除や申請免除などがある。

　法定免除とは、生活保護法の扶助を受けているなどの要件を満たすと、該当する日の属する月の前月から全額免除される。

　申請免除のうち、全額免除は国民年金と同じく 1961 年度からスタートしており、本人と配偶者および世帯主の前年の所得が一定以下であれば免除を受けることができる。2002 年度には半額免除が、2006 年度から 4 分の 3 免除、4 分の 1 免除と免除される金額の割合が細分化された。

追納しないと年金額が増えない「学生納付特例制度」

　学生納付特例制度とは、20 歳以上であっても本人が学生でかつ前年の所得が一定以下なら、申請（毎年）することで保険料の納付が猶予される制度である。ただし猶予された保険料の支払いをしないと、年金額には反映されず給付はされない。保険料が免除・猶予された期間は、10 年以内であれば追納できる。2005 年に 30 歳未満の無職やフリーターに対する若年者納付猶予制度が始まり、2016 年 7 月より年齢の対象が 50 歳未満と拡大された。

5. 厚生年金保険の保険料

厚生年金の保険料率と国民年金の保険料の推移

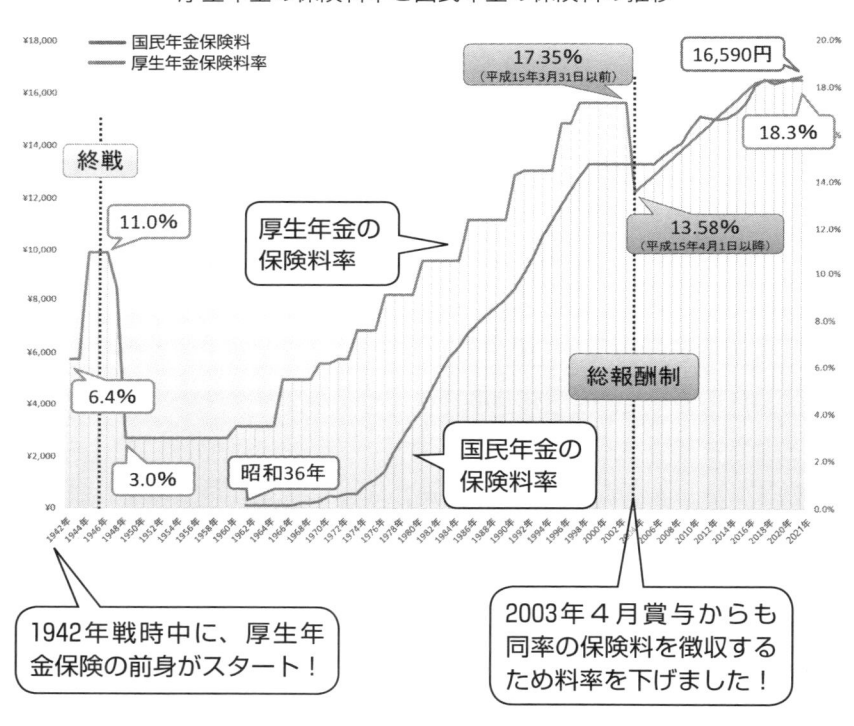

- 国民年金保険料
- 厚生年金保険料率

17.35%
（平成15年3月31日以前）

16,590円

終戦

11.0%

18.3%

厚生年金の
保険料率

13.58%
（平成15年4月1日以降）

6.4%

総報酬制

3.0%

昭和36年

国民年金の
保険料率

1942年戦時中に、厚生年
金保険の前身がスタート！

2003年4月賞与からも
同率の保険料を徴収する
ため料率を下げました！

厚生年金の保険料率は、2017年以
降固定されましたが、国民年金と同
様にどこまで18.30％のまま継続で
きるかは未知数です！

厚生年金の保険料率は、18.30%まで引き上げられ固定！

　厚生年金保険の保険料も、国民年金と同様、2004年度から保険料水準固定方式により、毎年9月に0.354%ずつ引き上げられた。2017年度以降は18.30%で固定された。なお、厚生年金保険の保険料率は、事業主と被保険者が保険料を半分ずつ負担する労使折半となる。

　厚生年金保険は、その前身である労働者年金保険も含めると、戦時中となる1942年から施行されている。この時は男性のみの加入であったが、2年後の1944年から女性も加入対象となり、名前も厚生年金保険に改められた。グラフの通り、戦中・戦後の保険料率は大きくブレているが、1948年8月の3.0%で落ち着き、それ以後、戦後の経済成長と共に保険料率が引き上げられ、2003年3月には17.35%になった。

総報酬制が導入され、賞与からも月給と同率の保険料を徴収！

　2003年4月から保険料率が13.58%に引き下げられているのは、総報酬制が導入されたからである。総報酬制とは、月給にも賞与にも同率の保険料率で保険料が徴収される制度で、それまでは、賞与に対する保険料率は1%（労使折半）と低く設定されていた。年間での保険料の支払額が急激に上昇しないよう、保険料率が引き下げられたのがその理由である。しかし、保険料水準固定方式により、2014年9月には17.474%と総報酬制が導入される前の保険料を超え、前述の通り、2017年からは18.30%になった。

　なお、グラフは、国民年金の保険料の経緯と重ねており、2021年のそれぞれの値を一致するように作成している。

6. 厚生年金保険の保険料と標準報酬制

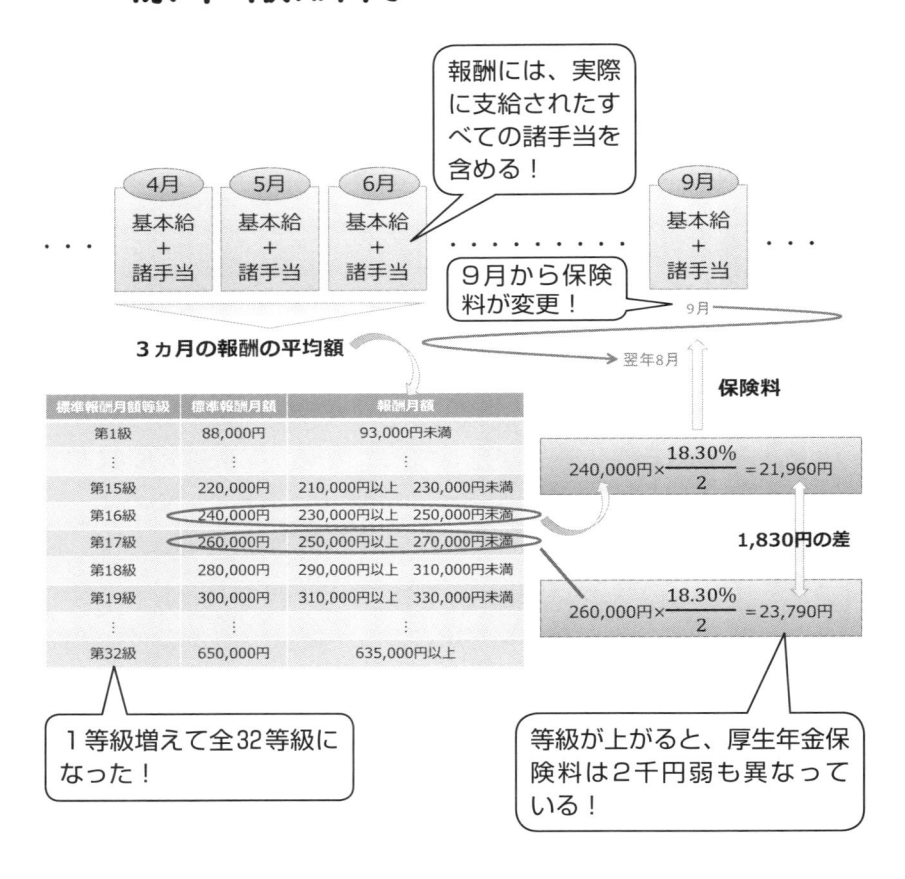

報酬には、実際に支給されたすべての諸手当を含める！

4月	5月	6月		9月
基本給 + 諸手当	基本給 + 諸手当	基本給 + 諸手当		基本給 + 諸手当

9月から保険料が変更！

3ヵ月の報酬の平均額

9月 → 翌年8月

保険料

標準報酬月額等級	標準報酬月額	報酬月額	
第1級	88,000円	93,000円未満	
⋮	⋮	⋮	
第15級	220,000円	210,000円以上	230,000円未満
第16級	240,000円	230,000円以上	250,000円未満
第17級	260,000円	250,000円以上	270,000円未満
第18級	280,000円	290,000円以上	310,000円未満
第19級	300,000円	310,000円以上	330,000円未満
⋮	⋮	⋮	
第32級	650,000円	635,000円以上	

$$240,000円 \times \frac{18.30\%}{2} = 21,960円$$

1,830円の差

$$260,000円 \times \frac{18.30\%}{2} = 23,790円$$

１等級増えて全32等級になった！

等級が上がると、厚生年金保険料は２千円弱も異なっている！

標準報酬等級の改定（2020年）
厚生年金保険：10月に全32等級に改定

4月から6月まで残業をすると、社会保険料が高くなる!?

　厚生年金保険の保険料は、毎年4月から6月の報酬の平均額をもとに等級表に当てはめ、標準報酬月額を決定し、それに対して保険料率を掛け合わせて計算する。これを標準報酬制といい、健康保険の保険料も同様の方法で計算する。ここで求めた標準報酬月額は、その年の9月から翌年の8月まで保険料の算定の基礎とする。

　つまり、4、5、6月に残業をすると、9月の給与から控除される社会保険料の額が多くなる場合があるということだ。

　賞与についてもその額によって社会保険料が異なる。3ヵ月を超える期間の賞与から千円未満を切り捨てた標準賞与額（厚生年金保険は1ヵ月当たり150万円、健康保険は年度の累計額573万円が上限）を設定し、健康保険や厚生年金保険の保険料の額を計算する。

給与が1円違うだけで、保険料が2,000円近く高くなることも！

　厚生年金保険の標準報酬月額について、もう少し詳しく考えてみたい。例えば報酬月額が249,999円の場合、標準報酬月額は第16級の240,000円に該当する。2019年3月以降の保険料率18.30％の労使折半で計算をすると21,960円となる。一方、報酬月額が1円高い250,000円の場合の標準報酬月額は、第17級の260,000円になるため保険料額は23,790円と計算できる。極端ではあるが、報酬月額が1円しか違わないにもかかわらず、毎月の保険料は1,830円も差がついてしまう。

　報酬月額は、賃金、給料、手当、その他どのような名称であっても、労務の対償となるものはすべて含む。そのため、報酬月額が少額増えたために等級が上がると、保険料の額も増えてしまう場合もある。

7. 老齢基礎年金の受給要件と年金額

老齢基礎年金の繰上げ受給と繰下げ受給

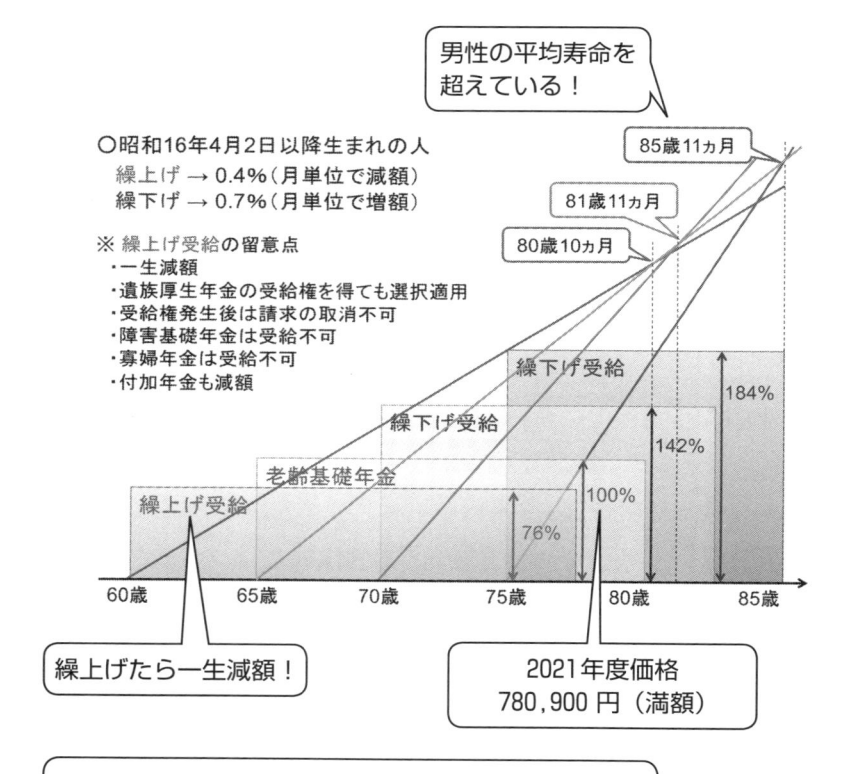

○昭和16年4月2日以降生まれの人
　繰上げ → 0.4%（月単位で減額）
　繰下げ → 0.7%（月単位で増額）

※ 繰上げ受給の留意点
・一生減額
・遺族厚生年金の受給権を得ても選択適用
・受給権発生後は請求の取消不可
・障害基礎年金は受給不可
・寡婦年金は受給不可
・付加年金も減額

男性の平均寿命を超えている！

85歳11ヵ月
81歳11ヵ月
80歳10ヵ月

繰下げ受給　184%
繰下げ受給　142%
老齢基礎年金　100%
繰上げ受給　76%

60歳　65歳　70歳　75歳　80歳　85歳

繰上げたら一生減額！

2021年度価格
780,900 円（満額）

2022年4月より、
繰上げ：0.5% → 0.4% の減額率に
　　　　緩和
繰上げ：年齢上限を70歳 → 75歳に
　　　　延長

老齢基礎年金を受給するには受給資格期間を満たす必要あり！

　老齢基礎年金の年金額は、「1.受給資格期間」→「2.受給開始年齢」→「3.年金額の計算」と3つのステップで計算できる。

　受給資格期間は、原則として、①保険料納付済期間、②保険料免除期間、③合算対象期間を合わせて10年以上あれば受給権者となる。これに満たない場合は、1円も支給されない。なお、2017年8月から、受給資格期間が25年以上から10年以上に縮減された。

81歳11ヵ月以上長生きする自信があれば70歳から繰下げ受給！

　老齢基礎年金の受給開始年齢は、原則65歳である。原則とあるのは、繰上げ受給と繰下げ受給があるためである。繰上げ受給をすると、1ヵ月当たり0.4％の減額（2022年4月から）、繰下げ受給をすると1ヵ月当たり0.7％の増額となる。仮に受給を繰下げた場合、一生涯増額され続けるため長生きすれば繰下げ受給した方がもらえる年金の総額は大きくなる。原則65歳からの受給額を基準にすると、最長の5年繰上げた場合の損益分岐となる年齢は80歳10ヵ月、70歳まで繰下げた場合は、81歳11ヵ月である。なお、2022年4月より75歳まで繰下げられるようになった。

老齢基礎年金額の簡便計算法とは！

　受給できる年金額は、2021年度で780,900円（満額）である。国民年金は40年間保険料を支払うことになるので、780,900円を40年で割ると、1年当たり約19,500円となる。保険料の納付年数にこの金額を掛け合わせると簡便的に年金額を計算することができる。仮に保険料を30年間支払った場合は、19,500円×30年＝585,000円となる。正確に計算すると585,700円となり誤差は700円である。

8. 在職老齢年金

65歳以上の在職老齢年金制度

総報酬月額相当額＝標準報酬月額＋直近1年間の標準賞与額の総額×1/12
基本月額　　　　＝年金額（老基、経加、加給は除く）　×　1/12

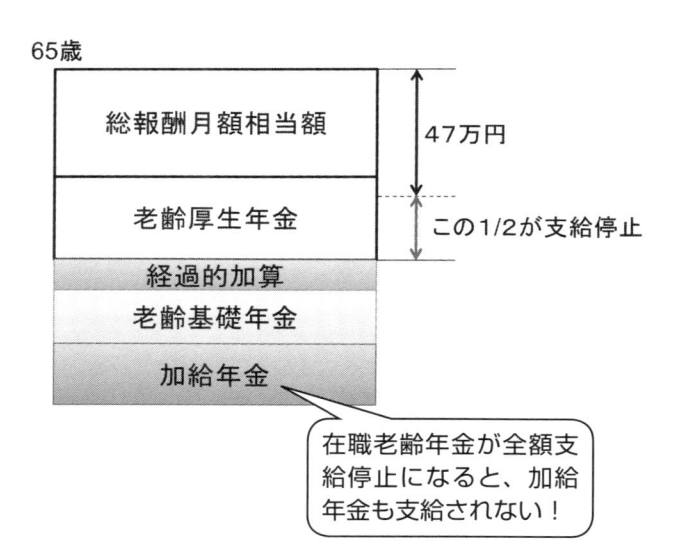

65歳

| 総報酬月額相当額 | |
| 老齢厚生年金 | 47万円 |

この1/2が支給停止

経過的加算

老齢基礎年金

加給年金

在職老齢年金が全額支給停止になると、加給年金も支給されない！

2022年4月からは、在職老齢年金（低在老）の支給停止基準が、現行の28万円から47万円に緩和されました！

在職老齢年金の見直しにより、支給停止基準が緩和！

　在職老齢年金とは、60歳以降も企業で働きながら受け取る老齢厚生年金をいう。2022年4月に在職老齢年金制度の見直しが行われた。

　具体的には、60〜64歳に支給される特別支給の老齢厚生年金を対象とした在職老齢年金制度（低在老）について、年金の支給が停止される基準が、現行の総報酬月額相当額と基本月額の合計額が28万円から47万円に緩和されたのである。

　なお、総報酬月額相当額とは、その月の標準報酬月額に直近1年間の標準賞与額の総額を12ヵ月で除した金額を足し合わせた金額である。基本月額とは、1ヵ月当たりの年金額をいう。

65歳以上の高在老の変更はなし！

　65歳以上の場合、老齢基礎年金、経過的加算、加給年金を除いて考える。総報酬月額相当額と基本月額の合計が47万円以下であれば支給停止はなく、超えた場合はその2分の1が支給停止となる。なお、70歳以上の者は在職者であっても厚生年金保険の被保険者とはならないため、保険料の負担はない。しかし、65歳以上の在職老齢年金の仕組みと同様に、老齢厚生年金の一部または全額の支給停止が行われる。

2022年4月から在職定時改定が新設！

　退職等により厚生年金被保険者の資格を喪失するまでは、老齢厚生年金の額は改定されなかったが、65歳以上の在職中の老齢厚生年金受給者について、年金額を毎年10月に改定し、それまでに納めた保険料を年金額に反映される在職定時改定が新設された。

9. 遺族給付の概要

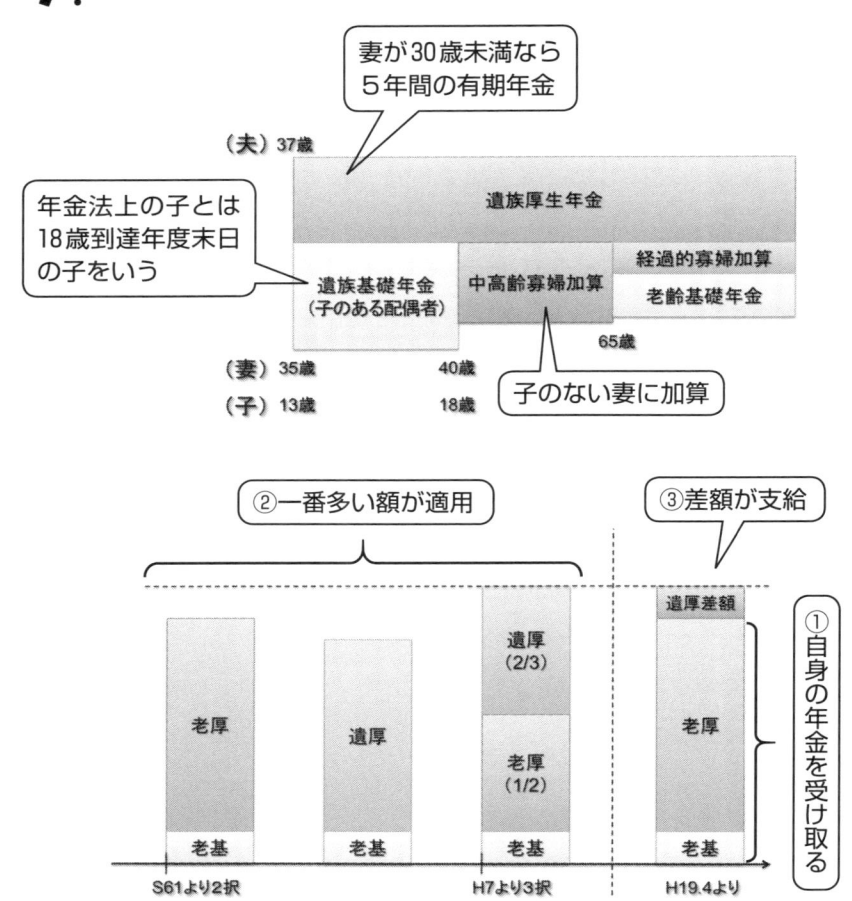

妻が30歳未満なら
5年間の有期年金

（夫）37歳

年金法上の子とは
18歳到達年度末日
の子をいう

遺族厚生年金

遺族基礎年金
（子のある配偶者）

中高齢寡婦加算

経過的寡婦加算
老齢基礎年金

65歳

（妻）35歳　　40歳

（子）13歳　　18歳

子のない妻に加算

②一番多い額が適用

③差額が支給

①自身の年金を受け取る

老厚

遺厚

遺厚（2/3）

老厚（1/2）

遺厚差額

老厚

老基

老基

老基

老基

S61より2択

H7より3択

H19.4より

2021年度の中高齢寡婦加算の加算額は、585,700円（定額）です。60万円弱と覚えておきましょう！

遺族年金のチェックポイントは「夫を亡くした時の妻の年齢」

　遺族年金は、年金加入者または年金受給権者が死亡した場合、死亡当時に生計維持関係がある一定の要件を満たす遺族に対して支払われる。例えば、夫：37歳（会社員）、妻：35歳（専業主婦）、子：13歳（中学生）の3人家族で、夫が亡くなってしまった場合を考えてみる。

　遺族年金を考える上でポイントとなるのは、夫を亡くした時の妻の年齢である。この場合、妻は35歳である。夫の老齢厚生年金の報酬比例部分を計算した額の4分の3に相当する額を、遺族厚生年金として妻に支給される。しかし、その時の妻の年齢が30歳未満であった場合は、5年間の有期年金になってしまう。

「年金法上の子」がいるかどうか、それが問題！

　遺族基礎年金は、年金法上の子がいれば支払われる。年金法上の子とは、18歳到達年度末日の子を指す。簡単にいえば、高校を卒業する前までの子をいい、4月から大学生になった時点で子でなくなる。

　子の要件を満たせなくなると、遺族基礎年金は支給されなくなるが、その後、中高齢寡婦加算が加算される場合がある。中高齢寡婦加算とは、原則、夫の死亡当時、40歳以上65歳未満である子のない妻に加算される。妻が40歳の時点で遺族基礎年金の受給要件となる子がいる場合、遺族基礎年金の支給停止後であれば65歳まで加算される。

　妻が65歳になると、自身の老齢基礎年金、老齢厚生年金が支給される。図表下段の3つの併給パターンのうち、いずれか有利な組み合わせの合計額が、自身の老齢厚生年金の額を上回る場合は、その差額が遺族厚生年金として支給される。

10. 任意加入と2年前納

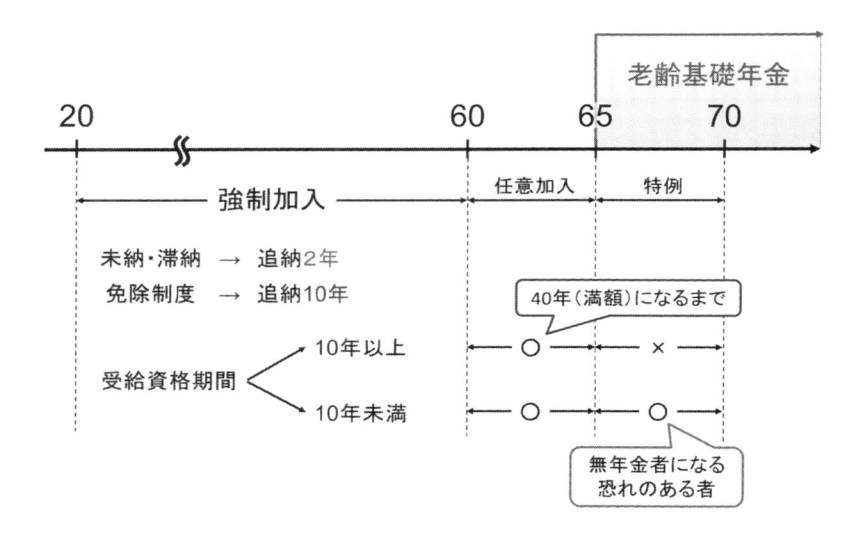

国民年金は強制加入です。保険料を支払うのであれば、おトクな前納がお勧めです！

保険料は前納すれば、支払額が減る！

　国民年金の保険料は前納することで、総支払額が減る。毎月16,590円の保険料の支払いを前納払いに切り替えると、毎月支払では16,590円×12ヵ月＝199,080円となるが、１年前納の現金払いにすると、約1.8％に相当する額が割引となる。そして、２年前納の口座払いの場合は、約4.0％に相当する額が割引となるのは、大きな魅力といえる。前納の割引率は、年利４％の複利原価法を用いて計算をする。なお、2017年４月より、現金・クレジットカード納付による２年前納が可能となった。

２年前納がオススメ！ ただし手続き期間に要注意！

　前述の通り前納するだけで、保険料の支払額が減るので最大限活用するためにも、２年分前納することをオススメする。ただし、２年前納の申込期限は２月末日のため、2022、2023年度の２年前納の場合、2022年２月28日までに手続きをする必要がある。確定申告をする場合、支払った年に２年分の社会保険料控除の対象にできる。希望すれば、暦年ごとに分割して控除の対象にすることも可能である。例えば、上記の場合、2022年４月〜12月、2023年１月〜12月、2024年１月〜３月と３暦年にわたり社会保険料控除の対象になる。

追納や任意加入で年金額を増やす！

　受給資格期間を満たしていない、または保険料の支払期間が40年未満の場合は、追納や任意加入をすることで年金額を増やせる。追納や任意加入をしても受給資格期間を満たせず、無年金になる恐れがある人は、特例的に70歳まで加入することができる。

11. 老齢基礎年金を たくさんもらうテクニック

付加年金と付加保険料

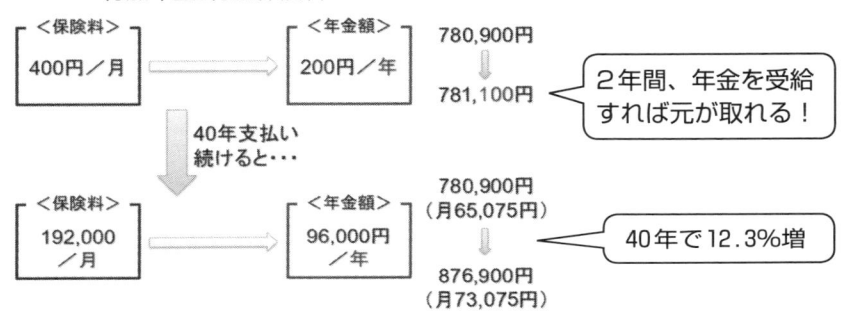

＜保険料＞
400円／月

＜年金額＞
200円／年

780,900円
↓
781,100円

2年間、年金を受給
すれば元が取れる！

40年支払い
続けると…

＜保険料＞
192,000
／月

＜年金額＞
96,000円
／年

780,900円
（月65,075円）
↓
876,900円
（月73,075円）

40年で12.3％増

※ 国民年金の前納をした場合、その割引が適用
※ 国民年金の繰下げ受給をした場合、その加算率が適用

老齢基礎年金の繰下げ受給の増額割合

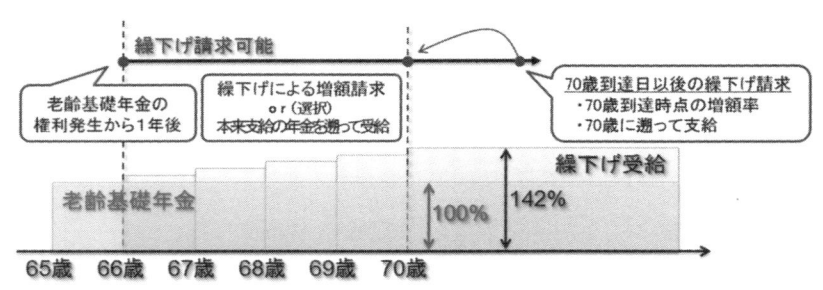

繰下げ請求可能

老齢基礎年金の
権利発生から1年後

繰下げによる増額請求
or（選択）
本来支給の年金を遡って受給

70歳到達日以後の繰下げ請求
・70歳到達時点の増額率
・70歳に遡って支給

繰下げ受給

老齢基礎年金

100% 142%

65歳　66歳　67歳　68歳　69歳　70歳

付加年金は少額ではありますが、か
なりお得感があります。
老齢基礎年金の繰下げも魅力的で
すが、デメリット面も理解すること
が大切です！

付加年金は、2年間受給できれば元が取れるおトクな制度！

　付加年金へ加入すれば、より多くの年金をおトクに受け取れる。

　付加年金は、国民年金の第1号被保険者や任意加入被保険者が加入でき、月額400円の付加保険料を支払うと、将来、老齢基礎年金の受給権を取得したとき、年金額に「200円×付加保険料の納付月数」分が加算される。400円支払うと、年金額が200円増えるため、2年間年金を受け取ることで元が取れる。仮に40年間付加年金に加入すれば、将来受け取れる年金が年間9.6万円増えることになる。かなり、魅力的といえるだろう。

繰下げ受給は、66歳から請求可能！

　老齢基礎年金の受給額を増やすもう一つのテクニックが繰下げ受給だ。

　繰下げ受給は、老齢基礎年金の権利が発生する1年後の66歳からできる。65歳から老齢基礎年金は受給しないという繰下げ請求をすれば、繰下げした期間に応じて将来もらえる年金がどんどん増えていく。逆に支給額は減ってしまうが、繰上げ受給もできる。日々の生活状況を鑑みながら、繰上げなのか繰下げなのかを選択していくのが重要だ。

　注意したいのは、加給年金額や振替加算の扱いだ。加給年金額は、増額はされず、妻が65歳になった時点で支給停止となる。振替加算も増額はされない。しかも、繰下げた年齢まで振替加算は支給されなくなる。この点も考慮した上で、賢い選択をする必要がある。

12. 改正年金法の改正スケジュール（公的年金）

施行時期	改正年金法の主な内容（公的年金）
2022年4月	○繰上げの減額率が「**0.5%→0.4%**」に緩和 ・繰上げ受給は最大60歳までは変わらず ・減額率は1ヵ月ごとに0.5%から0.4%に緩和 ○繰下げの年齢が「**70歳→75歳**」に延長 ・繰下げ受給の上限を70歳から75歳に延長 ・増加率は1ヵ月ごとに0.7%を維持 ○低在老の減額基準が「**28万円→47万円**」に緩和 ・65歳未満の在職老齢年金の減額基準を28万円から47万円に緩和 ○定時在職改定導入により「**65歳→70歳**」まで年金が増加 ・65歳以降も厚生年金に加入継続するなら在職中でも毎年年金が増える「在職定時改定」導入
2022年10月	○短時間労働者の厚生年金加入が「**501人→101人**」に拡大 ・101人以上の会社で週20時間以上30時間未満の短時間労働者も厚生年金の加入対象に
2024年10月	○短時間労働者の厚生年金加入が「**101人→51人**」に拡大 ・51人以上の会社で週20時間以上30時間未満の短時間労働者も厚生年金の加入対象に

> 被扶養者の基準の「106万円の壁」の要件変更になります。

> 今後2025年までに、公的年金の改正が段階的に施行されていきます。上記を見ると年金の受給開始年齢の原則65歳が引き上げられそうで不安になります。

繰上げ支給の要件が緩和、繰下げの年齢が延長！

　公的・私的年金の改革法が2020年5月29日に国会で成立し、2025年までに段階的に施行されることになった。そのうちの一つは、現状の繰上げ支給の減額率が0.5％だったのに対し、2022年4月からは0.4％に緩和される点である。60歳まで繰り上げた場合、30％から24％の減額で済む。一方、繰下げが現行の70歳から75歳までに延長される。10年間繰下げると、その増額率は84％にもなる。

60歳台前半の在職老齢年金（低在老）の減額基準が緩和

　60歳から64歳までの在職老齢年金の減額基準が28万円から47万円に緩和される。47万円は65歳以上の在職老齢年金の減額基準と同じである。

在職定時改定導入で70歳まで年金が増加することに！

　65歳以上の在職中の老齢厚生年金受給者は、これまでは、退職等により厚生年金被保険者の資格を喪失するまでは、老齢厚生年金の額は改定されなかった。しかし、これからは年金額を毎年10月に改定し、それまでに納めた保険料を年金額に反映されるようになる。これが在職定時改定である。つまり、この制度が導入されることで、退職を待たずに早期に年金額に反映（増額）されることになる。

被用者保険（厚生年金保険、健康保険）の適用範囲の拡大

　短時間労働者を被用者保険の適用対象とすべき事業所の企業規模要件（現行、従業員数500人超）を段階的に引き下げ、50人超規模とされる。簡単に言えば、被用者保険の加入者が増える改正といえる。

13. 企業年金の導入の経緯

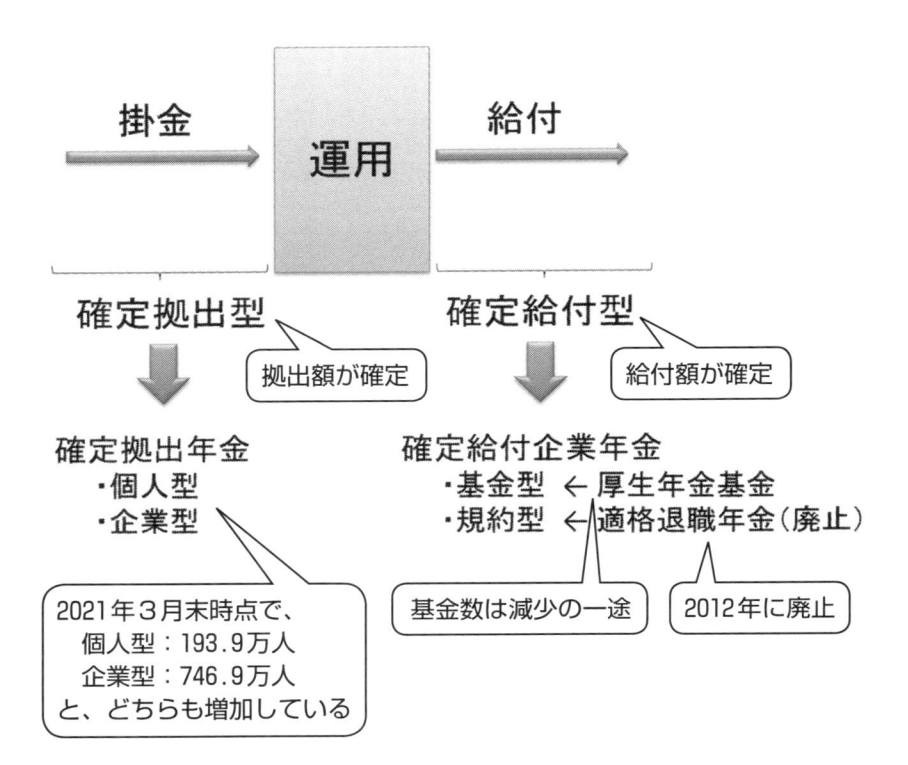

掛金　→　運用　→　給付

確定拠出型　　　　確定給付型

拠出額が確定　　　　給付額が確定

確定拠出年金
　・個人型
　・企業型

確定給付企業年金
　・基金型　← 厚生年金基金
　・規約型　← 適格退職年金（廃止）

2021年3月末時点で、
個人型：193.9万人
企業型：746.9万人
と、どちらも増加している

基金数は減少の一途

2012年に廃止

確定拠出年金の個人型の内訳は、第1号：21.7万人、第2号：164.8万人、第3号：7.5万人と第2号が大多数となっています。

企業年金は、従業員の退職金の準備をする手段の一つ！

　一部の企業では退職金を準備するために、企業年金を活用している。そもそも退職金は、「社員の功労・慰労を労うもの」という意味がある。戦後の経済成長の中で物価上昇に見合った賃金上昇がなく、終身雇用、年功序列といった日本型経営の中で、「社員の囲い込み・賃金の後払い」の意味合いを持つようになってきた。そして、現在では日本人の平均寿命の延びと共に、「老後の生活保障」の意味合いも持つようになっている。

企業年金は、確定給付型から確定拠出型へ！

　企業年金は、掛金を拠出、運用し、給付を行う仕組みだ。将来受け取る給付額が確定している「確定給付型」と積み立てる掛金の額が確定している「確定拠出型」の２つがある。

　確定給付型は、1962年に適格退職年金が、1966年に厚生年金基金がスタートした。企業が掛金を拠出し、運用責任もあるため、社員にとってはうれしい限りだが、バブルの崩壊と共に、運用難による掛金拠出の負担増などで、適格退職年金は2012年をもって廃止となった。2014年の公的年金の健全化法施行を受け、最大1,888基金あった厚生年金基金は解散または代行返上が進み、2021年6月1日現在で5基金（企業年金連合会）にまで減少している。2002年に導入された確定給付企業年金制度は、受け皿としての役割も担っている。

　確定拠出型は、一般に企業が掛金を拠出するものの、運用責任は社員が負うため給付額の変動リスクが伴う。確定拠出型の代表例として、2001年に施行された確定拠出年金があり、企業型と個人型がある。

14. 確定拠出年金の改正ポイント

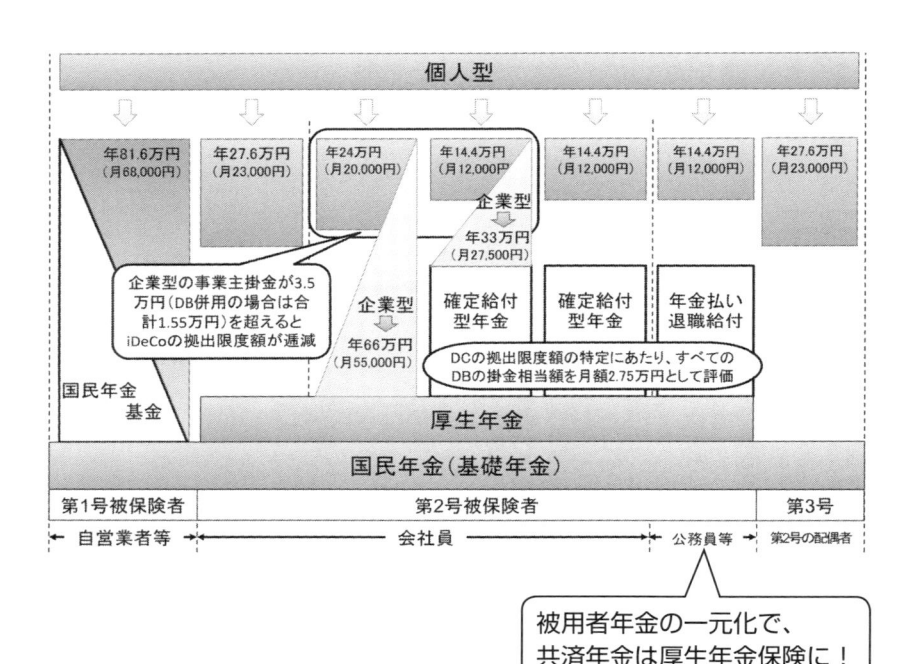

個人型							
年81.6万円 (月68,000円)	年27.6万円 (月23,000円)	年24万円 (月20,000円)	年14.4万円 (月12,000円)	年14.4万円 (月12,000円)	年14.4万円 (月12,000円)	年27.6万円 (月23,000円)	

企業型
年33万円
(月27,500円)

企業型
年66万円
(月55,000円)

企業型の事業主掛金が3.5万円(DB併用の場合は合計1.55万円)を超えるとiDeCoの拠出限度額が逓減

| 確定給付型年金 | 確定給付型年金 | 年金払い退職給付 |

DCの拠出限度額の特定にあたり、すべてのDBの掛金相当額を月額2.75万円として評価

| 国民年金基金 | 厚生年金 | |

国民年金(基礎年金)

| 第1号被保険者 | 第2号被保険者 | 第3号 |
| 自営業者等 | 会社員 | 公務員等　第2号の配偶者 |

被用者年金の一元化で、共済年金は厚生年金保険に！

2022年は確定拠出年金の改正が施行されていきます！年齢の要件が5歳ずつ延びる改正や企業型DC加入者でもiDeCoとの併用が容易になるなどは把握しておきましょう！

2022年は確定拠出年金制度の改正のオンパレード！

　公的・私的年金の改革法が2020年5月29日に国会で成立し、確定拠出年金は2020年以降、様々な改正が施行されている。

　まず、1つ目は「iDeCoプラス、簡易型ＤＣへの加入促進」である。中小企業が「iDeCoプラス」や「簡易型ＤＣ」に加入するための対象範囲が100人以下から300人以下に拡大された。これにより、より多くの中小企業がこの制度を導入できるようになった。

　2つ目は、「受給開始時期の選択肢拡大と加入年齢の上限引き上げ」である。個人型ＤＣ（iDeCo）および企業型ＤＣの受給開始時期は60〜70歳までの間であったが、2022年4月から、60〜75歳までと5年間選択肢が拡大された。さらに2022年5月からは、加入年齢の上限が引き上げられる。具体的には、個人型ＤＣ（iDeCo）については60歳未満から65歳未満に、企業型ＤＣについては、65歳未満から70歳未満（企業により加入できる年齢等は異なる）と、それぞれ5歳分範囲が広がった。まさに今後、高齢になっても就労者が拡大されること、そして平均余命の延びなどの要因からの改正である。

企業型ＤＣ加入者でも個人型ＤＣ（iDeCo）との併用が容易に！

　今までは、企業型ＤＣの加入者が、個人型ＤＣ（iDeCo）にも加入しようとしたとき、各企業の労使合意が必要となるなど簡単にはいかなかったが、これが不要となり原則加入できるようになる。

　マッチング拠出とは、企業が拠出する掛金に加えて、加入者本人が掛金を上乗せして拠出する制度である。今回の改正で、加入者が自腹で企業型に加えて拠出するか、個人型（iDeCo）に加入するかを選択することが可能となる。

15. 個人年金保険と確定拠出年金

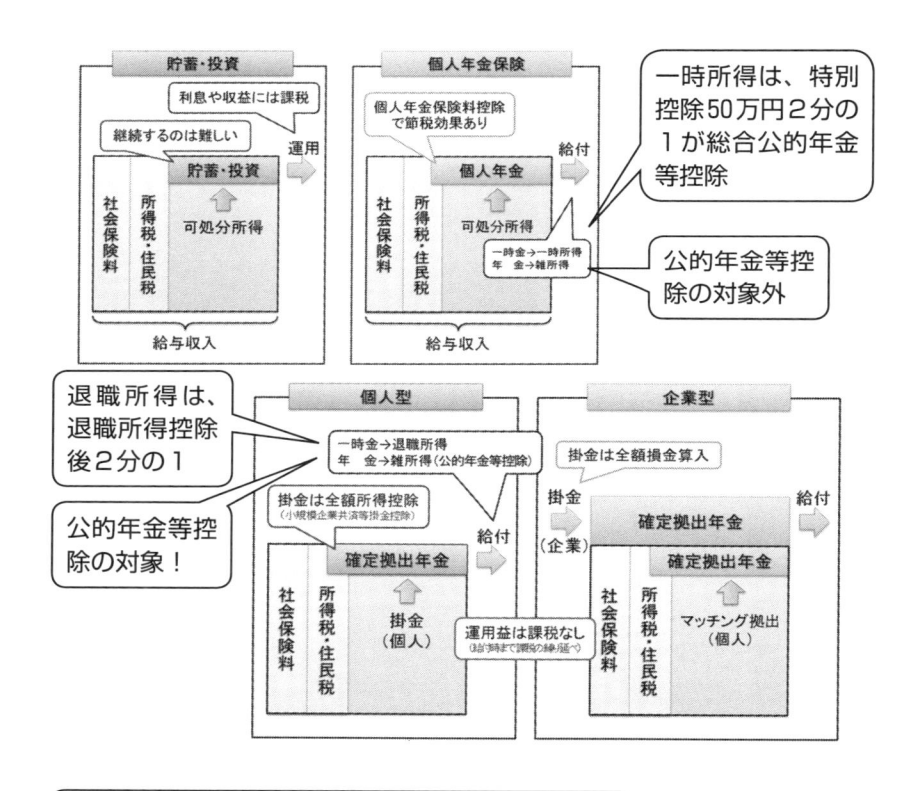

2001年10月：確定拠出年金スタート
2012年1月：マッチング拠出が可能に！
2017年1月：iDeCoの加入者の拡大
2018年1月：iDeCoの掛金支払いが
　　　　　　年単位に

老後の資産形成は、節税効果に要チェック！

　個人の可処分所得の視点で、「貯蓄・投資」、「個人年金保険」そして「確定拠出年金」をみていきたい。可処分所得とは、「給与収入－（社会保険料＋所得税・住民税）」で計算するが、個人での貯蓄や投資を行う場合は、可処分所得から捻出する。地道に積み立てていく難しさに加え、運用結果の収益には所得税が課税される。一方、民間の個人年金保険を利用した場合は、可処分所得からその保険料を捻出する点では同じだが、10年以上かけて保険料を支払い、60歳以上から10年以上かけて受け取る等の一定の要件を満たせば、契約時期によるが最大４万円または５万円の個人年金保険料控除が受けられる。給付を一時金で受け取れば一時所得、年金で受け取れば雑所得の対象となる。

確定拠出年金は、拠出時、運用中、給付時に節税効果あり！

　確定拠出年金の個人型も可処分所得から捻出することに変わりはないが、その掛金は小規模企業共済等掛金控除の対象となるため、全額が所得控除の対象となる。給付においても一時金であれば退職所得が、年金は雑所得で公的年金等控除の対象となる。そして加入者が運用指図をし得られた運用益は、給付時まで課税が繰り延べられるため、課税はされない。拠出時、運用中、給付時において税制のメリットを享受できるのである。さらに魅力的なのが、確定拠出年金の企業型である。何より掛金を企業が拠出（企業は全額損金算入が可能）してくれる点だ。2012年からは「マッチング拠出」という、加入者も一定の範囲内で企業の掛金に上乗せ拠出ができるようになった。給付時や運用益に対する課税は、個人型と同様である。確定拠出年金の給付は、通算加入者等期間が10年以上の場合は60歳から受給が可能となる。

16. 選択制確定拠出年金（企業型）

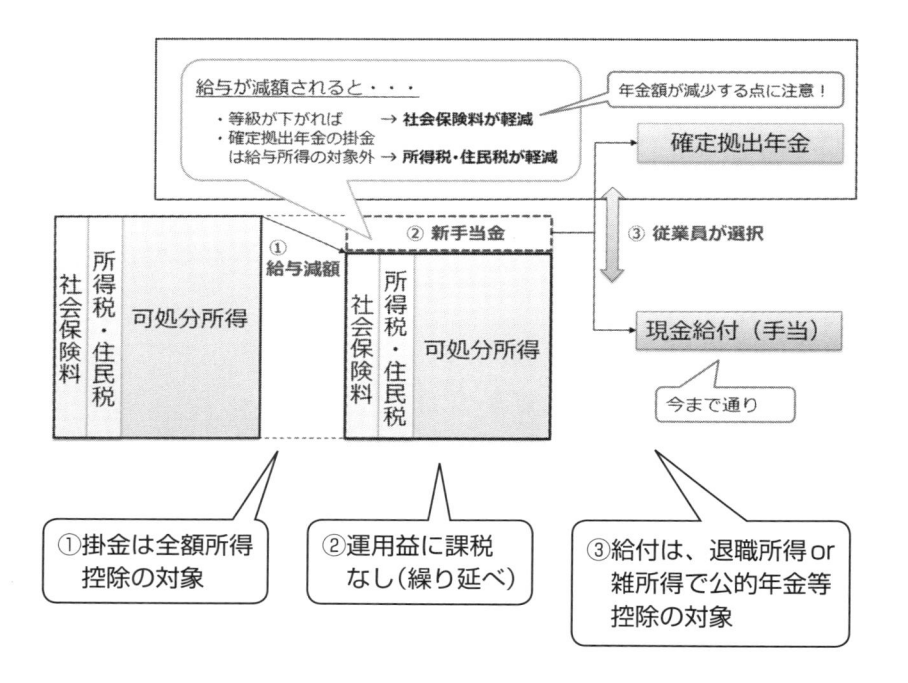

給与が減額されると・・・
・等級が下がれば → **社会保険料が軽減**
・確定拠出年金の掛金は給与所得の対象外 → **所得税・住民税が軽減**

年金額が減少する点に注意！

確定拠出年金

③ 従業員が選択

現金給付（手当）

今まで通り

① 給与減額
② 新手当金

社会保険料／所得税・住民税／可処分所得

①掛金は全額所得控除の対象

②運用益に課税なし（繰り延べ）

③給付は、退職所得or雑所得で公的年金等控除の対象

中小企業でも、掛金を拠出する負担がなく導入できます。導入・運営コストはかかりますが、社会保険料の支出も軽減されるため、企業にとってもメリットがあります！

中小企業でも導入しやすい「選択制確定拠出年金（企業型）」

　選択制確定拠出年金はキャッシュフローが少なく、掛金を負担できない中小企業でも導入できる制度だ。この制度は、毎月の従業員の給与を減額し、その減額した同額の手当金を支給し、手当金を確定拠出年金の掛金にする制度である。確定拠出年金などやりたくないという従業員には、現金給付という選択をしてもらえば、以前と手取り額は変わらないため、従業員のデメリットもない。

掛金は全額所得控除、社会保険料や所得税・住民税も軽減⁉

　手当金を確定拠出年金の掛金とした場合、給与から控除されるため、所得税・住民税は軽減される。さらに、標準報酬月額の等級が下がれば、社会保険料も軽減される。社会保険料は労使折半のため会社負担も軽くなる。なお、等級が下がれば、厚生年金の年金額や、健康保険の傷病手当金・出産手当金、雇用保険の基本手当なども減少してしまう点に注意が必要である。

　確定拠出年金（個人型）と同様に、従業員の拠出額は全額が所得控除の対象となり、運用益には課税されず（繰り延べ）、給付も一時金であれば退職所得として、年金であれば雑所得として公的年金等控除額を差し引くことができる。なお、退職所得控除額を計算するときは、加入者期間を勤続年数とする。運用については、運営管理機関が提示する３つ以上の運用商品の中から従業員自らが選択をする。給付の種類は、老齢給付金、障害給付金、死亡一時金がある。原則60歳になるまで引き出すことはできず、脱退することもできない。一定の要件を満たした場合は、中途脱退が認められ、脱退一時金が支払われる。

〈2021年度の年金額〉

年金の種類	要　件	年金額
老齢基礎年金	満額	780,900円
加給年金額	配偶者	224,700円
	配偶者特別加算額 昭和18年4月2日生まれ以降	165,800円
	合計額	390,500円
振替加算額	大正15年4月2日 〜昭和2年4月1日生まれ	224,700円
	昭和40年4月2日 〜昭和41年4月1日生まれ	15,055円
	昭和41年4月2日生まれ以降	0円
遺族基礎年金		780,900円
	子の加算額（第1子・第2子）	224,700円
	子の加算額（第3子以降）	74,900円
中高齢寡婦加算額		585,700円
障害基礎年金	1級	976,125円
	2級	780,900円
	子の加算額（第1子・第2子）	224,700円
	子の加算額（第3子以降）	74,900円
障害厚生年金	3級の最低保障額	585,700円
	障害手当金の最低保障額	1,171,400円

※2022年度（令和4年4月分）からの年金額は、4月以降に日本年金機構のホームページに掲載されます。

コンサルティングのポイント〔付加年金〕

公的年金には、400円支払うと、年金額が200円アップする「付加年金」がある。さて、この制度はお得に感じるだろうか、それともばかばかしいと感じるだろうか。

老齢基礎年金の満額780,900円を超える年金を受け取る手段として、付加年金への加入がある。付加年金は、国民年金の第1号被保険者や任意加入被保険者が加入でき、月額400円の付加保険料を支払うと、将来、老齢基礎年金の受給権を取得したとき、年金額に「200円×付加保険料の納付月数」分が加算される。400円支払うと、年金額が200円増えるため、2年間年金を受け取ることで元が取れる。つまり、かなりお得な制度といえるのだ。

老齢基礎年金は、死ぬまで支給される。仮に95歳まで生きるとすれば、65歳から30年間受け取ることになるわけで、1回400円支払っただけで、200円×30年＝6,000円を受け取ることになる。

20歳から60歳までの40年間、毎月付加保険料を支払ったとすると、保険料の合計は400円×12ヵ月×40年＝192,000円だが、増加する年金額は96,000円となり、30年でなんと288万円も多く受け取れるのだ。

さらにメリットがある。国民年金の保険料を前納した場合は、その割引率が付加保険料にも適用され、繰下げ受給をした場合は、その加算率が適用される。かなり、魅力的といえるだろう。

残念ながら、この付加年金は自営業者等の第1号被保険者でなければ加入できないため、会社員等の第2号被保険者またはその配偶者である第3号被保険者は蚊帳の外だ。

第2章

リスク管理

　生命保険や損害保険は、将来の「不安」に対して、「安心」を手に入れる手段ともいえます。やみくもに不安を抱いているだけでは、どのような備えをしておけばよいのかも分かりません。確率的にどのようなことが起こりやすいのか、どのような対策があるのかなどを知っておく必要があります。

1. 生命保険と損害保険

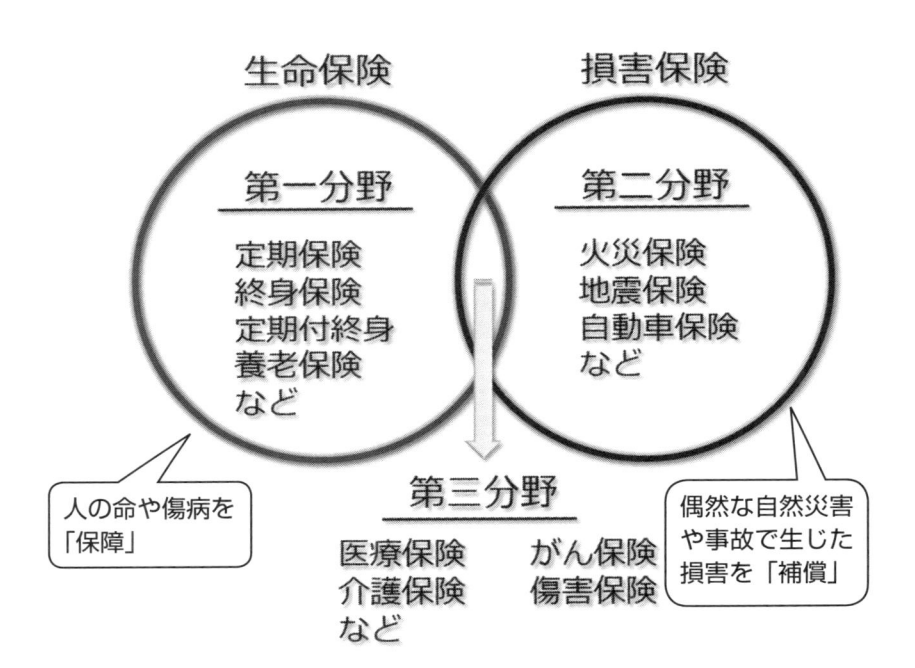

生命保険 　　　損害保険

第一分野
定期保険
終身保険
定期付終身
養老保険
など

第二分野
火災保険
地震保険
自動車保険
など

人の命や傷病を「保障」

偶然な自然災害や事故で生じた損害を「補償」

第三分野
医療保険　　がん保険
介護保険　　傷害保険
など

医療保険などの第三分野は、外資系生保、いわゆるカタカナ生保が多くあります。外圧などの歴史から現在の状況になったのです！

生命保険は「保障」、損害保険は「補償」

　本章で学ぶことは、「生命保険」「損害保険」の大きく2つの分野である。

　生命保険は、人の命や傷病の保障を目的とする保険で、日本では生命保険会社が取り扱っている。この分野を第一分野と呼ぶ。一方、損害保険は、偶然な自然災害や事故などにより生じた損害を補償する目的で、損害保険会社が取り扱っている。この分野を第二分野と呼ぶ。どちらにも属さないものを第三分野（現在は、生命保険会社・損害保険会社のどちらも取扱い可能）といい、その多くの商品は、外資系の生命保険会社が取り扱っている。それには理由がある。

外資の「医療保険」参入と保険業法による規制

　保険業法により、第一分野の保険を扱う生命保険会社は、第二分野は扱えず、第二分野を扱う損害保険会社は第一分野を扱うことができないという規制があった。つまり生保、損保の会社同士では競合しないのである。この隙間を見逃さなかったのが、外資系の生命保険会社であった。1974年に、「医療保険」という商品を武器に日本に乗り込んできたのだ。医療保険やがん保険などは、生命保険とも損害保険ともいいがたい、どちらの分野にも属さない保険である。これが第三分野の保険として分類された。日本の保険会社が参入できないこともあり、外資系生保会社は、日本でのシェアを伸ばしていった。

　1996年、保険業法の規制緩和が行われ生損保のどちらも相互参入が可能になった。しかし、アメリカからの圧力もあり、第三分野に参入が解禁されたのは2001年になってからとなる。その時すでに、外資系の保険会社がシェアの8割以上を押さえており、国内の生保会社にとっては厳しい状況になっていた。

2. 保険料と保険金額の バランスの取り方

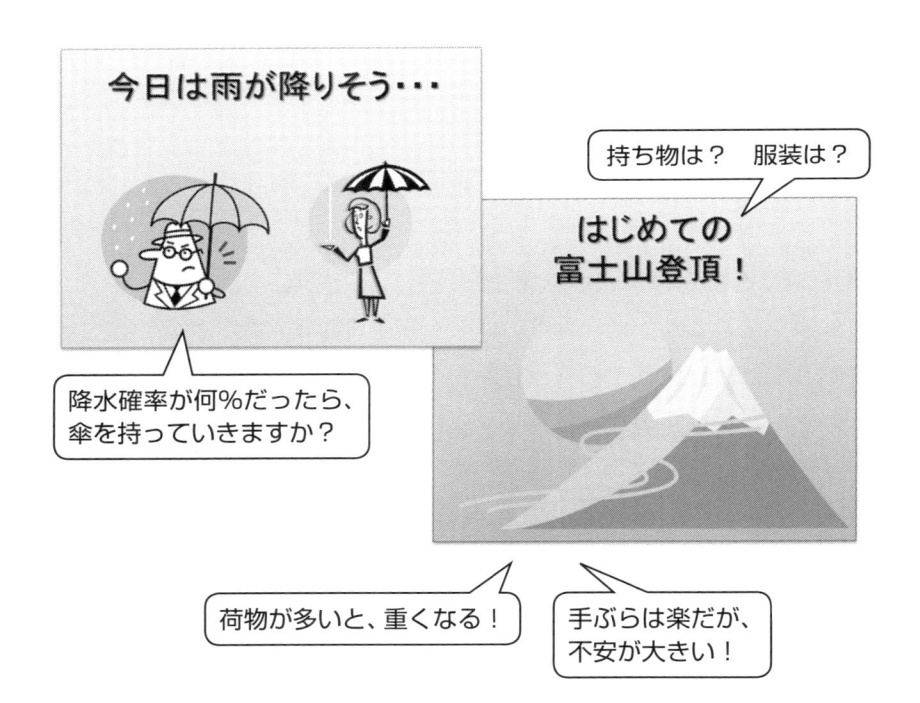

今日は雨が降りそう・・・

持ち物は？　服装は？

はじめての 富士山登頂！

降水確率が何%だったら、 傘を持っていきますか？

荷物が多いと、重くなる！

手ぶらは楽だが、 不安が大きい！

将来の不確実性を、「確率」という 視点から見ることで、最適な保険 料と保険金額のバランスが見えて きます！

天気予報で降水確率30%、あなたは傘を持っていきますか？

　出勤前の朝、窓の外をみたら雨が降りそうだった。そんな時、天気予報の降水確率が何％だったら傘を持っていくだろうか。「もしも」のことを考えて傘を持って出たとしても、雨が降らなければ鞄が重くなるだけであるし、持っていかない場合、雨が降ってしまえばずぶ濡れになってしまう。降水確率の認識と、雨が降った場合のリスク許容度により、選択の仕方が異なってくる。

富士山登頂！「荷物の重さが保険料、荷物の中身が保険金」

　世界遺産にもなった富士山に初めて登頂することを考えてみよう。服装や荷物はどうすればよいかなど、初めての挑戦では見当がつかない。「もしも」のことを考え、たくさんの荷物を持っていけば安心だが、荷物が重く体力的に厳しくなる。しかし、荷物の中身を軽くし過ぎると、何かトラブルがあった時に対処できない。

　保険に置き換えてみると、高額の保険金額の保障は安心だが、保険料も高くなる。保険料を少なくすると、保険金額もそれなりの金額に減少してしまう。保険料と保険金額はトレード・オフの関係にあるため、双方のバランスの取り方がポイントとなる。これが保険の見直しの根本的な考え方だ。しかし、これが難しい。病気、介護、老後、死亡など、不確実な要素ばかりだからである。

　病気や死亡する確率が分かれば、どんな備えが必要かも見えてくる。将来の不確実性を嘆くのではなく、現実のデータを見つめ直し、自分に必要な備えを認識することが大切といえる。データは、厚生労働省からいくつか発表されているので次頁からそれらを解説する。

3. 平均寿命と平均余命

完全生命表と簡易生命表

	完全生命表	簡易生命表
作成年	5年ごと	毎年
人　口	国勢調査	10月1日現在推計人口
死亡数	人口動態統計（確定数）	人口動態統計月報年計（概数）
出生数	人口動態統計（確定数）	人口動態統計月報年計（概数）

	男	女
2011年	79.44 (8)	85.90 (2)
2012年	79.94 (5)	86.41 (1)
2013年	80.21 (4)	86.61 (1)
2014年	80.50 (3)	86.83 (1)
2015年	80.79 (4)	87.05 (2)
2016年	80.98 (2)	87.14 (2)
2017年	81.09 (3)	87.26 (2)
2018年	81.25 (3)	87.32 (2)
2019年	81.41 (3)	87.45 (2)
2020年	81.64 (2)	87.74 (1)

※ カッコ内の数字は世界での順位

> 今回から、男女共に世界一の香港は、特別行政区であることから除外されています！

厚生労働省「2020年簡易生命表の概況」より

> 2020年の日本人の平均寿命は下記の通り！
> 男性：81.64歳（世界第3位）
> 女性：87.74歳（世界第2位）

生命表は「死亡」データの宝庫！

　自分の死亡年齢を知ることは、死亡保障を考える上では有益である。しかし、精神的には知らない方が幸せかもしれない。

　厚生労働省から日本人の生命表として完全生命表と簡易生命表の2つが公表されている。前者は5年ごとに作成されているが、後者は概数ではあるものの毎年作成されている。ここでは、2021年7月30日に公表された『2020年簡易生命表の概況』についてみていく。

平均寿命とは、0歳の時の平均余命！

　平均寿命とは0歳の平均余命を指す。65歳の女性であれば、その平均余命は24.91年なので、その時の年齢である65歳を加えると89.91歳となる。およそ90歳だ。平均寿命より、年齢に平均余命を加えた方が長くなる。老後資金を検討するときなどは、平均余命で見込みを立てた方が適切といえる。

　では、日本の平均余命の統計データをみていこう。2020年の平均寿命は、男性81.64歳、女性87.74歳と過去最高となった。図表の男女の平均寿命の右側にあるカッコは、世界の順位である。女性は、2010年までは26年間連続で世界第1位と金メダルを取り続けてきた。男性は女性ほどではないが、メダルを取れるかどうかというレベルだった。しかし、2011年に香港の女性に抜かれ、連続記録が途絶えてしまった。2011年3月11日に起こった東日本大震災の影響である。どれだけ多くの方が亡くなったのかが見て取れる。統計データを見るとき、天災や戦争などがあった年は、統計データの連続性が途切れる可能性があることを忘れてはならない。2012年以降女性は1位2位を繰り返しているが、2020年から厚生労働省は、香港は国ではなく特別行政区であることから、ランクから除外された。

4. 簡易生命表の見方

〈2020年 簡易生命表（男性）〉

年齢	死亡率	生存数	死亡数	定常人口		平均余命
x	${}_nq_x$	l_x	${}_nd_x$	${}_nL_x$	T_x	e_x
0 （週）	0.00067	100 000	67	1 917	8 163 602	81.64
1	0.00005	99 933	5	1 916	8 161 685	81.67
2	0.00008	99 928	8	1 916	8 159 768	81.66
3	0.00004	99 920			8 157 852	81.64
	0.00020				8 155 9	
	0.00013				8 146 9	
	0.00030		30	24 967	8 138 6	
6	0.00036	99 852	36	49 916	8 113 658	8 26
0 （年）	0.00184	100 000	184	99 860	8 163 602	81.64
1	0.00023	99 816	23	99 802	8 063 742	80.79
2	0.00016	99 793	16	99 785	7 963 940	79.80
3		99 777	11	99 771	7 864 155	78.82
4		99 766	8	99 762	7 764 384	77.83
5		99 758	6	99 755	7 664 622	76.83
6	0.00006	99 751	6	99 749	7 564 868	75.84
7	0.00006	99 746	6	99 743	7 465 119	74.84
8	0.00005	99 740	5	99 737	7 365 376	73.85
9	0.00005	99 735	5	99 732	7 265 639	72.85

（吹き出し）**0.184%** ／ **10万人** ／ **184人（特異値）** ／ **平均寿命** ／ **99,816人**

〈2020年 簡易生命表（女性）〉

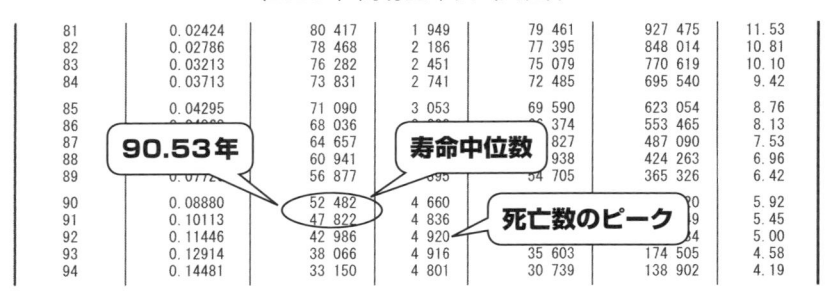

81	0.02424	80 417	1 949	79 461	927 475	11.53
82	0.02786	78 468	2 186	77 395	848 014	10.81
83	0.03213	76 282	2 451	75 079	770 619	10.10
84	0.03713	73 831	2 741	72 485	695 540	9.42
85	0.04295	71 090	3 053	69 590	623 054	8.76
86		68 036		374	553 465	8.13
87		64 657		827	487 090	7.53
88		60 941		938	424 263	6.92
89	0.0772	56 877	95	54 705	365 326	6.42
90	0.08880	52 482	4 660			5.92
91	0.10113	47 822	4 836			5.45
92	0.11446	42 986	4 920			5.00
93	0.12914	38 066	4 916	35 603	174 505	4.58
94	0.14481	33 150	4 801	30 739	138 902	4.19

（吹き出し）**90.53年** ／ **寿命中位数** ／ **死亡数のピーク**

厚生労働省「2020年簡易生命表の概況」より

生命表は、平均寿命が記されているだけではなく、私たちの年齢と死亡の関係を様々な角度から見ることができるのです！

簡易生命表は、10万人の赤ちゃん誕生から！

　簡易生命表は、厚生労働省が毎年7月末に公表している。新聞やニュース報道などでは、「平均寿命がまた延びました」などと報道される時期である。ライフプランや生命保険の加入を考える上で必須の知識であり、簡易生命表の見方は、是非とも知っておきたい。

　2020年簡易生命表（男性）の0（年）の行を左からみてほしい。まず死亡率があり、次に生存数がある。生存数10万人でスタートするのが生命表のルールである。次に死亡数があり184人となっている。一番右端の平均余命の欄をみると81.64年とあり、これが平均寿命である。次の年の1（年）の生存数は、0（年）の時の10万人から死亡数184人を差し引くと次の年（1年）の生存数99,816人になる。これを繰り返していく。これが、簡易生命表の構成である。

半分の生存数になるのが寿命中位数、あなたは生き残れるか！

　寿命中位数とは、生命表上で出生者のうち半数が生存し、半数が死亡すると期待される年数をいう。0（年）の時に10万人でスタートしているので、生存数が5万人の時の年数（年齢）となる。2020年簡易生命表（女性）をみると、90（年）の生存数は52,482人、91（年）では47,822人となり、この年齢の間で半分の5万人を切っている。正確にみると、男性で84.58（年）、女性で90.53（年）が寿命中位数となる。平均寿命より男女とも3年弱上回っている。

　寿命中位数の年齢の後に死亡数がピークを迎えている。これは男性も同様である。図表にはないが100歳の時の生存数をみると、男性は2,297人、女性は8,544人と女性の方が圧倒的に多い。簡易生命表は、年齢と死亡の関係を様々な角度から見ることができるのである。

5. 生保標準生命表による 保険料の計算

生保標準生命表2018（死亡保険用）（男）

年齢 x	生 存 数 l_x	死 亡 数 d_x	死 亡 率 q_x	平均余命 $\overset{\circ}{e}_x$
0	100,000	81	0.00081	80.77
1	99,919	56	0.00056	79.84
2	99,863	36	0.00036	78.88
27			0.00064	54.39
28			0.00064	53.43
29			0.00066	52.46
30	98,850	67	0.00068	51.50
31	98,783	68	0.00069	50.53
32	98,715	69	0.00070	49.57

> 簡易生命表の30歳（男）の死亡率は、0.00068

生保標準生命表2007（死亡保険用）（男）

年齢 x	生 存 数 l_x	死 亡 数 d_x	死 亡 率 q_x	平均余命 $\overset{\circ}{e}_x$
0	100,000	108	0.00108	78.24
1	99,892	75	0.00075	77.32
2	99,817			76.38
27	98,675			52.07
28	98,596			51.12
29	98,516	82	0.00083	50.16
30	98,434	85	0.00086	49.20
31	98,349	88	0.00089	48.24
32	98,261	90	0.00092	47.28

> 簡易生命表に比べ、平均余命が短い！

> 生保標準生命表は、下記の日本アクチュアリー会のホームページで参照できます！
> http://www.actuaries.jp/lib/standard-life-table/

保険料の秘密が分かる「生保標準生命表」

　生命保険料は、予定死亡率、予定利率、予定事業費率の3つの予定率を基礎とし、純保険料と付加保険料を加味して算出される。保険料を計算する際、予定死亡率は生命表をベースに求めるが、実際の保険料計算では、完全生命表でも簡易生命表でもなく、生保標準生命表を用いる。生保標準生命表は、公益社団法人 日本アクチュアリー会が作成し、金融庁が検証しているため信頼度が高く、各保険会社が保険料の算出に使用している。死亡保険用、年金開始後用、第三分野用の3種類がある。

　2018年4月から使用されているのは、生保標準生命表2018であるが、その一つ前は2007を使用していた。つまり2018年度はその対象となる保険の保険料が変わったことを意味する。

30歳男性、死亡保険金5,000万円の1年間掛け捨ての保険料

　生保標準生命表2018の死亡保険用を使い、標記の保険料の概算してみよう。30歳男性の死亡率をみると0.00068より、1万人いたら6.8人が亡くなる値である。一人当たりの死亡保険金が5,000万円なので、掛け合わせると「0.00068×5,000万円＝34,000円」となる。これが1年間での一人当たりの純保険料に相当する。なお、予定利率や予定事業費率は考慮しないものとする。必要となる契約者数は、「5,000万円÷34,000円＝1,470.6人」より1,471人となる。改定前の生保標準生命表2007の30歳男性の死亡率は0.00086なので、保険料を計算すると43,000円とかなり保険料が高くなる。しかし、厚生労働省の簡易生命表の30歳男性の死亡率は、0.00055なので、これを基に計算するとさらに安い保険料になる。

6. 合計特殊出生率と死亡率

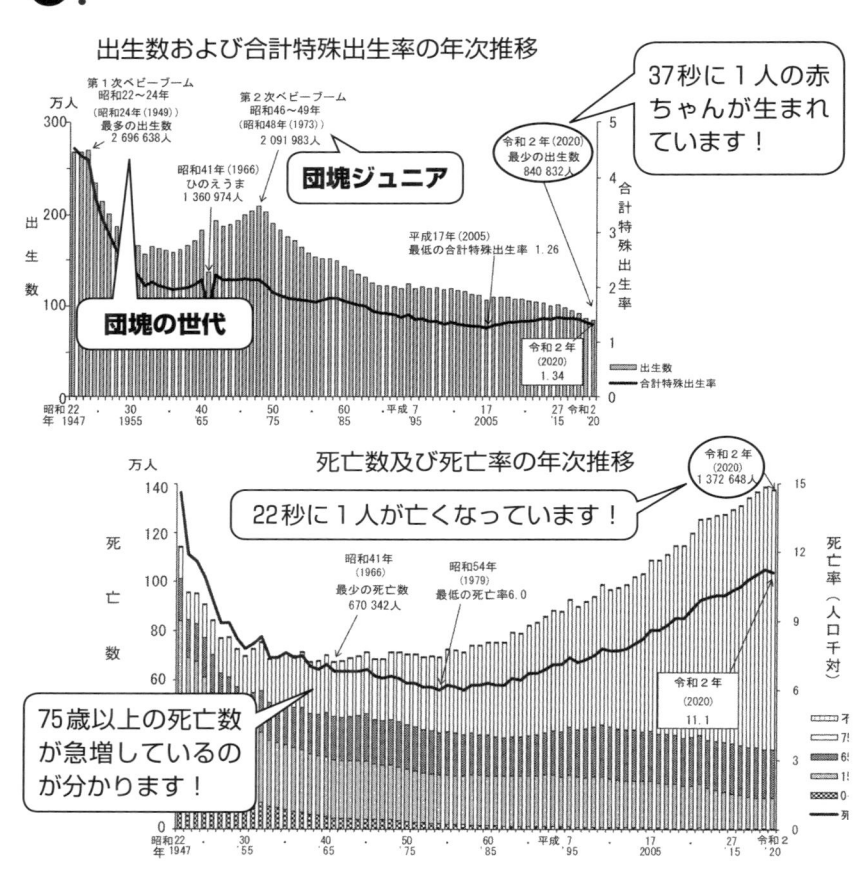

出生数および合計特殊出生率の年次推移

37秒に1人の赤ちゃんが生まれています！

死亡数及び死亡率の年次推移

令和2年 (2020) 1 372 648人

22秒に1人が亡くなっています！

75歳以上の死亡数が急増しているのが分かります！

厚生労働省「2019年人口動態統計月報年計（概数）の概況」より

日本は、37秒に1人の赤ちゃんが生まれ、22秒に1人が亡くなっています。つまり、2分に1人ずつ日本の人口は減少しているのです！

年間の出生数は、約84万人！ 合計特殊出生率は1.36

　厚生労働省『2020年 人口動態統計月報年計(概数）の概況』をみると、出生数は前年より減少し、84万832人と過去最低となった。出生数のグラフの左側にある昭和22 〜 24年のいわゆる団塊の世代の時の出生数が最高の約270万人で、次のピークが団塊ジュニア世代の昭和46 〜 49年で約210万人になった後は、現在まで減少傾向が続いている。2020年の合計特殊出生率は、1.34で前年の1.36より減少した。合計特殊出生率とは、一人の女性が一生の間に産む子どもの数を表している。少子化問題の中、出生数も合計特殊出生率も前年を上回ったのは歓迎できる。合計特殊出生率の最新値と、そのトレンドは把握しておきたい。

　子どもが生まれた場合、その後の教育費の備えなどから、生命保険に新たに加入したり、見直しをしたりする必要が出てくる。

年間の死亡数は、約137万人！ 人口は減少の一途！

　死亡数についてもみていきたい。死亡数は137万2,648人で、こちらは前年に比べ8,450人の減少となった。昭和41年の最低の死亡数から増加傾向となり、平成15年には100万を超え現在に至る。死亡率は11.1とあるが、どちらかといえば死亡率より、死亡数を頭に入れておきたい。死亡数だけ相続も起こっている。

　出生数は減少、死亡数も減少しているが、差し引き53万1,816人減少（12年連続で減少）している。人口の減少に関しては、当分この状態が続くことが予想される。

厚生労働省「2020年人口動態統計」
http://www.mhlw.go.jp/toukei/list/81-1.html

7. 死因順位と年齢別の主な死因の構成割合

全体（総数）でみた主な死因別死亡数の割合

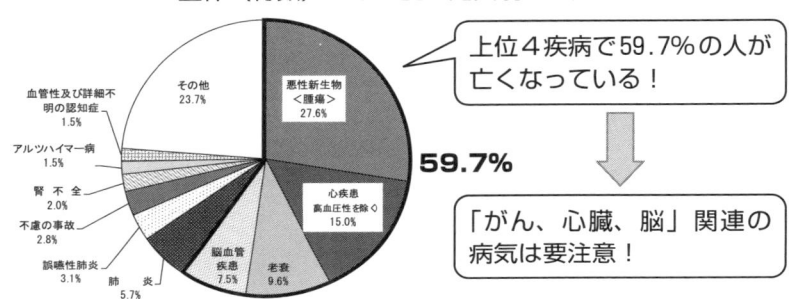

上位4疾病で59.7%の人が亡くなっている！

59.7%

「がん、心臓、脳」関連の病気は要注意！

性・年齢別にみた主な死因の構成割合

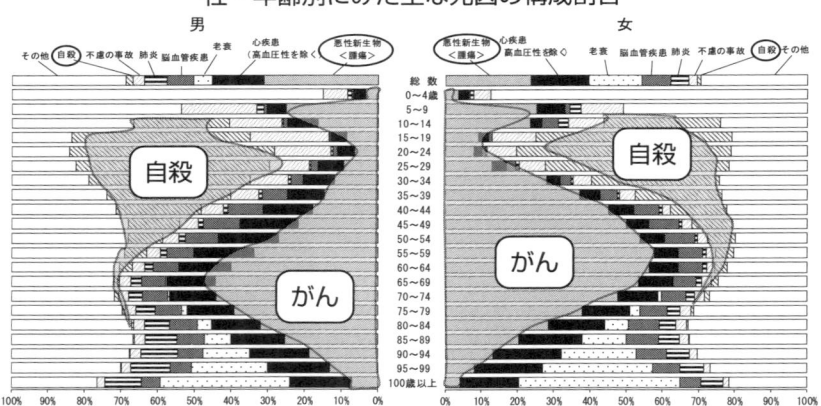

厚生労働省「人口動態統計月報年計（概数）の概況」より

20代の死亡原因の第一位は男女共に「自殺」です。そして30〜40代にかけて、「がん」が死因の一位に代わっていきます。

90

「がん」「心臓」「脳」関連の病気には要注意！

2020年の死亡数を死因順位別にみると、第1位は悪性新生物（がん）、第2位は心疾患、第4位は脳血管疾患であり、老衰を含む上位四つで全体の59.7％を占めている。特定（三大）疾病保障保険は、これらのリスクに備える保険で、がん・急性心筋梗塞・脳卒中により所定の状態と診断された場合に、保険金が支払われる。

ちなみに肺炎は、1980に不慮の事故にかわり第4位となり、2011年に脳血管疾患にかわり第3位となった。2017年に肺炎の原死因選択ルールの明確化により、現在はその順位が第5位となっている。

労働力確保の視点からも「自殺」対策は急務！

性・年齢別にみた主な死因の構成割合は、さらに興味深い。20〜24歳の年齢帯の男女の死因を見てみると、悪性新生物でも心疾患でもなく圧倒的に自殺が多いのである。そして次が、不慮の事故だ。男性では40代半ばまでは自殺がトップで、それ以降、悪性新生物に取って代わる。女性は、30代前半で死因トップが、自殺から悪性新生物に代わる。全体（総数）でみた死因別死亡数の割合ではみえなかった点がこのデータからみえてくる。

ところで、自殺の場合、保険金は支払われるのだろうか。答えは、支払われる場合と支払われない場合がある。契約にもよるが、加入してから一定期間以内(1年〜3年以内）の自殺については支払いの対象にはならない。ただし、一定期間以内の自殺であっても、心神喪失状態や精神障害などの状態での自殺は、支払いの対象となる場合がある。

8. 婚姻件数と離婚件数

婚姻件数および婚姻率の年次推移

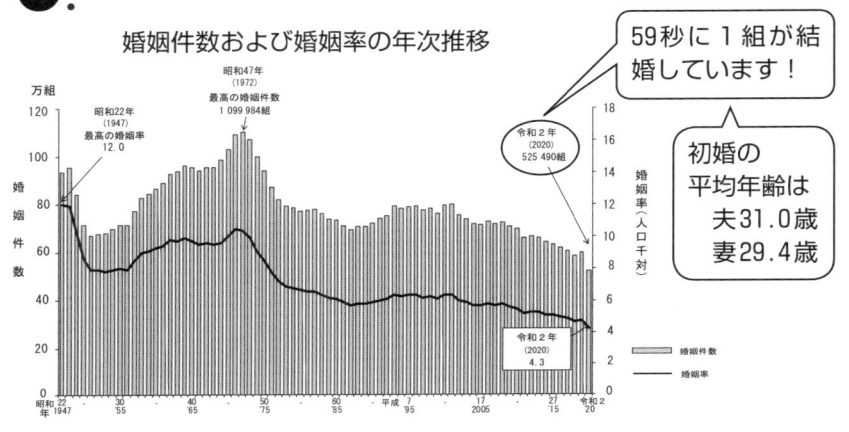

離婚件数および離婚率の年次推移

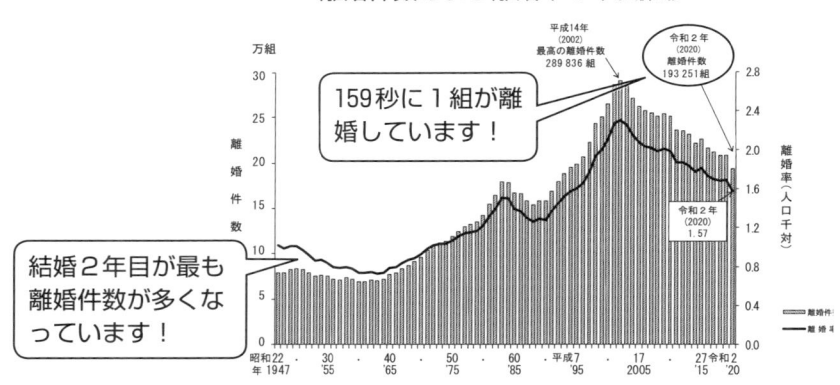

厚生労働省「2020年人口動態統計月報年計（概数）の概況」より

59秒に1組が結婚し、159秒に1組が離婚しています。どちらも生命保険見直しの転機となります！

結婚の件数は低下し晩婚化の傾向！

　結婚は、生命保険の加入や見直しの機会になる。独身の場合は、備えるべきリスクも少ないが結婚して子どもが生まれたりするとそういってもいられない。婚姻件数のデータをみると、2020年は52万5,490組で、前年より73,475組の減少となった。1972年の約110万組と比べると、約48％まで減少したことになる。2020年の平均初婚年齢は、夫31.0歳、妻29.4歳である。20年前の1995年の初婚年齢は、それぞれ28.5歳、26.3歳となっており、現在は晩婚化が進んでいるのが分かる。初婚の話が出たので、再婚の話もしておこう。全婚姻件数に対する再婚件数の割合は、2020年で夫は19.4％、妻は16.8％で、微増ではあるが上昇傾向にある。

保険の加入は結婚２年目以降がオススメ？

　生命保険に加入していた場合、保険金受取人を変更することになる。2020年の離婚件数は、19万3,251組で、前年より12,238組増加している。今回は増加したが、トレンドは2002年の約29万組をピークに減少傾向にある。では、結婚してから、どのくらいの期間で離婚に至るカップルが多いのだろうか。調べてみると、5年未満が最も多く、その内訳は1〜2年未満→2〜3年未満→1年未満の順になっている。

　秒数で計算をすると、婚姻件数は約59秒に1組、離婚件数は159秒に1組である。離婚も生命保険契約の被保険者や保険金受取人といった契約形態の変更が必要になる。そもそも、保険に加入し続ける必要があるのかなども検討すべきだろう。状況にもよるが、データを見る限りでは、結婚後2〜3年経ってから保険に加入した方が、大幅な見直しをしなくて済むのかもしれない。

9. 入院患者数と外来患者数

年齢階級別にみた施設の種類別推計患者数

(単位：千人)　　　　　　　　　　　　　　　　　　　　　　　　　　　　平成29年10月

性 年齢階級	入　院			外　来			
	総　数	病　院	一　般 診療所	総　数	病　院	一　般 診療所	歯　科 診療所
総　　数	1 312.6	1 272.6	39.9	7 191.0	1 630.0	4 213.3	1 347.7
男	599.4	588.0	11.4	3 053.7	761.4	1 733.4	558.9
女	713.2	684.7	28.5	4 137.3	868.7	2 479.9	788.7
０　歳	11.2	10.6	0.6	70.1	14.0	56.0	0.1
1 ～ 4	6.7	6.7	0.0	257.2	32.3	210.1	14.7
5 ～ 9	4.5	4.5	0.0	229.8	25.5	152.5	51.8
10 ～ 14	5.1	5.0	0.1	150.2	19.8	103.8	26.6
15 ～ 19	6.8	6.7	0.1	115.3	19.1	75.3	20.9
20 ～ 24	9.8	9.0	0.8	131.3	24.3	76.3	30.8
25 ～ 29	14.8	12.7	2.0	173.1	32.8	98.4	41.9
30 ～ 34	20.7			220.7			48.2
35 ～ 39	23.3			252.5			56.2
40 ～ 44	29.4			317.4			77.0
45 ～ 49	37.7			357.7			88.9
50 ～ 54	45.0	44.4	0.6	365.5	85.7	195.9	83.9
55 ～ 59	57.5	56.5	1.0	397.3	96.6	211.0	89.7
60 ～ 64	77.8	76.6	1.2	490.0	124.2	262.7	103.1
65 ～ 69	129.5	127.2	2.3	776.2			155.8
70 ～ 74	132.7			788.4			148.2
75 ～ 79	165.0			816.8			134.8
80 ～ 84	192.3			664.3			95.0
85 ～ 89	180.9			394.2	98.8	245.3	50.1
90歳以上	160.6	153.4	7.2	204.9	48.5	131.2	25.2
不　　詳	1.4	1.2	0.2	18.1	1.4	11.8	4.8
（再　掲）							
65歳以上	960.9	933.3	27.6	3 644.8	913.1	2 122.7	609.0
75歳以上	698.8	675.8	22.9	2 080.3	519.8	1 255.3	305.1

（吹き出し）入院患者数が急増！

（吹き出し）外来患者数が急増！

（吹き出し）入院患者数のピーク！

（吹き出し）外来患者数のピーク！

厚生労働省「平成29年患者調査の概況」より

外来のピークは70歳台後半、入院の
ピークは80歳台前半です！
医療費の負担が無視できない年代と
いえます！

94

「患者調査」から、入院・外来の患者数の現状が分かる！

　医療保険を検討するなら、厚生労働省が3年に一度公表している『平成29年（2017）患者調査の概況』の年齢階級別にみた入院患者数、外来患者数についてみていきたい。

　入院総数は131.26万人、外来の総数は719.10万人である。病院と診療所の利用状況を比較すると、入院は病院の方が多く、外来は診療所の方が多い。病院とはベッド数が20床以上、診療所とはベッド数が19床以下の医療機関のことを指す。ここでは、総数をみていく。

60歳を過ぎると、入院・外来の患者数は一気に増加する！

　入院や外来の頻度が高くなるのは、60代以降である。外来のピークは70〜74歳のときで約82万人、入院のピークはその10年後の80〜84歳で約19万人だ。つまり、私たちは60歳の大台に乗ると、外来や入院の頻度が高まり、今までと比較をすると、医療費の負担が多くなる。70歳台になると、定期的に外来診療を受ける人が増えることもあり、ピークを迎える。薬の量も自然に増えてくる。そして、80歳台になると通院等も難しくなり、軽い病気であったとしても入院を余儀なくされかもしれない。

　このように、60歳以降の医療費の備えは、現役世代のうちに検討しておいた方が安心といえるだろう。遅くとも65歳以上の医療費は、それ以前の医療費の掛かり方とは異なる。若い時の外来や入院のイメージで考えてはいけない。15〜19歳の外来の総数に目を移すと、0歳を除けばその総数は一番少ない。おそらく、将来かかる医療費のことなど考えもしない年代だ。

10. 傷病別の入院患者数

傷病分類別にみた施設の種類別推計患者数

(単位：千人) 平成29年10月

傷病分類		入院			外来			
		総数	病院	一般診療所	総数	病院	一般診療所	歯科診療所
総数		1 312.6	1 272.6	39.9	7 191.0	1 630.0	4 213.3	1 347.7
I 感染症及び寄生虫症		19.8	19.5	0.3	169.8	35.9	133.9	·
結核	(再掲)	2.8	2.8	0.0	1.5	1.3	0.2	·
ウイルス性肝炎	(再掲)	0.9	0.8	0.1	18.0	10.6	7.4	·
II 新生物＜腫瘍＞		142.2	140.6	1.5	249.5	200.2	49.2	·
悪性新生物＜腫瘍＞	(再掲)	126.1	124.9	1.3	183.6	157.1	26.5	·
胃の悪性新生物＜腫瘍＞	(再掲)		12.3	0.2	19.9	15.8	4.1	·
結腸及び直腸の悪性新生物＜腫瘍＞	(再掲)		18.4	0.3	29.7	24.6	5.1	·
肝及び肝内胆管の悪性新生物＜腫瘍＞	(再掲)				5.5	4.5	1.0	·
気管, 気管支及び肺の悪性新生物＜腫瘍＞	(再掲)				17.1	15.2	1.9	·
乳房の悪性新生物＜腫瘍＞	(再掲)				27.7	24.6	3.0	·
III 血液及び造血器の疾患並びに免疫機構の障害					21.1	10.8	10.3	·
IV 内分泌, 栄養及び代謝疾患					442.9	120.8	322.1	·
糖尿病	(再掲)				224.0	75.9	148.1	·
脂質異常症	(再掲)	0.2	0.2	0.0	148.0	21.0	127.0	·
V 精神及び行動の障害		252.0	250.4	1.6	260.9	108.1	152.8	·
血管性及び詳細不明の認知症	(再掲)	27.8		0.4	11.7	3.5	8.1	·
統合失調症, 統合失調症型障害及び妄想性障害	(再掲)				62.7	39.9	22.8	·
気分[感情]障害（躁うつ病を含む）	(再掲)				89.6	27.2	62.4	·
VI 神経系の疾患					164.9	67.6	97.3	·
アルツハイマー病	(再掲)				46.7	15.9	30.7	·
VII 眼及び付属器の疾患					358.5			
VIII 耳及び乳様突起の疾患		2	2.5	0.1	99.2			
IX 循環器系の疾患		228	222.4	6.3	888.9			
高血圧性疾患	(再掲)	5.6	4.5	1.1	646.9			
心疾患（高血圧性のものを除く）	(再掲)	64.0	62.4	1.5	134.2			
脳血管疾患	(再掲)	146.0	142.5	3.5	85.9			
X 呼吸器系の疾患		95.9	93.3	2.6	629.9			
肺炎	(再掲)	35.6						
慢性閉塞性肺疾患	(再掲)	8.2				6.9	10.6	·
喘息	(再掲)	3.5				20.2	100.9	·

悪性新生物の入院総数は、12.61万人

心疾患の入院総数は、6.40万人

脳血管疾患は入院総数より外来総数の方が少ない！

脳血管疾患の入院総数は、14.60万人

厚生労働省「平成29年患者調査の概況」より

脳血管疾患は、悪性新生物より入院患者数が多くなっています。死亡リスクだけでなく、療養のリスクも検討する必要がありそうです！

96

「脳血管疾患」の入院総数は、「悪性新生物」よりも多い！

　どのような傷病で、入院や外来を利用しているのかその原因を調べてみたい。死亡原因では、悪性新生物、心疾患、肺炎、脳血管疾患という順で多かったのは、すでに説明済みだ。

　上記4つの傷病別の入院総数をみると、悪性新生物は12.61万人、心疾患は6.40万人、肺炎は3.56万人、脳血管疾患は14.60万人となっている。死因では第4位だった脳血管疾患は、入院患者数となると、この中では一番多くなっている。次に外来総数をみると、悪性新生物は18.36万人、心疾患は13.42万人、肺炎は0.78万人、脳血管疾患は8.59万人となっている。脳血管疾患は、3番目の患者数になっている。

傷病としての備えが欲しい脳血管疾患

　脳血管疾患は入院率が高く傷病として備えておきたい疾患である。死亡保障はもとより、療養時の医療保障にも備えが必要といえそうだ。とはいえすぐに医療保険に加入しましょうというのは早計だ。まずは、公的医療保険の高額療養費制度などの仕組みを知り、具体的な支出額を把握しなければならない。

　次に遺伝的なことも含め、親族の病気の状況などを把握し、早めに病気の備えとして貯蓄しておくのも流動性が高くオススメの方法だ。さらに不安が残る場合には、民間の医療保険やがん保険等の活用を検討するのもいいだろう。大切なのは、家族や自分がこの先起こるかもしれない傷病や死亡といったリスクと正面から向き合うことである。そして、現状の生活の中で、可能な範囲で備えていくことである。

　最後に、入院患者数が最も多いのは、統合失調症などの精神疾患で、外来患者数が最も多いのは、高血圧性疾患であることを伝えておく。

11. 平均在院日数

傷病分類別にみた年齢階級別退院患者の平均在院日数

(単位：日)　　　　　　　　　　　　　　　　　　　　　　　　　平成29年9月

傷　病　分　類		総数	0～14歳	15～34歳	35～64歳	65歳以上	75歳以上 （再掲）
総　　　数		29.3	7.4	11.1	21.9	37.6	43.6
Ⅰ　感染症及び寄生虫症		24.6	4.4	10.2	18.2	36.0	40.3
結核	（再掲）	54.1	2.0	36.5	45.4	56.1	61.6
ウイルス性肝炎	（再掲）	21.2	5.2	10.7	9.7	38.2	56.1
Ⅱ　新生物＜腫瘍＞		16.1	14.3	10.2	12.0	18.2	21.5
悪性新生物＜腫瘍＞	（再掲）	17.1	21.6	15.9	13.0	18.6	21.8
胃の悪性新生物＜腫瘍＞		8.1	12.5				
結腸及び直腸の悪性新生物＜腫瘍＞		8.8	12.7				
肝及び肝内胆管の悪性新生物＜腫瘍＞		7.6	36.5				
気管、気管支及び肺の悪性新生物＜腫瘍＞		9.3	9.7				
乳房の悪性新生物＜腫瘍＞		5.5	7.1				

平均在院日数は、29.3日

65歳以上は37.6日

拡大

(単位：日)　　　　　　　　　　　　　　　　　　　　　　　　　平成29年9月

傷　病　分　類		総数	0～14歳	15～34歳	35～	65歳以上	75歳以上 （再掲）
総　　　数		29.3	7.4	11.1	21.9	37.6	43.6
Ⅱ　新生物＜腫瘍＞		16.1	14.3	10.2	12.0	18.2	21.5
悪性新生物＜腫瘍＞	（再掲）	17.1	21.6	15.9	13.0	18.6	21.8
胃の悪性新生物＜腫瘍＞	（再掲）	19.2				20.8	24.0
結腸及び直腸の悪性新生物＜腫瘍＞	（再掲）	15.7				17.1	20.5
肝及び肝内胆管の悪性新生物＜腫瘍＞	（再掲）	16.9				17.7	19.8
気管、気管支及び肺の悪性新生物＜腫瘍＞	（再掲）	16.3				17.1	19.3
乳房の悪性新生物＜腫瘍＞	（再掲）	11.5	5.5	7.1	8.4	15.7	20.1
Ⅸ　循環器系の疾患		38.1	9.			43.3	52.9
高血圧性疾患	（再掲）	33.7	7.			39.5	47.8
心疾患（高血圧性のものを除く）	（再掲）	19.3	11.			22.2	28.8
脳血管疾患	（再掲）	78.2	12.3	25.6	45.6	86.7	98.9
Ⅹ　呼吸器系の疾患		25.3	4.8	7.5	17.	36.6	39.4
肺炎	（再掲）	27.3	5.1	8.2		33.4	35.3

悪性新生物は、18.6日

心疾患は、22.2日

脳血管疾患は、86.7日

傷　病　分　類		総数					
肝疾患	（再掲）	22.9	8.				
ⅩⅡ　皮膚及び皮下組織の疾患		24.7	5.				
ⅩⅢ　筋骨格系及び結合組織の疾患		29.4	10.				
ⅩⅣ　腎尿路生殖器系の疾患		20.8	8.				
慢性腎臓病	（再掲）	47.9	28.				
ⅩⅤ　妊娠、分娩及び産じょく		7.6	6.0				
ⅩⅥ　周産期に発生した病態		11.4	11.4	2.0	－	－	－
ⅩⅦ　先天奇形、変形及び染色体異常		16.9	11.7	14.8	35.5	52.0	66.8
ⅩⅧ　症状、徴候及び異常臨床所見・異常検査所見で他に分類されないもの		21.8	3.4	9.0	14.1	31.5	36.2
ⅩⅨ　損傷、中毒及びその他の外因の影響		31.1	3.8	11.0	20.1	41.3	45.4
骨折	（再掲）	37.2	6.1	11.3	20.7	45.6	49.5
ⅩⅩⅠ　健康状態に影響を及ぼす要因及び保健サービスの利用		14.6	5.7	6.9	9.3	26.9	31.3

注：1）平成29年9月1日～30日に退院した者を対象とした。
　　2）総数には、年齢不詳を含む。

厚生労働省「平成29年患者調査の概況」より

65歳以上の、脳血管疾患の平均在院日数は、100日を超えます。
入院費用が重くのしかかります。

98

平均在院日数は29.3日、およそ1ヵ月で退院となる！

　入院する患者数を把握した後は、入院する「期間」が知りたくなる。

　退院患者の平均在院日数の総数の値をみると29.3日となっている。1990年の44.9日をピークに減少を続けている。その原因として考えられるのは、医療技術の進歩もあるだろうが、長期の入院は私たちだけではなく、国の財政も圧迫する要因となるため、できることなら短期間で退院してほしいという思惑もありそうだ。

　疾病ごとの平均在院日数も気になる。死因上位の4疾病について平均在院日数をみてみる。高齢になると病気になりやすいこと、そして入院した場合、長期間になる可能性が高いことなどから、65歳以上に注目したい。悪性新生物は18.6日、心疾患は22.2日、肺炎は33.4日、脳血管疾患は86.7日となっている。死因順位とは逆になっており、脳血管疾患が100日近くあり、この中では断トツの1位である。

脳血管疾患は、死亡リスクだけではなく生存リスクも考慮！

　脳血管疾患に注目すると、年齢帯別では、15〜34歳までの平均在院日数が25.6日、35歳〜64歳までは45.6日と倍近く長くなっており、前述の通り、65歳以上になるとさらにその倍の長さになっている。脳血管疾患は死亡順位こそ4番目だが、前述の入院患者数は14.6万人と最も多い。脳関連の病気になってしまうと、手足が不自由になってしまうなどの障害が残ることも考えられ、入院を余儀なくされてしまうこともある。脳血管疾患にならないよう健康的な生活を送ることが、何よりの備えになるのかもしれない。

　ここでも最後に伝えておくが、統合失調症などの精神疾患の65歳以上の平均在院日数は、1,210.6日と一桁違うのである。

12. 火災保険と地震保険

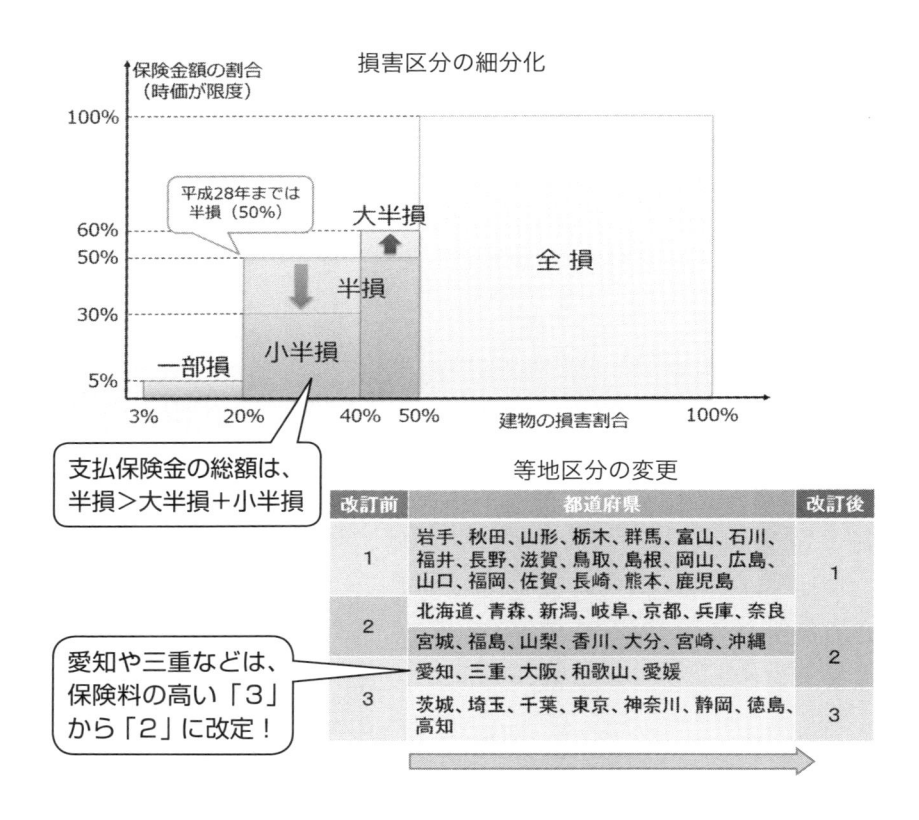

損害区分の細分化

保険金額の割合
（時価が限度）

平成28年までは
半損（50%）

大半損

全損

半損

小半損

一部損

建物の損害割合

支払保険金の総額は、
半損＞大半損＋小半損

愛知や三重などは、
保険料の高い「3」
から「2」に改定！

等地区分の変更

改訂前	都道府県	改訂後
1	岩手、秋田、山形、栃木、群馬、富山、石川、福井、長野、滋賀、鳥取、島根、岡山、広島、山口、福岡、佐賀、長崎、熊本、鹿児島	1
2	北海道、青森、新潟、岐阜、京都、兵庫、奈良	
	宮城、福島、山梨、香川、大分、宮崎、沖縄	2
	愛知、三重、大阪、和歌山、愛媛	
3	茨城、埼玉、千葉、東京、神奈川、静岡、徳島、高知	3

2021年1月から、地震保険料の
引き上げが行われました！

地震保険は単体では加入できない！

　近年地震リスクへの関心が高まっているが火災保険だけでは、地震に関する損害は補償されないのをご存じだろうか。地震リスクに対応するなら、火災保険に地震保険を付帯する必要がある。一般的には、補償の対象は居住用の建物と家財で、店舗併用住宅の場合は居住用部分のみとなる。

　地震保険の保険金額は、建物、家財ごとに火災保険の保険金額の30%～50%の範囲内で設定する。ただし、建物は5,000万円、家財は1,000万円が限度となる。

じわじわと地震保険の保険料が引き上げられている！

　去る2014年7月に地震保険の改定があり、保険料率が全国平均で15.5%引き上げられた。さらに、2017年は全国平均で＋5.1%が、2019年（＋3.8%）、2021年（＋5.1%）のそれぞれ1月に計2回、段階的に計＋14.7%の保険料引き上げが行われた。

　2017年1月からの地震保険の損害区分は、「全損（100%）、大半損（60%）、小半損（30%）、一部損（5%）」の4区分である。以前は「全損（100%）、半損（50%）、一部損（5%）」の3つだった。区分が細分化されたことで、今までは半損に認定されなかった場合、一部損となり5%の支払いしか受けられなかったが、今後は小半損として30%の支払いとなる場合も考えられる。しかし、今までの半損（50%）が、大半損（60%）、小半損（30%）に細分化されたものの、保険金の支払総額は下がっている。つまり、保険金節約のための改正とみることもできるのだ。

　2017年には保険料の基準となる等地区分の変更も、図表下段のように行われた。

13. 自動車損害賠償責任保険

1ヵ月の保険料は、
5,860円もかかる！

自賠責保険料　早見表

保険期間	37ヵ月	36ヵ月	25ヵ月	24ヵ月	13ヵ月	12ヵ月	1ヵ月
自家用乗用自動車	27,770	27,180	20,610	20,010	13,310	12,700	5,860
軽自動車（検査対象車）	27,330	26,760	20,310	19,730	13,150	12,550	5,840
小型二輪車（250cc超）	11,390	11,230	9,440	9,270	7,440	7,270	5,400

（2021年4月改定 本土用）

36ヵ月と37ヵ月の保険料は、
1,000円も違わない！

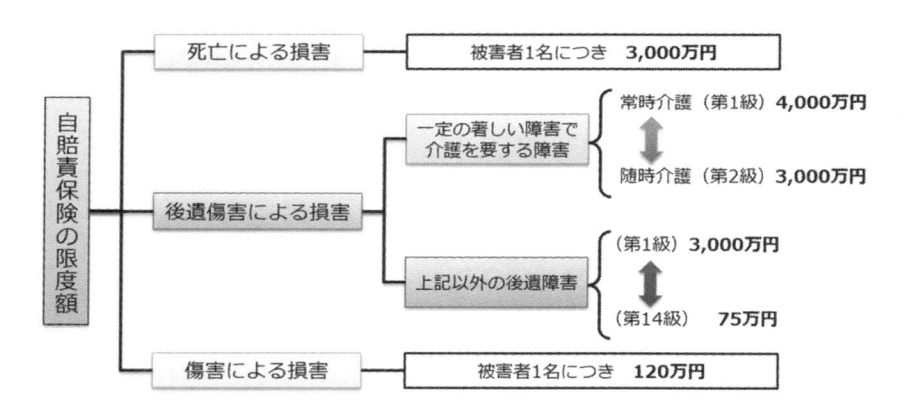

自賠責保険の限度額	死亡による損害	被害者1名につき　3,000万円
	後遺傷害による損害	一定の著しい障害で介護を要する障害　常時介護（第1級）4,000万円　⇕　随時介護（第2級）3,000万円
		上記以外の後遺障害　（第1級）3,000万円　⇕　（第14級）75万円
	傷害による損害	被害者1名につき　120万円

自賠責保険は、被害者の救済を目的としています。任意の自動車保険は、自賠責保険の保険金が支払われた後、不足分が補われます！

自賠責保険は、まとめて加入すると保険料がおトク！

　自動車保険には、法律で加入が強制されている自動車損害賠償責任保険（以下、自賠責保険）と、任意の自動車保険がある。

　自賠責保険は、通常は車検の時に加入する。加入期間は、次の車検までの期間以上となる。新車であれば、次の車検は3年後なので36ヵ月以上、次の車検が2年後であれば24ヵ月以上の保険に加入する必要がある。1ヵ月単位での契約も可能だが、1ヵ月分の保険料は5,860円とかなり割高になってしまう。車検切れなどを起こした場合、24ヵ月＋1ヵ月とするよりは、25ヵ月で契約をした方がかなりおトクになる。

自賠責保険は「被害者救済」のための保険！

　自賠責保険は、交通事故の被害者救済を目的としている。そのため事故が原因で壊してしまった建物や自分の車は保証の対象外である。また被害者への補償もそれだけで十分とはいえないかもしれない。

　被害者に後遺障害が残ってしまった場合は最大で4,000万円。死亡させてしまった場合は最大3,000万円。ケガをさせてしまった場合は最大120万円しか補償されない。

　「交通事故弁護士ナビの交通事故慰謝料計算」によると、一家の大黒柱として働く30歳の男性を相手方に死亡事故を起こしてしまった場合では、およそ2億5,000円の慰謝料等がかかると試算している。運転頻度や運転距離にもよるが、運転するなら任意保険に加入した方が安心といえそうだ。

14. 傷害保険

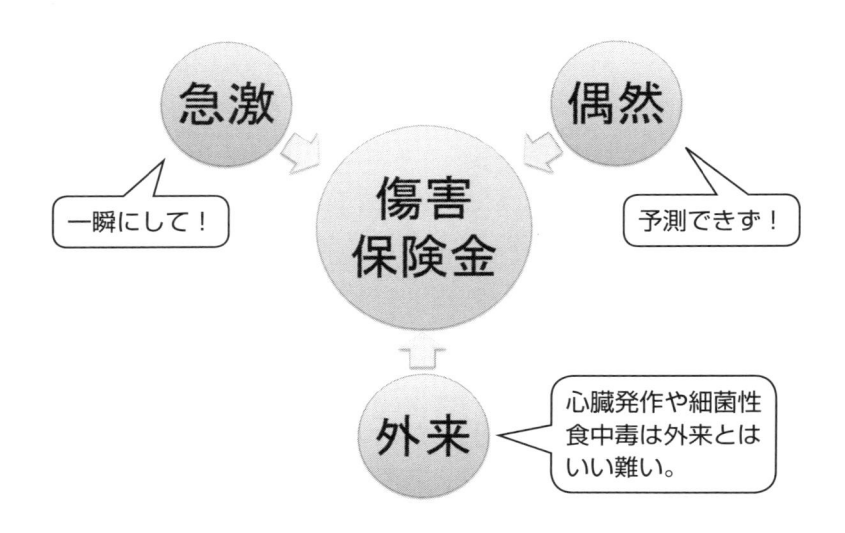

	細菌性食中毒	地震・噴火・津波による傷害
普通傷害保険	×	×
国内旅行傷害保険	○	×
海外旅行傷害保険	○	○

普通傷害保険に加入し、海外旅行でケガをした場合でも、補償の対象になります！海外旅行傷害保険との違いを把握しておきましょう！

三拍子そろうと保険金が支払われる傷害保険金！

　傷害保険とは、被保険者が「急激かつ偶然な外来の事故」によって身体に被る傷害・死亡に備える保険である。なお、病気は対象外となる。最もスタンダードな商品は、普通傷害保険である。保険金の支払い対象となるかならないかの、○×クイズに答えてもらいたい。

---

①　サッカーの試合中転倒し、足を骨折した。

②　運動中に心臓発作を起こし入院した。

③　海水浴中におぼれて溺死した。

④　食堂の料理が原因で細菌性食中毒を起こした。

⑤　転倒した傷が原因で破傷風にかかった。

⑥　地震・噴火・津波による傷害

　さて、いかがだっただろうか。答えは、奇数番号が○で偶数番号が×だ。②の心臓発作は外来の事故とはいいがたい。④の細菌性食中毒も同様である。⑥の地震・噴火・津波については、火災保険でもそうだったように、原則、補償の対象外になっている。しかし、国内旅行傷害保険になると、細菌性食中毒が特約なしで補償対象となり、海外旅行傷害保険になると、細菌性食中毒に加え、地震・噴火・津波による傷害でも補償の対象となる。海外旅行傷害保険は、海外専用というわけではない。普通傷害保険に加入し海外旅行に行き、転倒して骨折した場合でも、補償対象になる。勘違いしやすいが、普通傷害保険は、国内・国外を問わず、日常生活の様々な事故による傷害に対して保険金が支払われる。

～損害保険業界の状況～

　近年、損害保険会社は経営統合や合併が進み、現在は「3メガ損保」グループが市場の9割以上を占め、寡占状態となっている。具体的に、3メガ損保とは下記のグループを指す。

> ・東京海上ホールディングス
> ・MS＆ADインシュアランスグループホールディングス
> ・損保ジャパン日本興亜ホールディングス

　損害保険会社が取り扱っている保険の種類は多数あるが、一般社団法人日本損害保険協会が発表している2020年度の正味収入保険料のデータをみると、およそ半分弱を占めるのが、テレビのCMでもよく見かける自動車保険である。

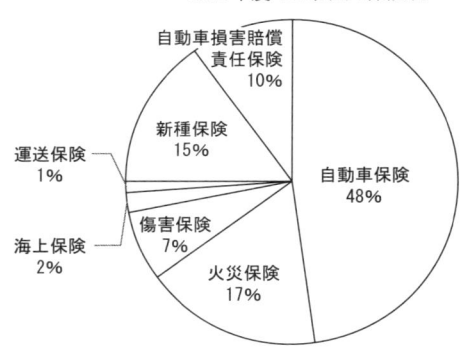

2020年度　正味収入保険料

自動車損害賠償責任保険 10%
新種保険 15%
運送保険 1%
海上保険 2%
傷害保険 7%
火災保険 17%
自動車保険 48%

　現状では、更新時や車の買い換え時に、パイを奪い合っているのが現状といえるだろう。若者の車離れ、少子高齢化、人口減少などの影響も大きく、海外市場への展開が求められている業界でもある。

 コンサルティングのポイント〔リスク〕

　リスクの捉え方は三者三様で、単身者の若者、家族を持つ人、高齢者それぞれ異なる。主観的であるため、同じ高齢者であっても感じ方は違う。共通点は、将来の不確実性に不安を感じていることだ。

　ポイントとなるのは「現時点での状態」と「将来のある時点の状態」という、2つの時間的位置を意識することだ。

　例えば、生命保険を例にとれば、その現時点の状態は通常健康であろう。そもそも健康でないと加入できない可能性が高い。しかし、将来のある時点となると、どうなっているかは誰にもわからないため、不安になる。もちろん、現状通り健康であってほしいが、もしかすると大きな病気をして、仕事ができない状態になっているかもしれない。あくまで確率での話になるが、ほんの少しでも可能性があると不安でいたたまれなくなる時が私たちにはある。その「不安」をお金で「安心」に代えるツールが生命保険の役割である。保険に加入したからといって、病気にならなくなったら死ななくなるわけではないが、なった場合の備えという視点で私たちは「安心」という心の状態を手に入れたくなるのだ。

　「可能性の効果」という言葉を聞いたことがあるだろうか。確率が低いと私たちの感覚は過大評価をしてしまう特徴を指している言葉である。例えば、宝くじの1等はそう当たるものではない。確率で考えれば、かなり低い値になる。しかし、私たちはもしかしたら当たるかもしれないと思い、年末の忙しいさなか、過去当たりの出た販売窓口に行列をなしている。過去当たりが出た窓口で購入しても当たる確率はなんら変わらないのに、である。これが可能性の効果で、実際の確率より私たちの主観的な確率は高く感じてしまう。

つまり、病気にかかる可能性がどんなに低くても、もしかしたらその病気になってしまうのではないかと恐れてしまう。

　通常、宝くじのように、当たる確率が低い状況下において、私たちは一か八かの勝負に出る傾向がある。ほとんど当たらないにもかかわらず、宝くじを購入しているのがその証拠だ。冷静に考えれば、宝くじの還元率は50％未満であり、投資商品の仲間にすら入れてもらえない。私たちの心理は「リスク追求的」になっているのだ。

　ところが、宝くじのように利得を目前にするとリスクを追い求める心理状態になるが、これが病気といったような損失になると、その心理状態は一気に変化し「リスク回避的」なモードになる。かなり低い確率であっても、大きな損失（病気）を恐れるため、様々な保障に加入しすぎてしまうのだ。

　過剰な保障であったとしても、将来のある時点の状態がサポートされるため、現時点での状態、つまり心の状態は不安から安心の方向へと遷移する。しかしその対価として、それなりの保険料が必要になる。現在の生活を脅かすほどのコストになる場合だって考えられる。行き過ぎは、本末転倒となってしまう。

　大切なのは「現時点での状態」と将来のある時点の状態を映し出す、「現在の心の状態（安心感）」のバランスをどうとっていくかなのだ。

　定量的な補償額といったことだけでなく、お客様の気持ちといった定性的な要素への気配りもできる人は、おそらくお客様の信頼も大きいはずだ。

　お客様への対応は、それぞれ三者三様であるが、お客様に頼られる担当者の共通点もありそうだ。

第3章

金融資産運用

　この先、資産運用の知識は必ず自分の役に立ちます。しかし、預貯金中心でお金を貯めてきた私たちには、まだまだ馴染みのない部分も多くあります。資産運用を行うには、景気・経済の見方や、金融商品の知識は必要不可欠です。小額から実践してみるとよいでしょう。

1. 金融資産運用

GDP（国内総生産）とは、
一国の経済規模を表します！

＜金融商品＞

○貯蓄型
・利率と利回り
・貯蓄型金融商品

○投資型
・債券
・株式
・投資信託
・外貨建て商品
・その他

○セーフティネット

資産運用

＜景気と経済＞

○ＧＤＰと経済成長率

○景気動向指数

○業況判断ＤＩ(日銀短観)

○物価指数(消費者・企業)

○日銀の金融政策
・政策金利
・預金準備率操作
・公開市場操作

セーフティネットの代表的なものに
「預金保険制度」があります。
銀行が破綻した場合、1,000万円
とその利息まで保護されます。

世の中のお金の量をコント
ロールすることで、金利を調
節します。お金の量を少なく
すると、金利が上昇します。

「金融商品の知識」と、「景気・経済
の動き」は、資産運用に必須の知識
です！

市場には、様々な金融商品があふれている！

　一般的な株式や債券、投資信託の他にも市場には様々な金融商品がある。例えば金や銀、プラチナなど実際に目に見える「商品」、為替の流れを予想して外貨に投資する「FX（外国為替証拠金取引）」などが有名。最近では貸付型のクラウドファンディングであるソーシャルレンディングなども利回りがよいとして注目されている。

　資産運用をする上で大切なことは、運用の目的を明確にすることだ。その目的に適した金融商品を選ぶことが重要なのである。儲かりそうだからといって、無目的にリスクの高い商品に投資をするのはお勧めできない。

統計やデータの見方を知り、勘に頼らない金融商品選択を！

　金利の高低によって、有利な預貯金のタイプも異なる。株式や債券など、投資型の金融商品の場合は、さらに金利の影響を強く受ける。難しいことではあるが、この先の景気や、経済の動きを自分なりに予測できなければ、どの金融商品を選択すべきなのかが分からない。それにはまず、GDPや景気動向指数、業況判断ＤＩなど定期的に公表されるデータの意味合いは知っておきたい。日本銀行の金融政策は多くの人から注目を浴びている。様々なデータや世の中の出来事で、人々は一喜一憂し、株価に織り込まれていく。

人間の心理も株価に大きな影響を及ぼす！

　2002年のノーベル経済学賞の受賞で大きく注目された「行動経済学」をご存じだろうか。人の心理が経済に大きな影響を与えると考える学問である。株価を予想する時には、業績や財務状況ばかりを気にしがちだが、実は人間の「心理」も考慮しなければならないだろう。

2. 短期金利と長期金利

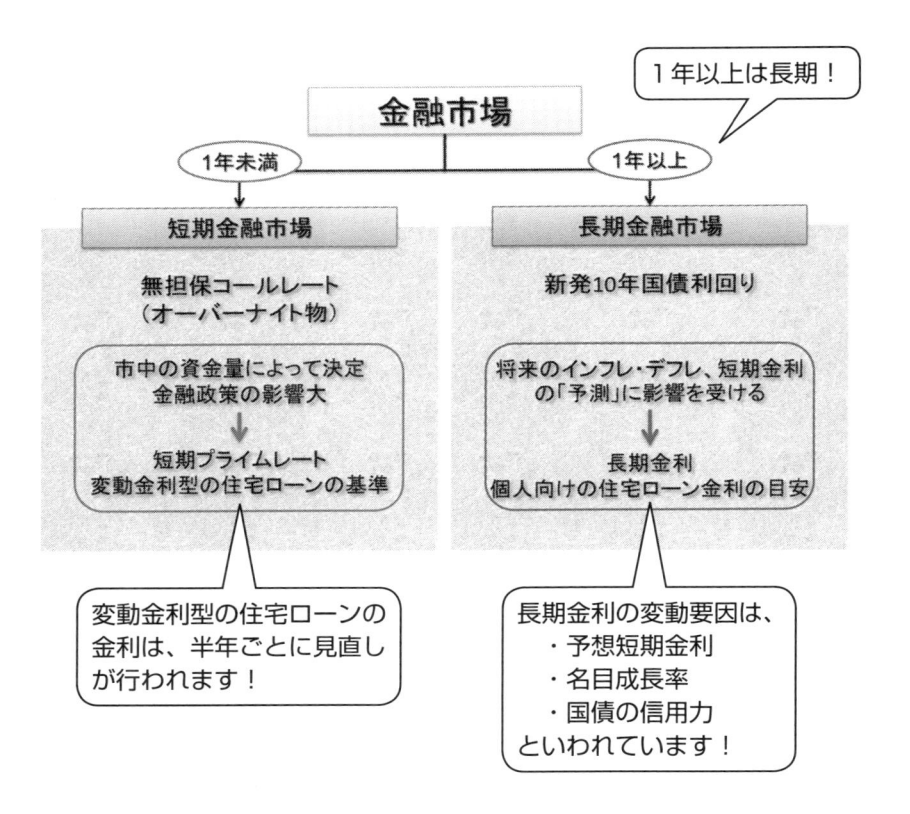

金融市場

1年未満 → 短期金融市場

1年以上 → 長期金融市場

1年以上は長期！

短期金融市場

無担保コールレート
（オーバーナイト物）

市中の資金量によって決定
金融政策の影響大
↓
短期プライムレート
変動金利型の住宅ローンの基準

変動金利型の住宅ローンの
金利は、半年ごとに見直し
が行われます！

長期金融市場

新発10年国債利回り

将来のインフレ・デフレ、短期金利
の「予測」に影響を受ける
↓
長期金利
個人向けの住宅ローン金利の目安

長期金利の変動要因は、
・予想短期金利
・名目成長率
・国債の信用力
といわれています！

短期金利と長期金利の特徴の違いを
知ることで、様々な金利が分かって
きます！

変動金利型住宅ローン金利に影響を与えるのは「短期プライムレート」

　金融市場には、貸し借りの期間が1年未満の短期金融市場と1年以上の長期金融市場の2つがある。短期金融市場の金利のうち特に注目したいのは、短期プライムレートだ。短期プライムレートとは、銀行が優良企業と判断したときの短期融資の優遇金利を指す。2009年1月13日以降の短期プライムレートは1.475%（最頻値）で、変動金利型の住宅ローン金利等の基準として利用されている。

住宅ローン金利の基準となるのは、「新発10年国債利回り」

　長期金融市場の金利のうち、代表的なものが「新発10年国債利回り」である。短期金利と異なり、金融政策の影響ではなく、物価変動の予測に大きく左右される特徴がある。

　2021年12月8日の長期金利は0.085%である。住宅ローンなどの長期融資の基準にもなっている。今後、長期間にわたって物価安定予想が支配的なときは、債券の人気が上昇し、債券相場が値上がりすることで長期金利は低くなる。その一方で、将来、高いインフレ予測がある場合は、債券が売れず安値となり、長期金利は高くなる。つまり、長期金利は今後のインフレ・デフレ、短期金利の「予測」に大きな影響を受ける。この予測が変化をすると、長期金利は直ちに変動する。長期金利を先読みするには、人々がどのように予測するのかを見極める必要がある。

3. 複利効果と満期一括払い型の金融商品

単利と複利（元本100万円、金利5％）

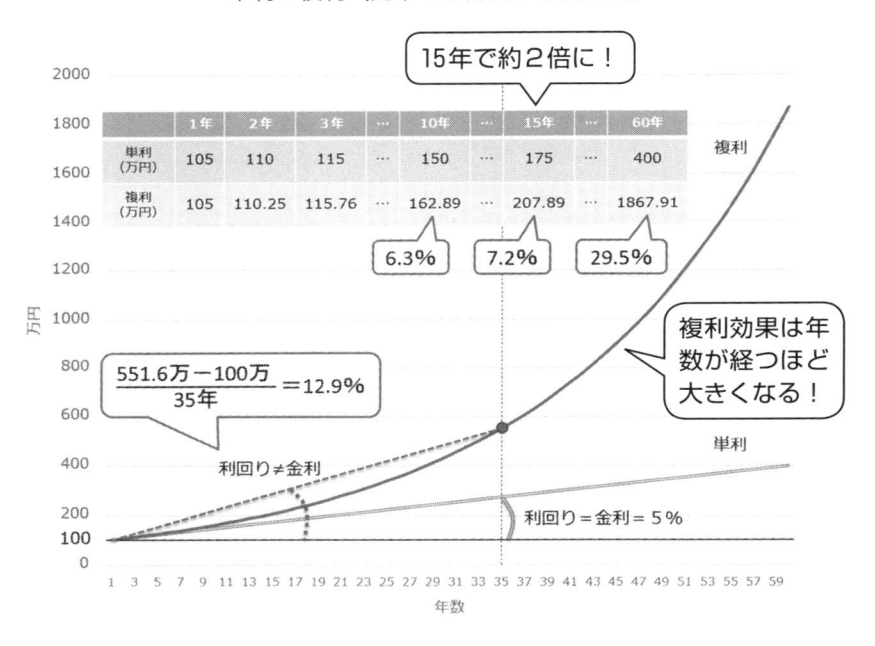

15年で約2倍に！

	1年	2年	3年	…	10年	…	15年	…	60年
単利 (万円)	105	110	115	…	150	…	175	…	400
複利 (万円)	105	110.25	115.76	…	162.89	…	207.89	…	1867.91

6.3%　7.2%　29.5%

複利効果は年数が経つほど大きくなる！

$$\frac{551.6万-100万}{35年}=12.9\%$$

利回り≠金利

複利

単利

利回り＝金利＝5％

万円

年数

「72の法則」は知っておきましょう！元本が2倍になる年数が簡単に計算できます。

複利効果と知っておきたい72の法則！

　現実的な金利ではないが、元本100万円で市場の金利が５％の場合を考えてみる。利息の付き方には、単利と複利の２種類がある。単利の場合は、上記の条件の場合、毎年５万円の利息が受け取れるので、元本が２倍になるには20年の時を要する。一方、複利は元本に利息を加えて計算をするので、およそ15年で２倍になる。72の法則を利用すると72 ÷ 5 ＝ 14.4、となるので15年弱で２倍になるのが分かる。72の法則とは、72を金利で除すことにより、元本が２倍になる、おおよその年数を求めることのできる法則だ。執筆時の普通預金の金利は0.001％なので、２倍になる年数は、72 ÷ 0.001 ＝ 72,000年かかる。縄文時代に預金してもまだ２倍にならない計算だ。

複利の預金には、満期一括払型で決まり！

　左のグラフをみてほしい。単利は右上がりの直線になり、複利は曲線になっている。そして時が経つにつれ、単利と複利の元利合計額は乖離していく。35年後の元利合計は単利なら275万円、複利なら約２倍の551.6万円となる。その利回りに割り戻して計算するとは単利で５％、複利で12.9％になる。

　税金は、利払いごとに課税される。預貯金の場合、半年に一度利息が支払われるものが多く、複利の商品であっても、その増え方は税率分だけ低くなってしまう。税率が20％とすると、金利が５％の商品でも、４％分の利息に減少してしまう。ゆうちょ銀行の定額貯金のように満期一括払い型の場合、満期時に利払いがあるため、５％の複利効果が得られた後に課税される。

　要するにより効率的なリターンが期待できるのは、複利である。

4. 分散投資とポートフォリオ

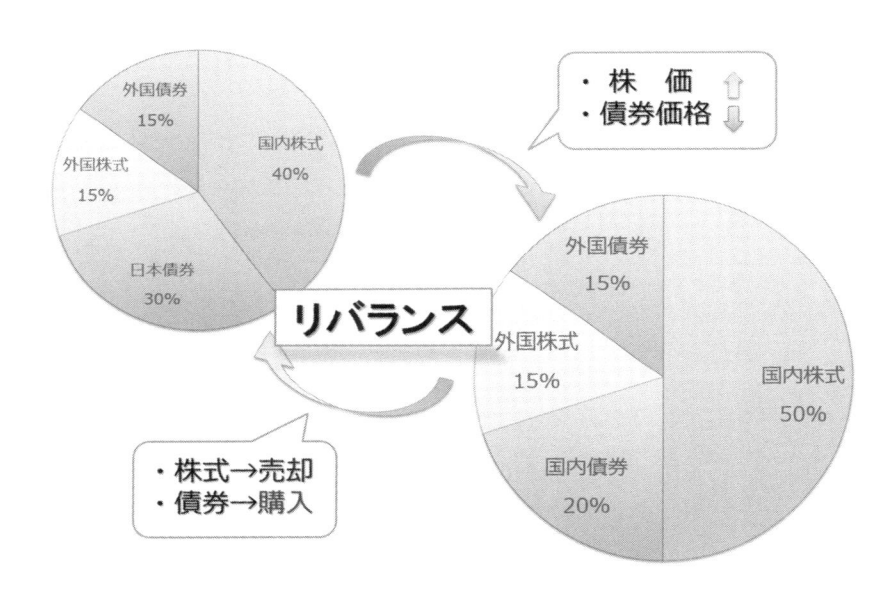

・株　価 ⬆
・債券価格 ⬇

外国債券 15%
国内株式 40%
外国株式 15%
日本債券 30%

リバランス

・株式→売却
・債券→購入

外国債券 15%
外国株式 15%
国内株式 50%
国内債券 20%

複利効果は時間が経てばたつほど
その威力を発揮します。投資でも、
配当や分配金等を再投資するなど
して複利効果を得たいものです！

値動きの異なる商品を組み合わせて、リスクを低減！

　資産運用を学んでいると、「長期投資」や「分散投資」という言葉を耳にする。複利効果などを考えると、長期投資は確かに一理ある方法といえるだろう。では、分散投資はいかがだろうか。投資商品には、国内、海外の債券や株式、金や不動産などがある。これらは基本的に異なる値動きをする。このような商品を組み合わせることで、ポートフォリオ全体としてのブレを相殺して、リスクを軽減できる。これをポートフォリオ効果という。ポイントは単純に多数の金融商品に投資するのではなく、値動きの異なるものを組み合わせる点にある。

アセット・アロケーションとリバランス

　「今、どの銘柄がお勧めですか？」と聞かれることがある。長期的な資産運用という観点では、個別銘柄の選択よりも、どのような資産をどの程度組み入れるかの方が運用成果を決定する重要な要素だ。左上の円グラフのように、「国内株式を40％、国内債券を30％、外国の株式と債券を15％ずつ」に配分したとする。こういった資産配分をアセット・アロケーションという。仮にこのまま数年間運用し、株価の上昇と共に市場金利が上昇したとする。すると債券価格は下落する。市場の変化と共に、アセット・アロケーションは自動的に変化する。外国株式・債券の価格を不変とした場合、右下の円グラフのように、国内株式の割合が増加、国内債券の割合が減少する。これを当初の配分に戻すことを、リバランスという。価格が上昇した株式を売却し、価格の下がった債券を購入することで元の割合に戻すことができる。

5. 日本の財政状況

2021年度予算の歳出と歳入の内訳

〈歳出〉　　　　　　　　　　　〈歳入〉

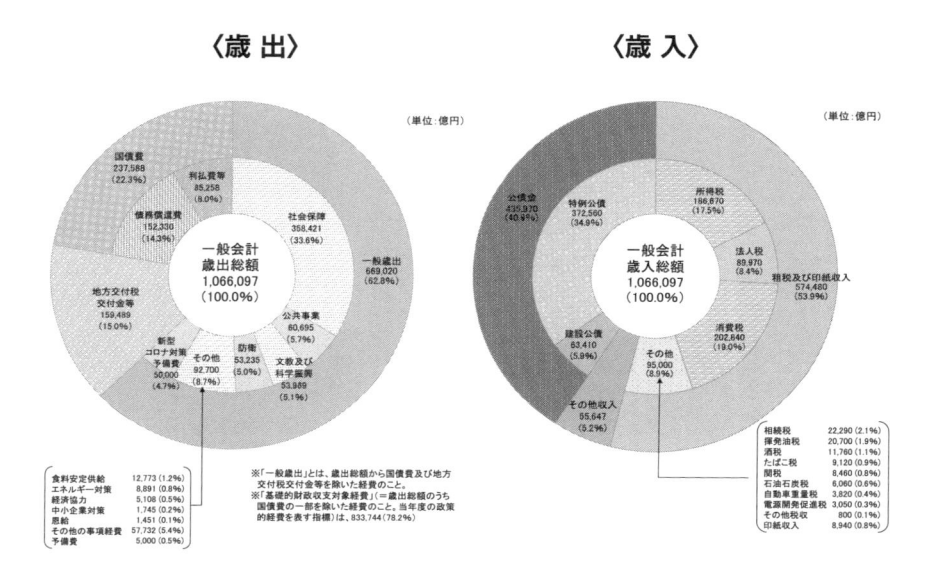

財務省『日本の財政関係資料（2021年4月）』より

毎月の収入30万円、支出51万円、累積した借金5,000万円以上の家計が、今の日本の財政状況です！

債券とは、一種の借用証書！

　債券とは、国や民間企業などが投資家から資金を借り入れるときに発行する一種の借用証書である。つまり、私たちが国債に投資するということは、国にお金を貸すということに他ならない。通常、誰かにお金を貸す場合、約束通り返してもらえるかを気にする。無職で収入のない人に、お金を貸す人はいないだろう。

日本の財政状態は火の車？

　2021年度予算みると、歳出・歳入の総額は106.6兆円である。そのうち、歳入の内訳をみると、税収およびその他収入は63.0兆円と歳出総額の60％程度しかない。その残りの43.6兆円は、国債等の公債金で借金をして賄っている。歳出の国債費は23.8兆円とあるが、これは借金である元本の返済額と利息の支払額の合計である。借金の返済を、借金をして支払っているわけだ。

　単位が「兆」だと実感がわかないので、一般の家計に例えて考えてみよう。手取り月収30万円の家計とした場合、毎月の生活費は51万円、借金の返済が13万円になる。毎月34万円の借り入れをしないと足りないことになる。そして、累積した借金の残高は、5,000万円以上に膨れ上がっている。そんな家計が今の日本の状態なのである。国債を購入するということは、そのような家庭にお金を貸すことに通じる。預貯金や生命保険の運用先は国債であることも多く、間接的に国債を保有していることになる。資産分散の重要性が高まっている。

　新型コロナ対策予備費として5兆円が計上されているが、上記の額に合わせると、2.4万円に相当する。

6. 株価とROE

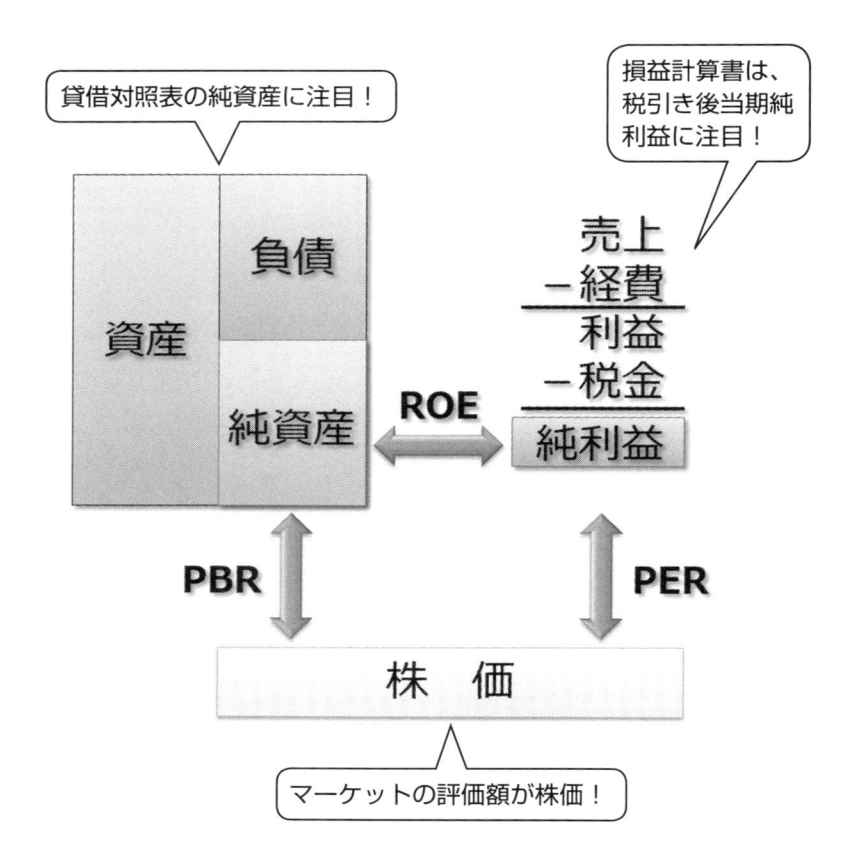

貸借対照表の純資産に注目！

損益計算書は、税引き後当期純利益に注目！

資産

負債

純資産

ROE

売上
－経費
利益
－税金
純利益

PBR

PER

株　価

マーケットの評価額が株価！

ＲＯＥは、純資産と純利益の相性診断といえます。割合が高いほど、純資産を有効活用し税引き後の当期純利益を得たと考えられます！

株価は３つの計算書から割り出す！

　株価は一企業の数値的な評価を表すものであり、少なくとも貸借対照表、損益計算書、キャッシュフロー計算書などを分析しないと、数値的な企業の評価はできない。貸借対照表とは、一時点における資金の調達と運用の関係を表すもので、企業の資産や負債がどの程度あるのかを知ることができる。損益計算書は、一年間の収益と費用がどの程度あったのかを表すもので、売上高や様々な経費などを知ることができる。キャッシュフロー計算書は一年間の現金の流れを表したもので、仮に利益が出ていたとしても、現金が滞ってしまえば、黒字倒産になってしまうかもしれない。

企業の総合力を指し示すＲＯＥ！

　ＲＯＥ（自己資本利益率）とは、その企業がどれだけ効率的に稼いでいるのかを示している指標である。例えば、純資産100億円のＡ社とＢ社があったとしよう。Ａ社は100億円の資産を１年間有効活用して20億円の純利益を出したとする。一方、Ｂ社は30億円の利益を出した。この場合Ａ社のＲＯＥは20％でＢ社のＲＯＥは30％となる。ＲＯＥを見ることで、一企業の収益性を判断する材料になる。稚拙な表現をすれば、ＲＯＥが高ければ高いほど収益性が高いといえる。ただし、その他の要因でＲＯＥが異常に高くなっている会社もあるのでＲＯＥだけで投資先を判断するのは早計である。

7. PERとPBR

株価・純利益・純資産の関係性

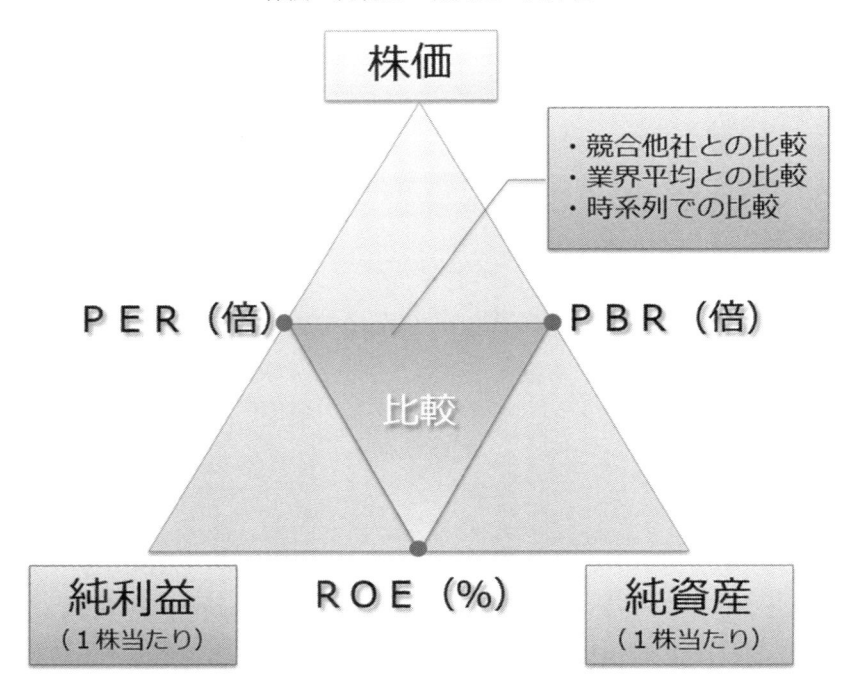

- ・競合他社との比較
- ・業界平均との比較
- ・時系列での比較

株価

PER（倍） PBR（倍）

比較

純利益（1株当たり）　ROE（%）　純資産（1株当たり）

PER、PBR、ROE は、比較することで、始めてその効果がわかります！銘柄選びで迷ったときは活用してみましょう！

ＰＥＲは、1株当たり純利益の何倍の株価なのかが分かる！

　ＰＥＲ（株価収益率）とは、株価が1株当たり純利益の何倍になっているのかを表した指標である。

　例えば、Ａ社、Ｂ社の1株当たり純利益は同じ100円である。そのときの株価はＡ社120円、Ｂ社200円だったとする。この場合のＰＥＲはＡ社が1.2倍。Ｂ社は2.0倍となる。1株当たり純利益は100円と同じにではあるが、株価を考慮すると、相対的にＡ社の方が割安であり、Ｂ社は割高といえる。ＰＥＲとは、1株当たり純利益の何倍の株価を付けているかという、倍率を表している。

ＰＢＲで、株価の底値の目安が分かる！

　ＰＢＲ（株価純資産倍率）とは、株価が1株当たり純資産の何倍になっているのかを表した指標である。ＰＢＲも割安・割高の判断が可能で、ＰＥＲと同様の考え方ができる。もうひとつ知っておきたいことは、ＰＢＲ＝1倍の考え方である。これは、1株当たり純資産とその時の企業の価値を意味する株価は同じ金額になる。これは、企業の解散価値と判断できる。つまり、株価の底値の目安になる。しかし、近年は1倍を下回る企業もあり、これだけで底値を判断するもの困難になってきている。

ＰＥＲ、ＰＢＲ、ＲＯＥは、比較することで意味をなす！

　株式の投資指標であるＰＥＲ、ＰＢＲ、ＲＯＥはそれぞれ関連性があり、割合のため比較をするのに適している。競合他社との比較だけでなく、業界平均、自社の時系列での比較をする場合にも活用できる。株式投資の際、是非とも参考にしたい指標である。

8. 信用取引

信用売りと返済買いのイメージ

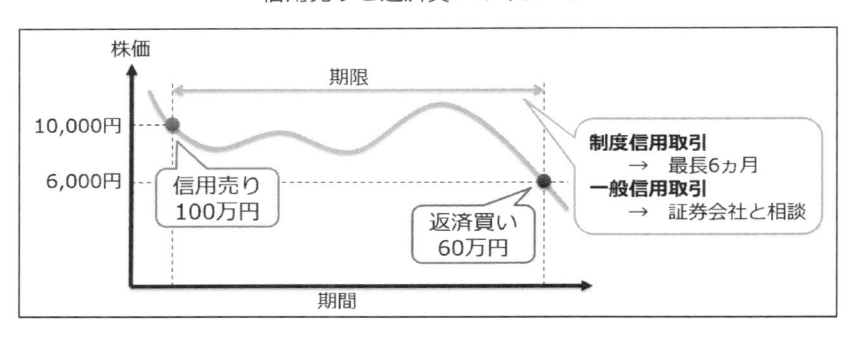

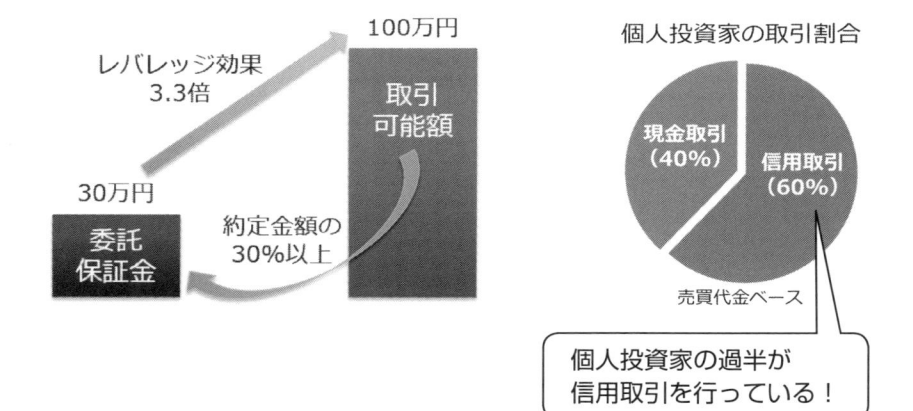

100万円

レバレッジ効果
3.3倍

取引
可能額

30万円

委託
保証金

約定金額の
30%以上

個人投資家の取引割合

現金取引
（40%）

信用取引
（60%）

売買代金ベース

個人投資家の過半が
信用取引を行っている！

信用取引は、現金取引と比較すると、リスクの高い投資です。リスク面をしっかりと理解することが大切です！

最初に売ってから買い戻すことのできる信用取引！

　信用取引とは、投資者が取引をしている証券会社に委託保証金を差し入れて行う売買取引をいう。

　例えば、株価下落局面が安定して続いていたとしよう。現金で売買をすると、株式を購入し売却すると損失が出てしまう。そのような時に信用取引だ。証券会社から株式を借り、それを信用売りとして売却できる。その後、買い戻し借りた株式を証券会社に返済する。現金取引では、「買ってから売る」のが当たり前だが、信用取引は「売ってから買い戻す」ことが可能になる。その時に必要になるのが、委託保証金である。100万円の取引をする場合30％以上、つまり最低30万円あれば信用取引ができる。言い換えれば、手元資金の3.3倍の取引が可能ということだ。手元資金以上の取引を行うことが可能で、これをレバレッジ効果と呼ぶ。レバレッジをかけた取引では、手元資金以上の損失が発生する場合もあり、それだけリスクは大きくなる。

信用取引の9割以上は個人投資家で、現金取引よりも多い！

　気になるのが、借りた株式をいつまでに買い戻して、返すのかという点だ。信用取引制度は、制度信用取引と一般信用取引の2種類がある。前者は、最長でも6カ月以内に返済する必要があるが、後者の期限は、証券会社と相談し決定する。

　少々、知識を要する信用取引だが、東京証券取引所『信用取引制度の概要（2019年7月）』をみると、信用取引の利用者の93％は個人投資家で、個人による売買のうち、信用取引の割合は60％、現金取引は40％なのである。どちらも売買代金ベースだが、意外にも個人投資家による信用取引の利用割合が高いのに驚く。

9. 投資信託の仕組みとコスト

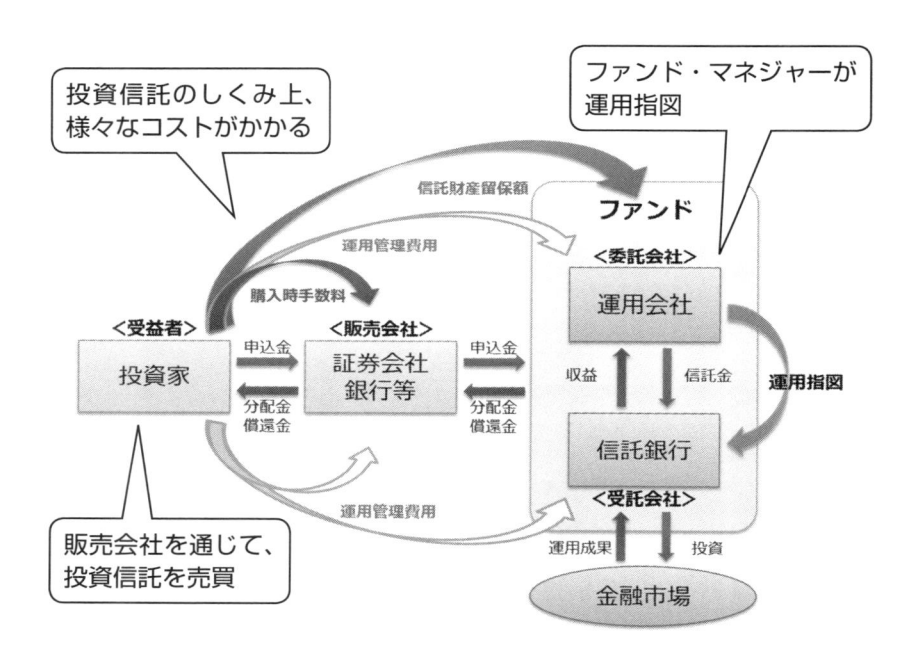

投資信託のしくみ上、様々なコストがかかる

ファンド・マネジャーが運用指図

販売会社を通じて、投資信託を売買

信託財産留保額

運用管理費用

購入時手数料

<受益者>

投資家

申込金 →

← 分配金
償還金

<販売会社>

証券会社
銀行等

申込金 →

← 分配金
償還金

運用管理費用

ファンド

<委託会社>

運用会社

収益 信託金

運用指図

信託銀行

<受託会社>

運用成果 投資

金融市場

投資信託への投資は、かかるコストをチェックすることが大切です！購入時手数料は証券会社によって異なることがあります！

複数の機関が役割分担して成り立つ投資信託！

　投資信託は、多数の投資家から資金を集め、運用の専門家であるファンド・マネージャーが株式や債券などに分散投資し、その成果を投資額に応じて分配する仕組みの金融商品である。ファンド・マネージャーは、運用方法を検討し、受託会社である信託銀行に指図する。投資信託は、通常証券会社、銀行、郵便局などの「販売会社」を通じて販売される。集めた資金を運用しているのは、販売会社とは別の運用会社で「委託会社」と呼ばれている。

　このような仕組みになっているおかげで、私たちは品揃えも多く、専門家が運用している商品を、少額から購入できるのである。

投資信託にかかるコストは主に3つ！

　投資信託は複数の機関が関係しているため、コストがかかる。

　購入時には、購入時手数料がかかる。費用のかからないノーロードのファンドもあるが、通常は販売会社に支払う。この手数料率は販売会社により異なり、投資額とは別に支払う必要がある。

　保有しているときにかかるのが、運用管理費用である。投資信託の信託財産から間接的に、販売会社、委託会社、受託会社の3者に支払われる。運用成績とは関係なく差し引かれるため、運用利回りの方がコストより低い場合は、元本が減少してしまう。

　換金時に支払うのが、信託財産留保額だ。投資信託によってはかからないものもある。一見、信託財産留保額がかからない投資信託の方が魅力的に映るかもしれないが、それだけ解約（換金）しやすい投資信託とみることもできる。

10. ＥＴＦ（上場投資信託）

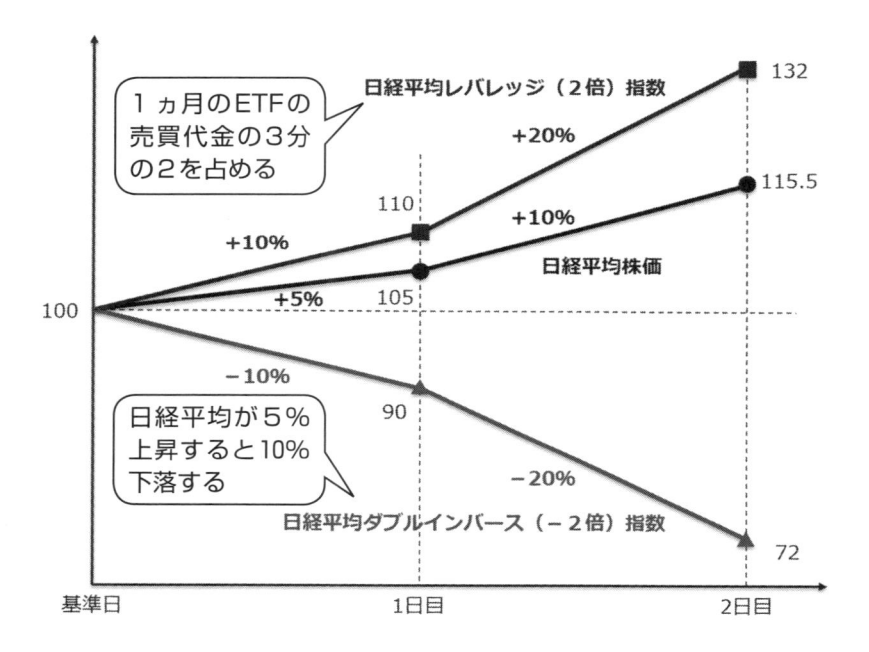

- １ヵ月のETFの売買代金の３分の２を占める
- 日経平均レバレッジ（２倍）指数
- +20%
- 132
- 110
- +10%
- 日経平均株価
- +10%
- 115.5
- +5%
- 105
- 100
- −10%
- 日経平均が５％上昇すると10％下落する
- 90
- −20%
- 日経平均ダブルインバース（−２倍）指数
- 72
- 基準日
- 1日目
- 2日目

ETF には、レバレッジ型やインバース型など、様々な銘柄があります。値動きの特徴を理解した上で、投資することが大切です！

購入価格がすぐに分からない投資信託！

　投資信託は注文時点では、購入価格に当たる基準価額は確定していない。国内に投資するファンドの場合、15時までに申し込めば、日本の株式市場の終値を用いて基準価額を算出する。そのため約定価格は、翌営業日にならないと分からない。海外に投資するファンドになると、15時までに申し込みを行っても、翌営業日10時ころの為替レート（仲値）を基に基準価額が算出される。約定価額が分かるのは、翌々営業日になってしまう。

ＥＴＦ（上場投資信託）は、リアルタイムで投資可能！

　株式投資と比較をすると、売買時に時間がかかってしまう投資信託だが、ＥＴＦ（上場投資信託）であれば、投資信託であっても証券取引所に上場しているため、株式と同様に取引することができる。ＥＴＦは、東証株価指数（TOPIX）や日経平均に連動したものなど、指数に連動した投資信託であるため、商品数は多くはない。

　日本取引所グループのデータを見ると、2021年12月9日時点でＥＴＦは248銘柄ある。売買代金を見ると、上位2銘柄が大きな割合を占めている。一つは「日経平均レバレッジ・インデックス連動型上場投信（1570）」で、売買代金が断トツの規模になっている。2番手に「日経平均ダブルインバース・インデックス連動型上場投信（1357）」が続く。日経平均レバレッジ・インデックスとは、日経平均の日々の変動率の2倍になるように価格が算出される。一方、日経平均ダブルインバース・インデックスは、日経平均の日々の変動率の−2倍となるように価格が算出される。これらの銘柄は、日経平均の2倍のブレがあるため、ハイリスク・ハイリターンの特徴がある。

11. 為替レートと為替手数料

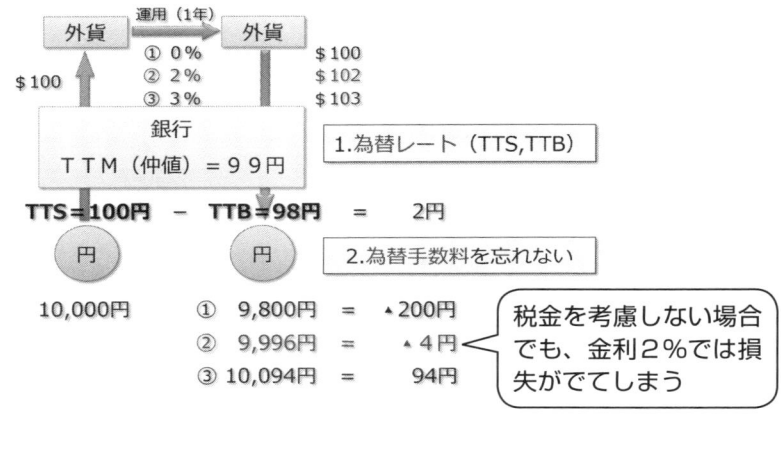

1.為替レート（TTS,TTB）

2.為替手数料を忘れない

税金を考慮しない場合でも、金利２％では損失がでてしまう

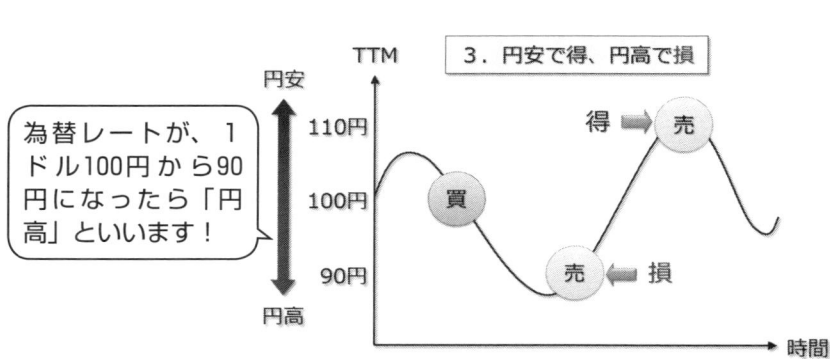

3．円安で得、円高で損

為替レートが、１ドル100円から90円になったら「円高」といいます！

外貨預金は、日本の預貯金のような安心感はありません！為替レート、為替手数料、為替変動リスクを理解しておくことが大切です！

初心者には分かりにくい外貨預金の表示

　外貨預金は、何かと初心者には分かりにくい。例えば、「3ヵ月物の外貨定期預金、金利8％」といった表現は、混乱を招きやすい。金利8％は、現状の日本の預金金利と比較すると、光り輝いているようにみえる。しかし、金利は「年あたり」での表示になるので、この商品の場合、預入期間は3ヵ月より、金利も12ヵ月分の3ヵ月で計算するため実質2％になる。そこに為替手数料や為替変動リスクを考慮しなければならない。「預金」という安心感はそこにはない。

外貨預金で無視できない為替手数料！

　為替レート（仲値）が99円のとき、円を米ドルに替えるには一般に1円の手数料がかかるため、ＴＴＳは100円となる。一方、米ドルを円に替えるときも1円の手数料がかかるため、ＴＴＢ＝98円となる。つまり、円を米ドルに、そして米ドルを円に替えるだけで、2円分の為替手数料がかかる。つまり、この為替レートが変動せず、1年間の運用で、10,000円の外貨預金をした場合、税金を考慮せず、金利が2％であったとしても、戻りが9,996円となり、4円の損失がでてしまう。為替手数料の影響力は大きく、無視できない。

外貨預金をしたら、「円安で得、円高で損」と覚える！

　通常、為替は変動する。例えば、為替レートが100円から110円になることを円安といい、90円になることを円高という。「100円で買って（預けて）、90円で売るのと、110円で売るのとではどちらがお得か？」という質問に答えるのは簡単だ。外貨預金をしている方にとっては、購入時を基準にすると「円安で得、円高で損」といえる。

12. NISAとジュニアNISA

項目	つみたてNISA	一般NISA	ジュニアNISA
口座開設対象者 (その年の1月1日時点)	20歳以上の居住者等	20歳以上の居住者等	20歳未満の居住者等
投資可能期間	2018〜2037年	2014〜2023年	2016〜2023年
非課税投資枠	毎年40万円	毎年120万円	毎年80万円
非課税期間	最長20年間	最長5年間 (ロールオーバー可能)	最長5年間 (ロールオーバー可能)
口座開設数 (金融機関の変更の可否)	1人1口座 (1年単位で変更可能)	1人1口座 (1年単位で変更可能)	1人1口座 (原則、変更不可)
払出期限	なし	なし	18歳まで 払出し制限あり
口座の運用管理	本人	本人	二親等以内の親族等
20歳以降の 取扱い	−	−	20歳以降通常の NISAに移行

> その年の非課税投資枠の未使用分があっても、翌年以降に繰り越せません！

> 金融機関を変更する場合は、その年の9月末までに手続きを完了する必要があります！

> 2023年をもってジュニアNISAは廃止、一般NISAは新NISA（現呼称）に変わります。

「貯蓄から投資へ」の政策的要請もありＮＩＳＡがスタート！

　2014年１月からスタートしたのが日本版ISAいわゆるＮＩＳＡ（少額投資非課税制度）である。イギリスのISAを参考にＮＩＳＡという名称で日本に導入された。イギリスのISAは、非課税期間の定めはなく投資できる非課税枠も大きい。そして預金型もあるなど、選べる商品の幅も広い。

　一方ＮＩＳＡは、預金型の商品は選べず非課税期間は５年で非課税投資枠も120万円と少ない。

　しかし、それには理由がある。そもそもＮＩＳＡは、「貯蓄から投資へ」という政策的要請もあり、非課税措置を通じて一般の個人に幅広く投資をしてもらうこと、そして、企業への資金供給を促進する目的がある。非課税投資枠が120万円（当初は100万円）を限度としているのは、金持ち優遇の批判を避けるためだ。ＮＩＳＡに預金型がないのは、「貯蓄から投資へ」が進まなくなる可能性があるためである。

若年者層はつみたてＮＩＳＡ、高齢者層は一般ＮＩＳＡを利用！

　2018年からスタートしたつみたてＮＩＳＡの口座数は、１年間で100万口座を突破した。金融庁の「ＮＩＳＡ・ジュニアＮＩＳＡ口座の利用状況調査」の2021年６月末時点を見ると、一般ＮＩＳＡの口座数は約1,237万口座、買付額は約22兆1,410億円となっている。

　世代別での利用状況をみると、20〜40代の利用者の割合は、一般ＮＩＳＡでは約３割なのに対し、つみたてＮＩＳＡは約７割と倍以上になっている。つみたてＮＩＳＡは20〜40代、一般ＮＩＳＡは50代以降の利用者が中心となっており、二つの制度が上手く機能しているともいえる。つみたてＮＩＳＡと一般ＮＩＳＡの併用はできず、年単位でどちらかを選択することになる。

13. つみたてNISAとiDeCo

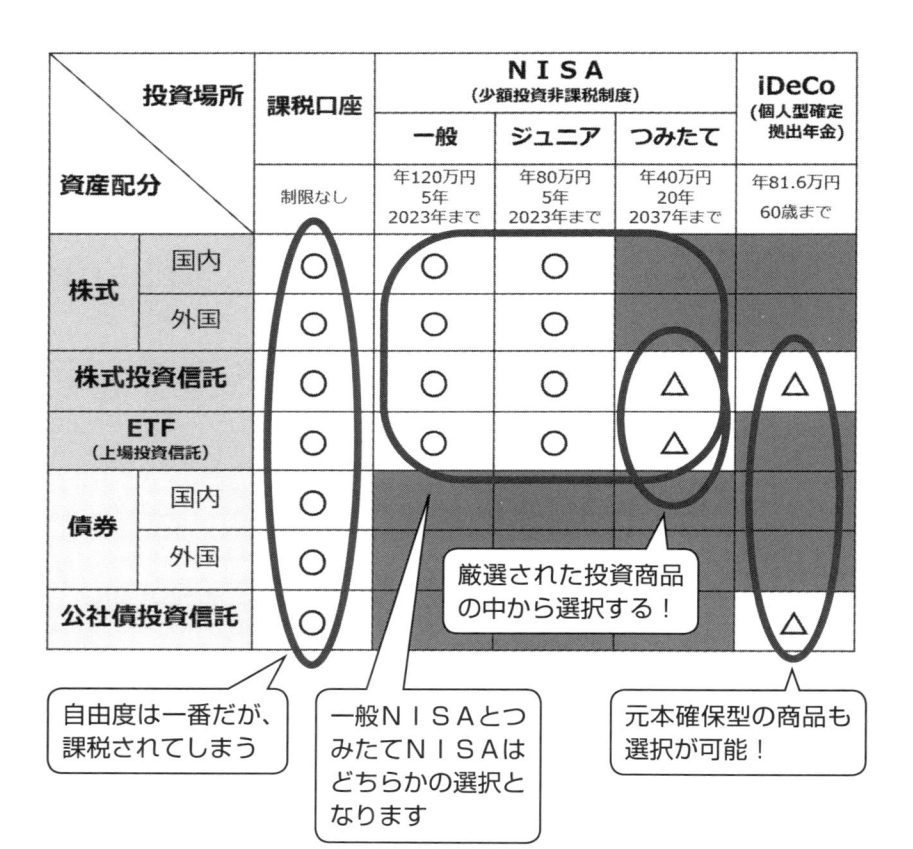

投資場所 資産配分		課税口座	NISA（少額投資非課税制度）			iDeCo（個人型確定拠出年金）
			一般	ジュニア	つみたて	
		制限なし	年120万円 5年 2023年まで	年80万円 5年 2023年まで	年40万円 20年 2037年まで	年81.6万円 60歳まで
株式	国内	○	○	○		
	外国	○	○	○		
株式投資信託		○	○	○	△	△
ETF（上場投資信託）		○	○	○	△	
債券	国内	○				
	外国	○				
公社債投資信託		○				△

厳選された投資商品の中から選択する！

自由度は一番だが、課税されてしまう

一般NISAとつみたてNISAはどちらかの選択となります

元本確保型の商品も選択が可能！

2024年から、一般NISA、つみたてNISAが新しくなりジュニアNISAは廃止となる予定です。

2018年1月から、つみたてNISAがスタート！

　つみたてNISAは、「長期・分散・少額」が合言葉である。今までのNISAと異なり、非課税投資枠は年間40万円で、非課税期間は投資した年から最長20年間である。一定期間ごとに一定金額を積立て、投資をするので時間や銘柄の分散もしやすい。毎月積立の場合、年間の上限は40万円より、33,333円が月の積立上限額となる。投資というと、一括投資をイメージしやすいが、積立投資はリスク分散効果が得やすく、投資初心者でも実践しやすい。

　つみたてNISAの対象となる投資信託は、「長期・分散・少額」の投資に適した商品が厳選され、2017年10月の口座開設時点で103本の投資信託の届け出があった。2021年10月25日時点では、指定インデックス投資信託：173本、それ以外の投資信託：21本、ETF：7本の合計193本のラインアップとなっている。

非課税制度の有効活用こそ、これからの資産形成のコツ！

　左図は、課税口座やiDeCoも含めて非課税制度を整理したものである。各口座によって投資可能な商品が限られているのが分かる。例えば、株式投資は、つみたてNISAやiDeCoではできない。一方、債券や公社債投資信託への投資は、すべてのNISA口座でできない。課税口座は一番自由度が高いが、その名の通り課税されてしまう。

　「5．分散投資とポートフォリオ」でも説明した通り、投資はどの商品に投資するかといった資産配分が重要となる。そして次に大切になるのは、資産をどの場所（口座）に置くのかということだ。その際、非課税口座は有効活用していきたい。資産の置き場所（アセット・ロケーション）を検討することこそ、これからの資産形成に欠かせない考え方である。

14. 暗号資産とその売買

| 仮想通貨 | → 2019年5月31日 → | 暗号資産 |

資金決済法
金融商品取引法の改正（日本）

<暗号資産の取引>

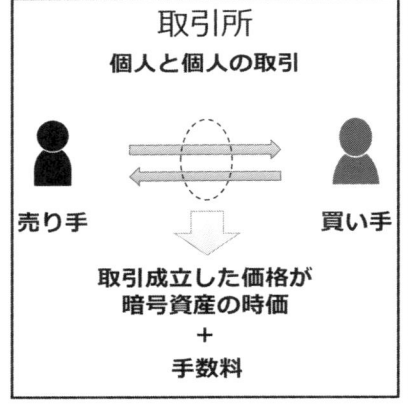

取引所
個人と個人の取引

売り手　買い手

取引成立した価格が
暗号資産の時価
＋
手数料

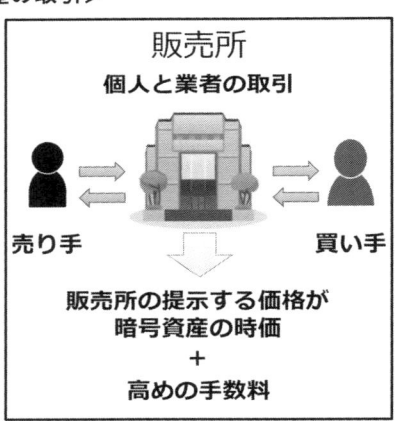

販売所
個人と業者の取引

売り手　買い手

販売所の提示する価格が
暗号資産の時価
＋
高めの手数料

取引所や販売所など、暗号資産を交換する事業者のことを、暗号資産交換事業者と呼びます！

仮想通貨から暗号資産へ！

　暗号資産とは仮想通貨のことで、2018年にアルゼンチンで行われたG20サミットにおいて、名称変更がなされた。

　ビットコインを見ても分かる通り、価格の変動が激しく、通貨としての特性を欠いていることが大きな理由の一つであった。他にも、法定通貨と間違えやすい、管理体制が脆弱、反社組織や脱税の温床になりかねないなどの指摘もされた。日本でも、国際的な名称変更に合わせて仮想通貨のことを暗号資産と、名称変更が行われました。しかし仮想通貨からの名称変更は強制されていない。

暗号資産の取引方法には、取引所と販売所がある

　ビットコインをはじめとする暗号資産の売買を行うには、2つの方法がある。1つは取引所を利用する方法、もう1つは販売所を利用する方法である。

　取引所での取引は、個人と個人による売買のため、指値注文や成行注文ができる。そして、買い手と売り手の注文が一致すれば売買が成立する。上場している株式と同様に、需要と供給のバランスによって価格が変動する。

　一方、販売所の取引では、暗号資産を取り扱う業者と売買を行うことになる。取引は販売所が提示する価格で売買いそれが時価となる。よって、取引所のように、個人が金額を指定することはない。なお、業者との取引になるため、取引所の取引に比べ、手数料が高めに設定されている。

15. ビットコインの入手方法

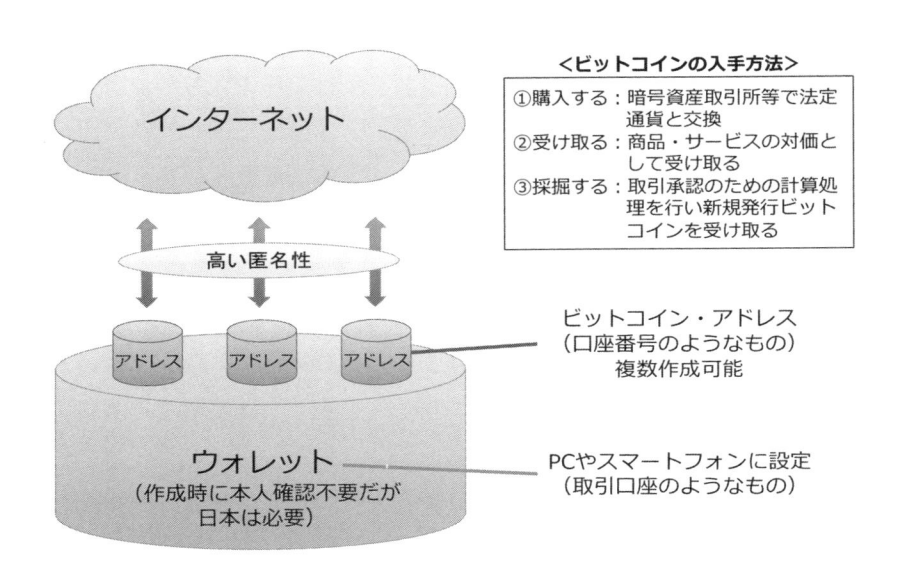

インターネット

高い匿名性

アドレス　アドレス　アドレス

ウォレット
（作成時に本人確認不要だが
日本は必要）

<ビットコインの入手方法>

①購入する：暗号資産取引所等で法定
通貨と交換
②受け取る：商品・サービスの対価と
して受け取る
③採掘する：取引承認のための計算処
理を行い新規発行ビット
コインを受け取る

ビットコイン・アドレス
（口座番号のようなもの）
複数作成可能

PCやスマートフォンに設定
（取引口座のようなもの）

ウォレットには、常時ネットに接続
しているホット・ウォレットと、そ
うではないコールド・ウォレットが
あります。後者の方が安全です！

ビットコインの入手方法

　ビットコインなどの暗号資産を入手するには、おおきく３つの方法がある。一般的なのは、取引所・販売所で購入する方法である。多くの人が利用している。

　次に、店舗などの場合、商品やサービスの対価として受け取る方法がある。まだ、ビットコインで商品を購入できる店舗は少ないが、通貨として利用することも可能だ。商売をしている側からみれば、販売することでビットコインを受け取ることができる。

　３つ目が、採掘（マイニング）する方法である。マイニングとは、取引の情報を記録したブロックの作成および検証を行うことで、その参加者にはビットコインで報酬が支払われる。マイニングをする参加者がいなければ、暗号資産による決済システムは成立しない。

ビットコインの使用方法

　ビットコインを使うにはどのようにすれば良いのだろうか。取引所や販売所があることは説明したが、実際に取引を行うためには、株式の売買をするために証券会社に口座を作るように、暗号資産交換事業者のウォレットをつくる必要がある。

　ウォレットとは、パソコンやスマートフォンの中に設定され、ここから世界中のユーザーと取引が可能となる。ビットコインは、インターネットを通じて取引を行うため、各ウォレットには、ビットコイン・アドレスが付与され、このアドレスは１つのウォレットに対して、複数作成することが可能である。取引のたびに異なるアドレスを使用することで、高い匿名性を保てるようになっている。

～日本の対外資産と対外負債～

　「6. 日本の財政状況」において、日本の台所事情は、月収30万円で、支出が75万円の家計に例えられ、借金の残高は5,000万円以上という話をした。ここでは、日本の対外資産および対外負債という視点で考えてみたい。財務省『本邦対外資産負債残高の概要（2020年末）』をみると、2020年末の日本の対外資産残高は、1,146兆1,260億円、対外負債残高は789兆1,560億円であり、対外純資産残高は、356兆9,700億円とプラスになっている。

　下記の、主要国の対外純資産をみると、日本の異なる顔が見えてくる。

国　名	対外純資産
日　本	357.0兆円
ドイツ	323.5兆円
香　港	223.1兆円
中　国	222.8兆円
ノルウェー	118.6兆円
カナダ	109.7兆円
ロシア	52.3兆円
イタリア	3.9兆円
フランス	△77.4兆円
英　国	△88.9兆円
米　国	△1,460.4兆円

日本銀行国際局『2020年末現在本邦対外資産負債残高の概要』

　日本は主要国の中で最大の対外純資産を保有しており、アメリカが最大の純負債の額となっている。日本の対外負債残高は789兆円近くあるものの、対外純資産残高は世界最大なのである。

　国債等の保有者内訳（2021年6月末（速報値））をみると、1,056兆円の国債の発行額に対し、海外の保有者の割合は、7.3%しかない。国債の発行額だけでは、日本の財政状況は語れないのである。

 **コンサルティングのポイント〔金融〕**

　長期・分散投資は以前から言われていたが、iDeCoやつみたてNISAの登場で、積立投資についてもその認知度は高まってきた。ドルコスト平均法の特徴もある程度は理解が深まっただろうが、だからといって多くの人がこぞって資産形成を始めているわけではない。

　よく営業トークでも言われるように、現在の預貯金の金利はかなり低く、普通預金の金利は、0.001％のところもあり、100万円を1年間預けたとしても、わずか10円の利息しか受け取ることができない。このような状態では、老後の資産形成といっても迫力を欠き、非課税口座の有意性もそれほど発揮はできない。そこで、長期・分散・積立の投資となるわけだが、一般消費者はそのくらいでは行動に移さない。

　それには理由がある。

　そもそも、人は現状を維持する選択をしようとする傾向があるからだ。新たなチャレンジをするより、安心感を求めてしまう。決して年間の利息10円に安心感があるわけではないが、新たなチャレンジによる利得よりも、変化による損失が恐ろしいと感じる。これを行動経済学では「損失回避性」と呼んでいる。

　さらに新しいチャレンジには、相応の労力も必要になる。預貯金しかしたことのない人にとって、投資をすることは金融機関の選択や取引方法、投資商品の学習など様々な労力を必要とする。

　そこで、私たちは意思決定（選択）の先延ばしをしてしまうのだ。つまり、現状を変えることを嫌う。これが「現状維持バイアス」であり、バイアスとは、私たちの思考の偏りを意味する。

　俗に言われる「株式の塩漬け」はこれで説明できる。

　例えば100万円を投資して、80万円に値下がりしてしまったと

しよう。それを売却できずに保有し続けることを「塩漬け」とよんでいる。こちらも損失を現実のものとするのが恐ろしいあまりに、この先の株価上昇にかすかな望みをもち、売却の先延ばしをしてしまうのである。

私たちが、損失を利得より恐れ、さらに不確実な状況下において現状を維持したがる心理を理解しなければ、長期・分散・積立投資のすばらしさをいかに力説しようと、多くの一般消費者は受け付けてはくれない。

人の特性上「損失」の恐怖感を拭い去ることは難しいが、現在の行為がもつ本質的なリスクを伝えることはできる。

コンサルティングのポイントは、「目的の再確認」と「現状での再選択」の2点である。

「目的の再確認」とは、現状維持バイアスの働いた選択をしそうになったとき、目的が達成できるかどうかを改めて検討してもらうことである。老後の資産形成が目的の場合、預貯金のみで十分に生活していけるのであれば、あえて労力やリスクをとって投資をする必要はない。しかし、多くの場合、預貯金だけでは希望する目的を達成するのは困難な時代になってきている。預貯金のリスクをしっかりと見せてあげることが肝要だ。他の選択肢も検討する必要性が伝わりやすい。

「現状での再選択」とは、塩漬け株が該当する。例えば100万円を投資し、80万円に値下がりした場合、「仮に今80万円で売却した場合、また同じ銘柄の株式に投資するかどうか」を問うてみるのだ。おそらく、また同じ株を購入するとこたえるひとは少数だろう。にもかかわらず持ち続けようとしている矛盾を理解していただく必要がある。

現状維持バイアスは非合理的な判断をすることも少なくない。「意思決定の先延ばし」の対策もコンサルティングに求められている。

第4章

タックスプランニング

給与などの収入には所得税・住民税がかかります。年金や生命保険金を受け取っても課税されます。日本で暮らしていく上で、税から離れることはできません。手続きをすることで、払い過ぎた税金が戻ることもあれば、支払う税額が少なくなることもあります。税の知識は必須といえます。

1. 日本の税収と消費税

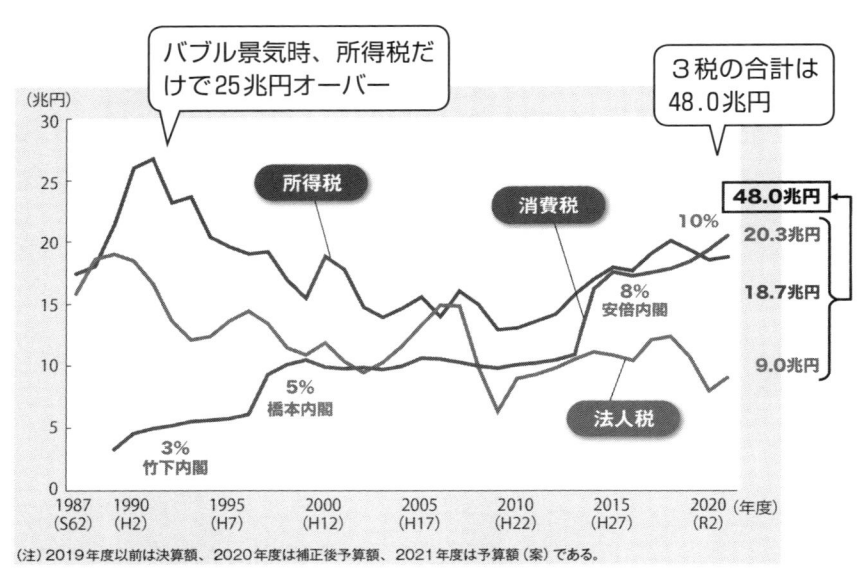

バブル景気時、所得税だけで25兆円オーバー

3税の合計は48.0兆円

(兆円)

所得税

消費税

10%

48.0兆円

20.3兆円

18.7兆円

8%
安倍内閣

9.0兆円

5%
橋本内閣

3%
竹下内閣

法人税

1987(S62) 1990(H2) 1995(H7) 2000(H12) 2005(H17) 2010(H22) 2015(H27) 2020(R2) (年度)

(注) 2019年度以前は決算額、2020年度は補正後予算額、2021年度は予算額 (案) である。

財務省『これからの日本のために財政を考える（令和３年４月）』

所得税、消費税、法人税が日本を支える３税でその合計は48.0兆円です。相続税は2.2兆円と、歳入総額の2.1％しかありません！

日本の税収は年間約57.5円、しかし約106.6兆円も使う予定！

2021年度の一般会計の当初予算における歳入のうち、約6割を占めるのが税収で、57.5兆円を見込んでいる。しかし、歳出総額は約106.6兆円の見込みのため、単純に約50兆円不足している。その不足分は、その他収入や国債等の公債金で賄われる。参考までに国債費（償還と利払いの経費）といわれる借金返済額は、23.8兆円。今の日本は、借金をして、借金の返済を行っている状況なのである。

そして、2020年は新型コロナウイルス感染症の影響で、一律10万円支給する特別定額給付金や、中小企業対策として様々な支援金や助成金が支給された。一般会計歳出を見ると、175.7兆円にまで膨れ上がっている。

税収の柱になってきた消費税の税収額！

所得税18.7兆円、消費税20.3兆円、法人税9.0兆円が上位の3税である。相続税は2.3兆円と少ない。図表左端の1990年は、バブル景気の時の税収になる。所得税と法人税の合計だけで、現在の3税の合計に近い。しかし、バブル景気の崩壊と共に税収は下降していく。目立っているのは、所得税収を抜いて、第1位となった消費税である。

1989年の竹下内閣のときに3％でスタートした消費税は、1997年4月の橋本内閣の時に税率が5％に引き上げられた。2014年4月、安倍内閣の時に8％に引き上げられ、2019年10月には10％へ引き上げられた。税率の引き上げと共に税収は増加しているが、社会保障の費用の増加も著しく、その財源にも向けられていく。

消費税10％への引き上げに伴い、2023年10月1日よりインボイス制度が開始される。インボイス制度とは、課税売上げから課税仕入に関する消費税の控除を受けるためのもので、登録申請書を提出し登録を受ける必要がある。

2. 所得税の計算の流れ

1.各種所得の 金額の計算	2.課税標準の計算	3.課税所得金額 の計算	4.税額の算出 と税額控除
利子　　退職 配当　　山林 不動産　譲渡 事業　　一時 給与　　雑	**総合課税と 　分離課税** ・損益通算 ・純損失の 　繰越控除 ↓ 課税標準	**所得控除** ・人的控除 　基礎控除 　配偶者控除 　扶養控除等 ・物的控除 　医療費控除 　社会保険料 　控除等	税額算出 **税額控除** ・住宅借入金等 　特別控除 ・配当控除等 確定申告 青色申告
1年間の所得 を区分する！	損益通算を行 い合算する！	所得から引ける ものを差し引く	算出税額か ら差し引き、 確定申告！

〈所得税の速算表〉

課税される所得金額	税率	控除額
195万円以下	5%	0円
195万円を超え　330万円以下	10%	97,500円
330万円を超え　695万円以下	20%	427,500円
695万円を超え　900万円以下	23%	636,000円
900万円を超え　1,800万円以下	33%	1,536,000円
1,800万円を超え4,000万円以下	40%	2,796,000円
4,000万円超	45%	4,796,000円

所得250万円の所得税額は、
250万円×10％−97,500円
＝152,500円

所得税は、自分で計算し自分で申告
し納税する申告納税方式をとって
います。確定申告をすることで、払
い過ぎた税金は戻ってきます。

確定申告すれば税金が戻ってくることも！

　確定申告をすれば払い過ぎた税金が戻ってくるため、多くの場合税金が安くなるケースがある。医療費が多くかかった年などは、所得から一定額が控除されるため、確定申告について知っておくべきであろう。確定申告には4つのステップがある。

　最初のステップは、各種所得の金額の計算である。個人の1年間の所得を10種類に区分する。収入から、収入を得るためにかかった費用を差し引くことで、所得が求まる。第2ステップの課税標準の計算は、各種所得の計算でそれぞれ区分した10種類の所得のうち、4つの所得（不動産所得・事業所得・山林所得・譲渡所得）から損失が出た場合に、他のプラスの所得と相殺する。これを損益通算という。損失が大きく、相殺しきれなかった場合は、翌年以降3年間にわたり、その損失を繰り越せる。

所得控除と税額控除で納税額をシェイプアップ！

　第3ステップは、課税所得金額の計算で、いわゆる所得控除だ。配偶者がいるかどうか、高校生、大学生の子どもがいるかなどの家族構成により、所得から一定に金額を控除できる。また、医療費や生命保険料などを支払った場合、こちらも一定額を所得から控除できる。

　第4ステップは、税額算出と税額控除だ。課税される所得金額が多ければ多いほど、税率が高くなっていく。これを超過累進税率といい、税率は5％〜45％までの7段階で構成されている。算出された税額から差し引くことができるのが、税額控除である。所得控除と異なり、税額から直接差し引くことができるので、その効果は無視できない。

　これら4つのステップを踏んで、税額を計算し、それを翌年2月16日から3月15日までの間に、税務署に確定申告して納税する。

3. 【Step. 1】 各種所得の金額の計算

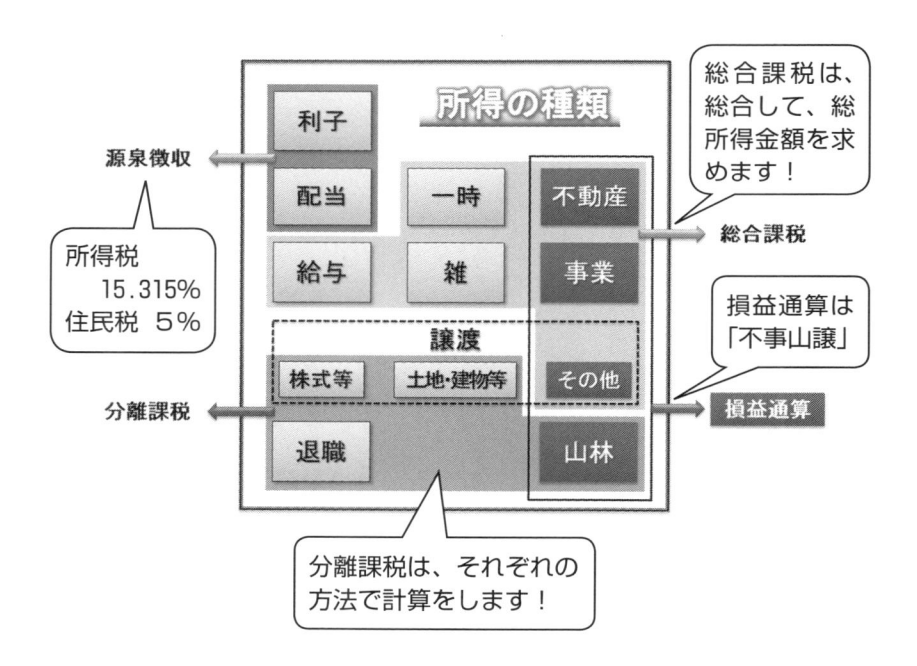

総合課税は、総合して、総所得金額を求めます！

源泉徴収

所得税
　15.315%
住民税　5％

分離課税

所得の種類

利子
配当
給与

一時
雑

不動産
事業

譲渡
株式等　土地・建物等

その他
山林

退職

総合課税

損益通算は「不事山譲」

損益通算

分離課税は、それぞれの方法で計算をします！

10種類の所得は、総合課税、分離課税に区分できます。譲渡所得は、総合課税が原則となりますが、分離課税とされるものもあります！

148

総合課税の所得は、総所得金額としてまとめて計算を行う！

　第1ステップの各種所得の金額の計算を詳しく考えていきたい。所得の種類は、各種所得の頭文字で表現すれば「利・配・不・事・給・退・山・譲・一・雑」と10種類ある。

　総合課税となるは、「利・配・不・事・給・譲・一・雑」の8種類で、これらの所得を総合して求めた金額を、総所得金額という。総合課税の譲渡所得は、短期と長期に分けられる。総合長期譲渡所得と一時所得には特別扱いがある。長期保有したものを譲渡すると、その一時に課税されてしまう。一時所得は、突発的に発生するものであり、そのまま他の所得と総合すると、税率が超過累進税率のため、税負担が重くなってしまう。そこで、負担の公平性から、総合長期譲渡所得の金額と一時所得の金額の合計額の2分の1相当額を他の所得と総合し、課税することになっている。「利・配」については源泉徴収することで課税が完結するため、原則、確定申告や納税の手続きは必要ない。

分離課税の所得は、それぞれ個別に税額計算を行う！

　分離課税の「退・山」の2種類については、他の所得とは総合しないで、それぞれの方法で税額を計算する。退職所得は、過去の長期間にわたる勤労の対価の後払いの特性があることから、他の所得と分離することで、税額の軽減が図られている。山林所得は、長期間にわたって発生した所得が、伐採や譲渡により、一時に実現する所得なので、こちらも他の所得とは分離し、さらに低い税率により税額計算が行われる。譲渡所得のうち、分離課税の土地・建物等の譲渡に関しては、短期と長期があり、短期の場合には所得税率30％と高い税率が課される。これは、地価の安定等の政策的見地から設けられている。

4. 利子所得と配当所得

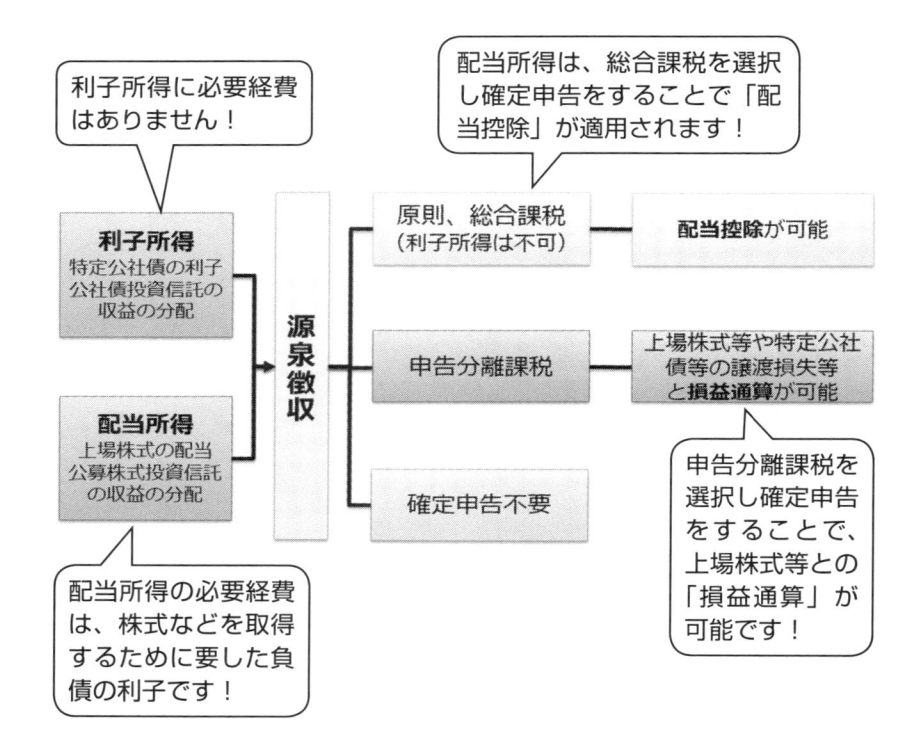

利子所得に必要経費はありません！

配当所得は、総合課税を選択し確定申告をすることで「配当控除」が適用されます！

利子所得
特定公社債の利子
公社債投資信託の
収益の分配

配当所得
上場株式の配当
公募株式投資信託
の収益の分配

源泉徴収

原則、総合課税
（利子所得は不可）

配当控除が可能

申告分離課税

上場株式等や特定公社
債等の譲渡損失等
と**損益通算**が可能

確定申告不要

配当所得の必要経費は、株式などを取得するために要した負債の利子です！

申告分離課税を選択し確定申告をすることで、上場株式等との「損益通算」が可能です！

2016年1月からの金融所得課税の一体化により、特定公社債等の課税関係が改正されました。知識整理が重要です！

特定公社債等とは？　～金融所得課税の一体化～

　特定公社債とは、国債、地方債、外国国債、外国地方債をはじめ、2015年12月31日以前に発行された公社債等を指す。公募公社債投資信託等の受益権などを含めて特定公社債等と呼ぶ。2016年1月から特定公社債等の「利子・償還差益・譲渡益」の課税関係が改正され、原則20.315％（所得税15.315％、住民税5％）の申告分離課税となった。

利子所得は、原則として源泉徴収される！

　特定公社債の利子や公社債投資信託の収益の分配は、利子所得に該当し、復興特別所得税を含め源泉徴収される。確定申告を行わない場合は、これで課税関係が完結する。

　申告分離課税を選択し、確定申告を行った場合は、上場株式等や特定公社債等の譲渡損失等と損益通算が可能になった。

配当所得は確定申告を行うと、配当控除や損益通算が可能に！

　配当所得は総合課税で確定申告を行うことが原則となっている。その場合、負債の利子がある場合は控除することができ、配当控除も適用される。源泉徴収された税額も精算される。

　配当所得にはもうひとつ、確定申告をすることで申告分離課税を選択することも可能となる。上場株式等の譲渡損失と損益通算をしたい場合に選ぶことになる。負債の利子の控除、源泉徴収税額の精算を行うことは可能だが、配当控除は適用されない。

　特例として、配当所得にも確定申告不要制度があるため、確定申告をしなければ源泉徴収をもって課税関係は完結する。

5. 不動産所得と事業所得

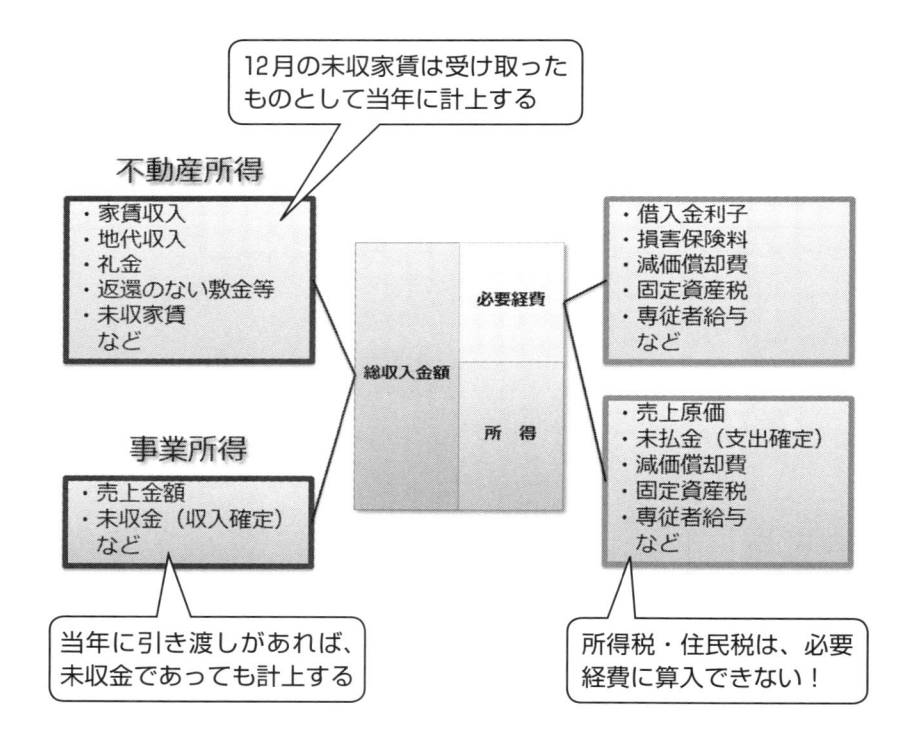

12月の未収家賃は受け取ったものとして当年に計上する

不動産所得
- 家賃収入
- 地代収入
- 礼金
- 返還のない敷金等
- 未収家賃
- など

事業所得
- 売上金額
- 未収金（収入確定）
- など

総収入金額

必要経費

所得

- 借入金利子
- 損害保険料
- 減価償却費
- 固定資産税
- 専従者給与
- など

- 売上原価
- 未払金（支出確定）
- 減価償却費
- 固定資産税
- 専従者給与
- など

当年に引き渡しがあれば、未収金であっても計上する

所得税・住民税は、必要経費に算入できない！

所得が少ない方が、納税額が少なくなります。総収入金額を少なく、必要経費を多くしがちなので注意が必要です！

似ているけど違う、不動産所得と事業所得

　有料駐車場は、保管責任を負わない月極駐車場であれば不動産所得、保管責任を負う時間極駐車場を経営しているのであれば事業所得になる。アパートの貸付のみなら不動産所得だが、食事などのサービスを提供すると事業所得になる。状況によっては雑所得となる場合もある。

　似ているようで異なる不動産所得と事業所得だが、共通して押さえておきたい点は、「総収入金額」、「必要経費」、そして「減価償却費」の３点である。

「総収入金額」に含めなければいけないものとは？

　総収入金額のうち、不動産所得において代表的なものは家賃や地代収入で、計上するのは、原則、契約上の支払日になる。家賃を滞納され、翌年に支払いがあった場合でも、支払いがあったものとして当年に確定申告を行う。事業所得の場合、売上金が一番分かりやすい収入になる。商品などの棚卸資産の販売による収入金額は、原則、引き渡しがあった日に計上する。年末に販売し引き渡しを行った後、翌年に振り込みがあった場合などは、当年に計上することになる。

所得税・住民税は「必要経費」に算入できない！

　必要経費は、不動産所得・事業所得に共通するものは多い。固定資産税、不動産取得税、登録免許税をはじめ、減価償却費や専従者給与などが該当する。減価償却費には定額法と定率法があり、所得税は前者、法人税は後者が標準となる。不動産所得、事業所得に共通して必要経費に算入できないものは、所得税と住民税だ。所得税を納めるための借入金利子や、交通反則金なども必要経費に算入できない。

6. 給与所得

給与所得控除額の最低額は55万円！

給与所得控除額の速算表

給与等の収入金額	給与所得控除額
162.5万円以下	55万円
162.5万円超 180万円以下	その収入金額×40%－10万円
180万円超 360万円以下	その収入金額×30%＋8万円
360万円超 660万円以下	その収入金額×20%＋44万円
660万円超 850万円以下	その収入金額×10%＋110万円
850万円超	195万円

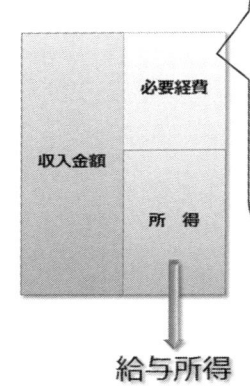

必要経費

収入金額

所得

給与所得

＜確定申告が必要な場合＞
- 給与等の年収が2,000万円超
- 給与、退職所得以外の所得が20万円超
- 給与の支払いが2ヵ所以上
- 雑損控除、医療費控除、寄附金控除の適用を受ける場合
- 住宅借入金等特別控除の適用を受ける最初の年

上記に該当したら、確定申告が必要です！

2020年1月からの給与所得控除額は一律10万円引き下げられ、その上限は195万円に縮小されました！

「給与所得控除額」は、会社員の必要経費！

　給与所得は、多くの方にとって身近な所得であろう。給与収入を得るためにも必要経費はかかるが、会社員一人ひとりの経費を計算するのは、人数も多く現実的には困難である。そこで、概算経費として給与所得控除額が存在する。以前は、青天井だった給与所得控除額だが、2013年から給与所得控除額の上限が限定され、現在では195万円となった。

　パート・アルバイトをしている主婦や学生などが該当しやすい、給与収入が162.5万円以下の給与所得控除額55万円は記憶しておきたい。この55万円と基礎控除額48万円を足し合わせると103万円になる。つまり、給与収入が103万円を超えると所得税が課せられるため「103万円の壁」と呼ばれている。一方、「150万円の壁」とは、配偶者（納税者）の配偶者特別控除が徐々に少なくなる時の境目を指す。

会社員の基本は年末調整、しかし確定申告が必要な場合も！

　給与所得者は、月給および賞与から所得税が源泉徴収され、年末調整が行われるため、確定申告は必要ない。しかし、年収が2,000万円超、給与所得・退職所得以外の所得の合計が20万円超（簡単にいえば、副収入が20万円超）、給与等の支給が2ヶ所以上、といった要件を満たす場合は確定申告が必要になる。また、所得控除のうち、雑損控除、医療費控除、寄附金控除の適用を受ける場合や、住宅借入金等特別控除の適用を受ける最初の年も、確定申告をしないと適用されない。なお、2015年4月以後、5団体以内でふるさと納税を行った場合は、確定申告をせず寄附金控除を受けることができるようになった。

7. 退職所得

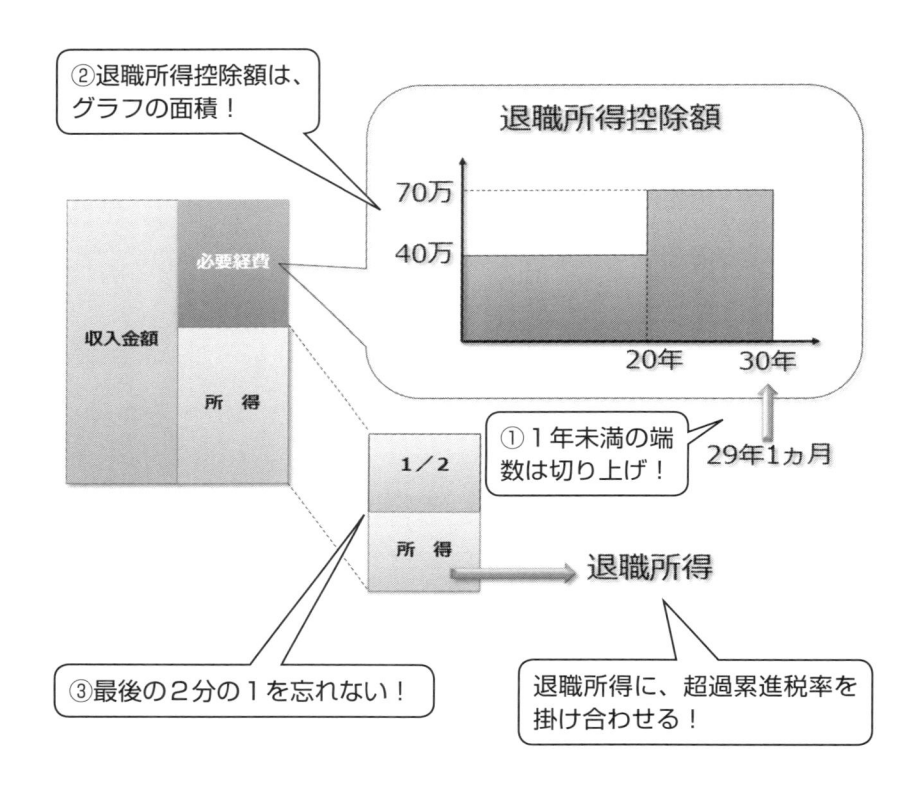

② 退職所得控除額は、グラフの面積！

退職所得控除額

70万
40万

20年　　30年

29年1ヵ月

必要経費

収入金額

所　得

① 1年未満の端数は切り上げ！

1／2

所　得　　　　　→　退職所得

③ 最後の2分の1を忘れない！

退職所得に、超過累進税率を掛け合わせる！

「退職所得の受給に関する申告書」を提出すると、確定申告をする必要がなくなります！

退職所得は、あまり税金が取られない所得！

　退職所得は、分離課税で課税退職所得金額に超過累進税率を適用して計算する。退職所得は、老後の生活保障等の性格から、税負担の緩和がされている。退職所得のポイントは、次の3点である。

　1点目は、勤続年数で1年未満の端数は、1年に切り上げてくれる。2点目は、退職所得控除額を計算するときに、勤続年数を基に控除額を求めるため、切り上げは退職者の有利に働く。

　3点目は、退職所得控除後の2分の1が退職所得の金額になることである。この2分の1の影響力は大きい。勤続年数が短い人にとっては、退職所得控除額の金額より2分の1の方がありがたい。しかし、勤続年数5年以下の法人役員等（特定役員退職手当等）については、2分の1の適用はない。これらの3点で税額がかなり縮小される。

「退職所得の受給に関する申告書」提出のススメ！

　退職する際、是非とも「退職所得の受給に関する申告書」を提出することをオススメする。所得税、および住民税についても適正な税額を源泉徴収してくれるため確定申告をする必要がなくなる。図表の例で計算すれば、退職収入2,000万円、退職所得控除額1,500万円（40万円×20年＋70万円×10年）より、退職所得は（2,000万円－1,500万円）×1／2＝250万円。「2.所得税の計算の流れ」にある、所得税の速算表を用いて計算すると、250万円×10％－9.75万円＝15.25万円が所得税額になる。しかし、申告書を提出しないで退職してしまうと、退職金の20％相当額である400万円が所得税として源泉徴収されてしまう。つまり、確定申告での精算が必要になる。なお、住民税は前年度課税のため1年後に支払うことになる。

8. 一時所得と雑所得

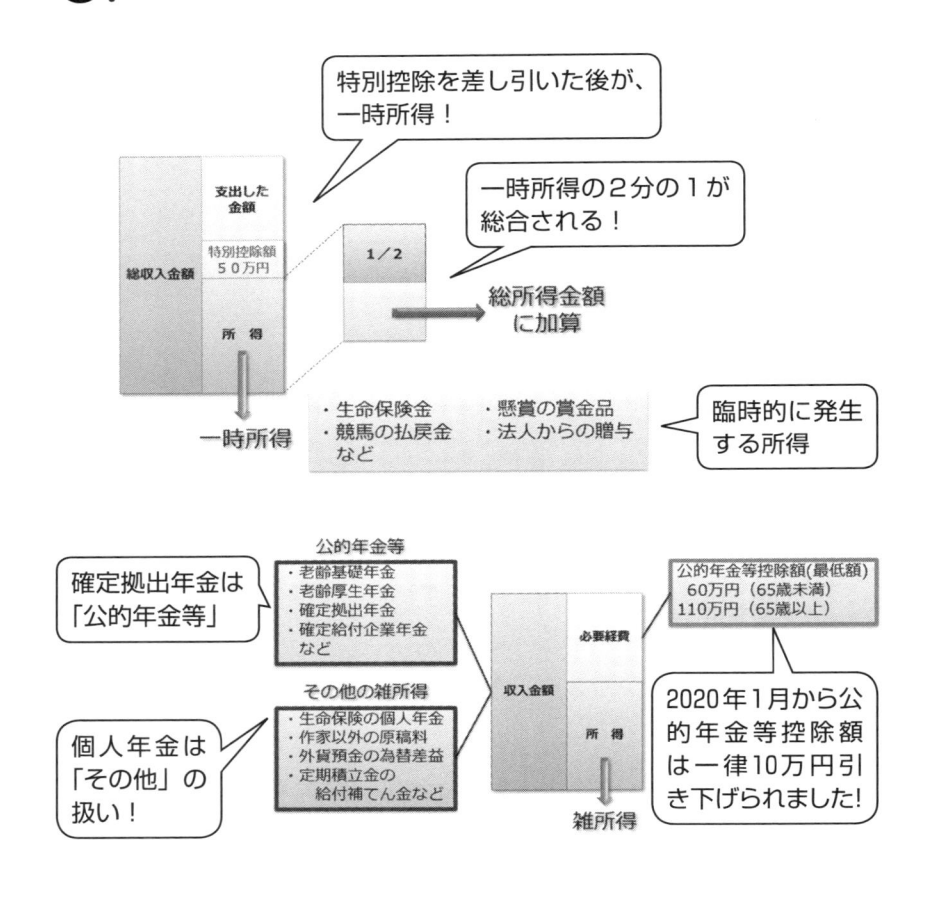

特別控除を差し引いた後が、一時所得！

一時所得の2分の1が総合される！

支出した金額

総収入金額

特別控除額 50万円

所得

1/2

総所得金額に加算

一時所得

・生命保険金　・懸賞の賞金品
・競馬の払戻金　・法人からの贈与
など

臨時的に発生する所得

確定拠出年金は「公的年金等」

公的年金等
・老齢基礎年金
・老齢厚生年金
・確定拠出年金
・確定給付企業年金
など

公的年金等控除額(最低額)
60万円（65歳未満）
110万円（65歳以上）

個人年金は「その他」の扱い！

その他の雑所得
・生命保険の個人年金
・作家以外の原稿料
・外貨預金の為替差益
・定期積立金の給付補てん金など

収入金額

必要経費

所得

雑所得

2020年1月から公的年金等控除額は一律10万円引き下げられました！

一時所得は、雑所得を除く8種類以外の所得のうち一時的なものをいい、雑所得は、他の9種類の所得に当てはまらないものをいいます！

突発的に発生する所得である一時所得は節税効果が大きい！

　一時所得の魅力は、総収入金額から支出した金額を差し引いた後、さらに差し引くことのできる特別控除額50万円がある点だ。そこで気になるのが、どのような所得が一時所得になるのかである。投資対象になる商品であれば、節税効果を見込めるが、一時所得になるものを調べてみると、懸賞の賞金品であったり、競馬の馬券の払戻金であったりする。養老保険の満期保険金なども該当する。

　一時所得にはもうひとつ魅力がある。一時所得の金額の2分の1が総合され、その後に課税される点である。一時所得は突発的に発生するものなので、そのまま他の所得と総合すると、超過累進税率のため、税負担が重くなってしまうからだ。

生命保険の個人年金は雑所得だが、公的年金等控除の対象外

　雑所得は、10種類の所得に該当しない所得を指す。雑所得の代表例は公的年金等で、老齢基礎年金などはもとより、勤務先からの退職年金、iDeCo等の確定拠出年金なども該当する。なお、障害年金や遺族年金は非課税となる。雑所得を求めるには、公的年金等の収入金額から公的年金等控除額を差し引く。公的年金等控除額は、年金収入によって異なり、公的年金等に係る雑所得以外の所得と係る合計所得金額が、1000万円以下の場合、65歳未満で年金収入が130万円未満の場合の控除額は60万円。65歳以上で年金収入が330万円未満の場合は110万円が控除される。なお、年齢はその年の12月31日時点で判定する。

　生命保険などの個人年金は、公的年金以外のその他の雑所得に区分される。総収入金額から必要経費を差し引いて計算する。最後に公的年金等の雑所得の金額と、その他の雑所得の金額を足し合わせることで、雑所得の金額が求められる。

9. 譲渡所得

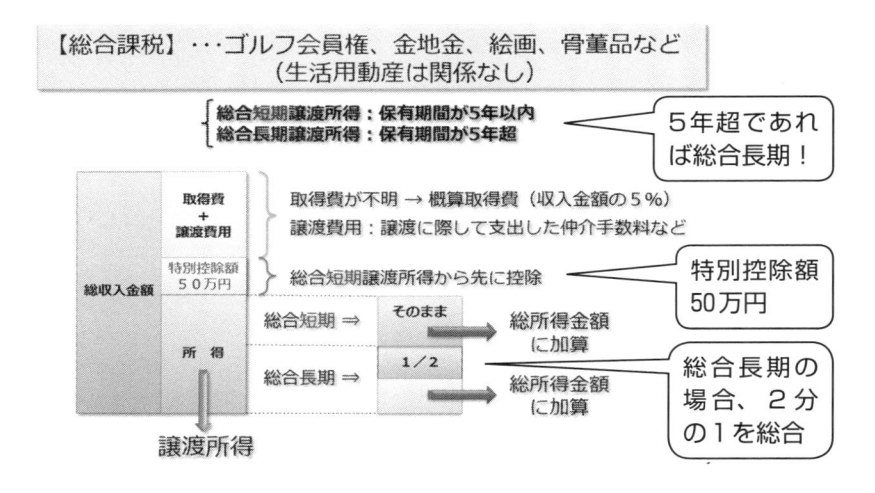

【総合課税】・・・ゴルフ会員権、金地金、絵画、骨董品など
（生活用動産は関係なし）

- 総合短期譲渡所得：保有期間が5年以内
- 総合長期譲渡所得：保有期間が5年超

5年超であれば総合長期！

取得費が不明 → 概算取得費（収入金額の5％）
譲渡費用：譲渡に際して支出した仲介手数料など

総合短期譲渡所得から先に控除

特別控除額 50万円

総合短期 ⇒ そのまま → 総所得金額に加算

総合長期 ⇒ 1/2 → 総所得金額に加算

総合長期の場合、2分の1を総合

譲渡所得

【分離課税】・・・土地・建物等、上場株式等

土地・建物等

年単位で、5年超であれば長期！

- 分離短期譲渡所得：譲渡年の1月1日における所有期間が5年以内
- 分離長期譲渡所得：譲渡年の1月1日における所有期間が5年超

収入金額 －（取得費 ＋ 譲渡費用） ＝ 分離課税の譲渡所得

譲渡所得の原則は総合課税です。土地・建物等や上場株式等については分離課税になります！

譲渡所得の原則は総合課税！

　譲渡所得は、原則、総合課税であるが、株式等や土地・建物等は、分離課税になる。

　総合課税で注意したいのは、一時所得と同様に、特別控除額50万円がある点だ。対象になる商品には、ゴルフ会員権や金地金、絵画、骨董品などがある。総合課税の譲渡所得には短期と長期があり、保有期間が5年超の場合に長期となる。総合長期譲渡所得の場合、一時所得と同様にその2分の1が総合される。特別控除額50万円は、短期と長期が両方ある場合、総合短期から先に控除する。

土地を短期で転がして儲けた金額の税率は高い！

　土地・建物等および上場株式等は分離課税のため、それぞれ単体で税額を算出する。土地・建物等についても、短期と長期に分けられる。総合課税と同様に、所有期間が5年を超えていれば長期になるが、「譲渡年の1月1日時点における所有期間」となっている。つまり、1暦年のうち、その売却時期に関わらず1月1日に売却したものとして所有期間を計算するため、1年単位でしか短期と長期が判断されない。一方、総合課税の短期と長期は、今日は短期、明日になれば長期と、1日単位で短期と長期が判断される点が異なる。分離短期譲渡所得の税率は39.63％（所得税30.63％、住民税9％）、分離長期譲渡所得の税率は20.315％（所得税15.315％、住民税5％）と、短期の税率は長期の倍近くあり、かなり高く設定されている。地価の安定等の政策的見地からこのようになっている。

　上場株式等の税率は20.315％（所得税15.315％、住民税5％）である。なお、どの税率も復興特別所得税2.1％を加味してある。

10. 【Step. 2】 課税標準の計算

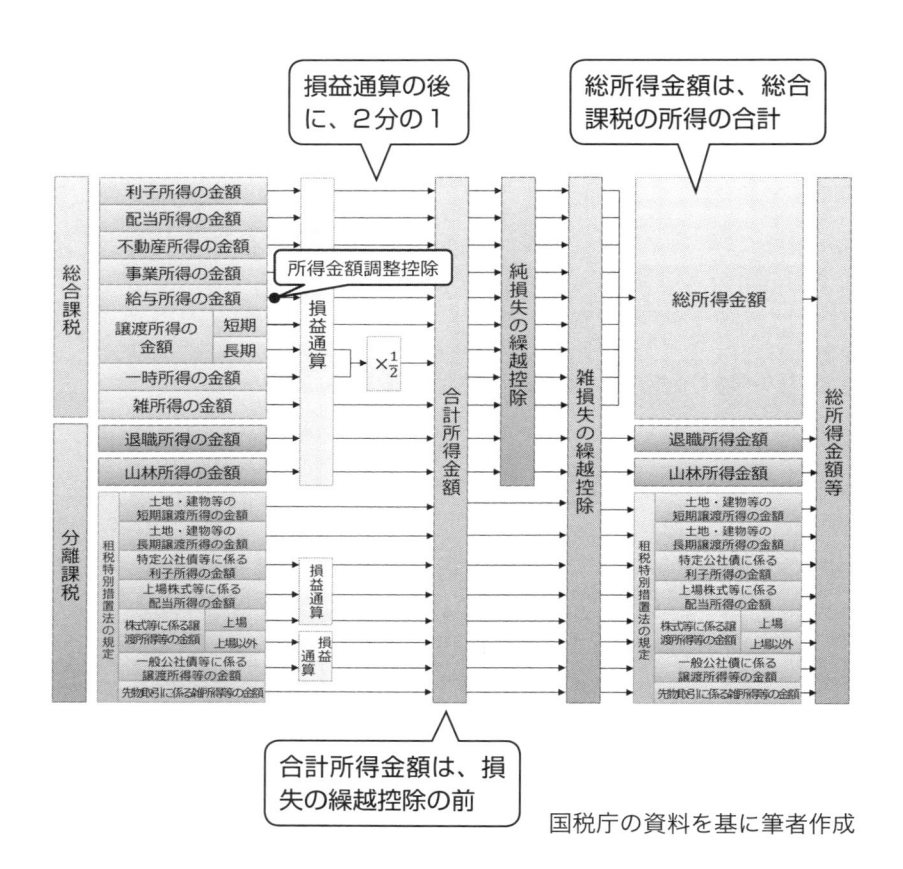

国税庁の資料を基に筆者作成

総合長期譲渡所得と一時所得は、
その2分の1が総合されますが、
それは損益通算後に行います！

課税標準の計算プロセスが、所得税計算の山場！

　課税標準は、「総所得金額」、「退職所得の金額」、「山林所得の金額」の三本立てになっている。譲渡所得のうち、上場株式等や土地・建物等などの所得については、租税特別措置法の規定により、分離して課税することになっている。所得税の課税標準を整理した図表をみながら、総合課税と分離課税、損益通算、合計所得金額、総所得金額など、課税標準の計算プロセスを理解してほしい。

合計所得金額と総所得金額の違い分かりますか？

　総合長期譲渡所得と一時所得は、その2分の1を総合する。しかし、2分の1を、損益通算をする前に行うのか、その後に行うのかなどは迷うところだ。図表をみれば、損益通算をした後に行うことが分かる。合計所得金額と総所得金額の違いも分かりやすい。合計所得金額には、退職所得金額や山林所得金額、土地・建物等の分離短期譲渡所得の金額や、分離長期譲渡所得の金額も含むが、総所得金額は、総合課税の対象となる所得のみになっている。

損失の繰越控除は、確定申告書第四表（損失申告書）で！

　損失の繰越控除には、純損失の繰越控除と雑損失の繰越控除がある。純損失の金額とは、損益通算をしても控除しきれなかった損失の金額を指す。翌年から最高で3年間繰り越して、課税標準の計算上控除することができるものだ。一方、雑損失の金額とは、雑損控除について控除しきれなかった損失のことをいう。こちらも損失の生じた年の翌年から最高3年以内で繰越控除をすることができる。青色申告の場合は純損失の全額が、白色申告の場合は純損失の一部が控除対象となる。

11. 損益通算

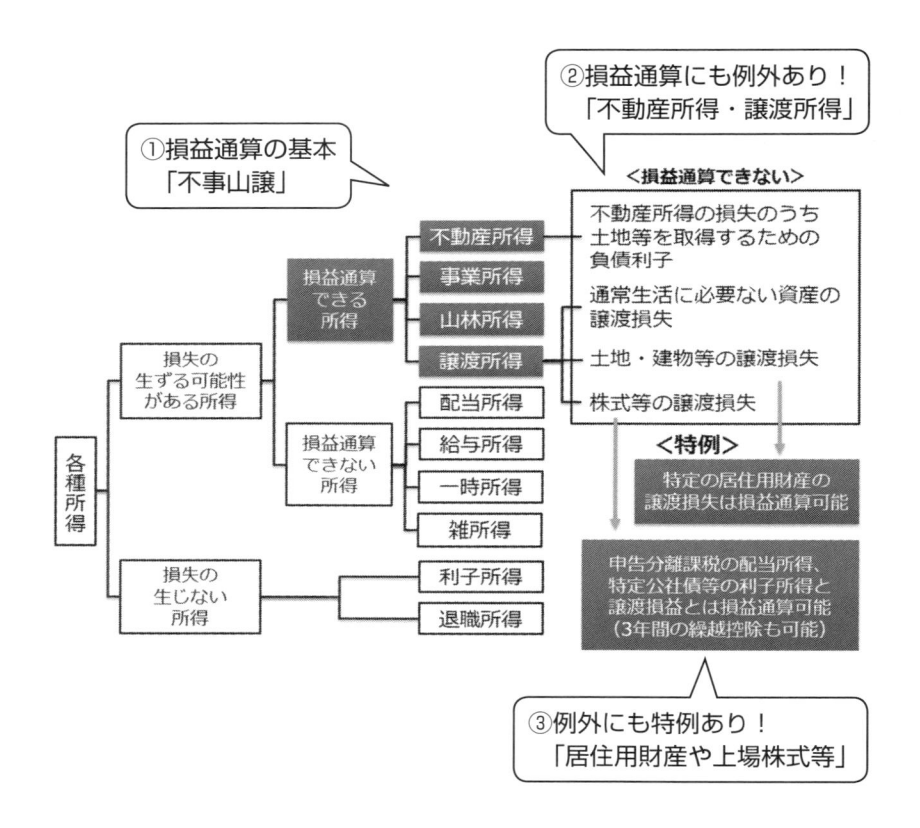

①損益通算の基本
「不事山譲」

②損益通算にも例外あり！
「不動産所得・譲渡所得」

＜損益通算できない＞

- 不動産所得の損失のうち土地等を取得するための負債利子
- 通常生活に必要ない資産の譲渡損失
- 土地・建物等の譲渡損失
- 株式等の譲渡損失

損益通算できる所得
- 不動産所得
- 事業所得
- 山林所得
- 譲渡所得

損益通算できない所得
- 配当所得
- 給与所得
- 一時所得
- 雑所得

＜特例＞
特定の居住用財産の譲渡損失は損益通算可能

申告分離課税の配当所得、特定公社債等の利子所得と譲渡損益とは損益通算可能（3年間の繰越控除も可能）

③例外にも特例あり！
「居住用財産や上場株式等」

各種所得
- 損失の生ずる可能性がある所得
- 損失の生じない所得
  - 利子所得
  - 退職所得

「不事山譲」の４つの所得のうち、マイナスの所得は、他のプラスの所得と相殺できます！

損益通算の基本は「不事山譲」

　損益通算の試験対策の覚え方で有名なのは「不事山譲（富士山上）」であろう。ここでは、損益通算の視点で10種類の所得を区分していきたい。まず、「損失の生ずる可能性がある所得」と「損失の生じない所得」に分けられる。損失の生じない所得は、利子所得と退職所得だ。

　次は「損失の生ずる可能性がある所得」についてである。「損益通算できる所得」と「損益通算できない所得」の２つに分けられるが、前述の損益通算できる「不動産所得・事業所得・山林所得・譲渡所得」以外について、損失の生ずる可能性について考えていきたい。

給与所得も損失が出る可能性がある!?

　配当所得、一時所得、雑所得については、損失が生ずる可能性はあるが、疑問に思うのは給与所得ではないだろうか。給与所得控除額は、給与収入から算出するもので、それを上回ることはない。しかし、給与所得者には、特定支出控除というものがある。特定支出とは、転任に伴う転居のための支出などを指し、その年中の特定支出の額の合計額のうち、給与所得控除額を超える部分の金額を差し引いた金額が、給与所得の金額となるのだ。要は、場合によっては損失が出る可能性はあるのだ。税務署曰く、事例はほとんどないとのことだった。

損益通算は「原則→制限（例外）→特例」の流れの理解が大切！

　損益通算できる所得であっても、損益通算できない場合もある。不動産所得の土地の借入金利子や、生活に通常必要ないゴルフ会員権の譲渡損失などだ。株式等や土地・建物等の譲渡損失も損益通算できないが、特例として、居住用財産の譲渡損失は損益通算が可能となる。

12. 【Step. 3】 課税所得金額の計算

> 医療費控除は確定申告が必要です！

〈物的控除〉

制度の目的等	物的控除の種類	控除額の概要
担税力への影響を考慮するためのもの	雑損控除	損失の金額−課税標準の合計額×10%
	医療費控除	支出医療費−10万円
社会政策上の要請によるもの	社会保険料控除	支出額
	小規模企業共済等掛金控除	支出額
	生命保険料控除	最高12万円
	地震保険料控除	支出額（最高5万円）
	寄附金控除	支出寄附金−2,000円

〈人的控除〉

制度の目的等	人的控除の種類	控除額の概要
個人的事情を考慮するためのもの	障害者控除	27万円（特別障害者は40万円or70万円）
	ひとり親控除寡婦控除	35万円27万円
	勤労学生控除	27万円
課税最低限を保障するためのもの	配偶者控除	最高38万円（70歳以上は最高48万円）
	配偶者特別控除	最高38万円
	扶養控除	原則38万円／人（最高63万円）
	基礎控除	最高48万円

> 2020年1月から、基礎控除額が48万円に引き上げられました！（所得要件あり）

> 特定扶養親族（19歳以上23歳未満）の控除額は63万円

> 人的控除の適用を受けられるかどうかは、その年の12月31日の現況（年齢）によって判断されます！

様々な配慮から、所得控除が設けられている！

　所得税額は、課税標準から所得控除後の課税所得金額に税率を乗じて計算する。所得税額の計算上、総所得金額等から差し引かれる各種の所得控除は、物的控除7種類、人的控除8種類の合計15種類ある。

　物的控除からみていく。雑損控除と医療費控除は、担税力への影響を考慮したものだ。担税力とは、税の負担に対応できるかどうかということを意味する。震災で家が倒壊してしまった、重い病気にかかり高額の医療費がかかった、などといった場合を考慮している。社会保険料控除をはじめ、生命保険や地震保険等の保険料、小規模企業共済等の掛金、そして寄附金などは社会政策上、所得控除としている。

　人的控除として、2020年からひとり親控除が創設され従来の寡夫控除は廃止された。所得控除は納税者やその扶養親族の世帯構成における配慮、納税者の個人的事情に適合した応能負担の実現を図ることを目的としている。課税最低限を保障するためにあるのが、配偶者控除、配偶者特別控除、扶養控除、基礎控除である。

所得控除には、控除の順番がある！

　所得控除の順序は、雑損控除を他の諸控除と区分し、最初に所得金額から差し引く。次に他の控除を同順位に行う。雑損控除が優先されるのは、所得金額から引ききれない場合、その引ききれない金額を控除不足額として、翌年以降3年間に繰り越して所得計算の際に差し引くことが認められているためである。雑損失の繰越控除のことである。

　課税標準からの所得控除の順序は、「総所得金額→山林所得金額→退職所得金額」の順で差し引いていく。これら所得控除後の残額を、それぞれ課税総所得金額、課税山林所得金額、課税退職所得金額という。

13. 配偶者控除と配偶者特別控除

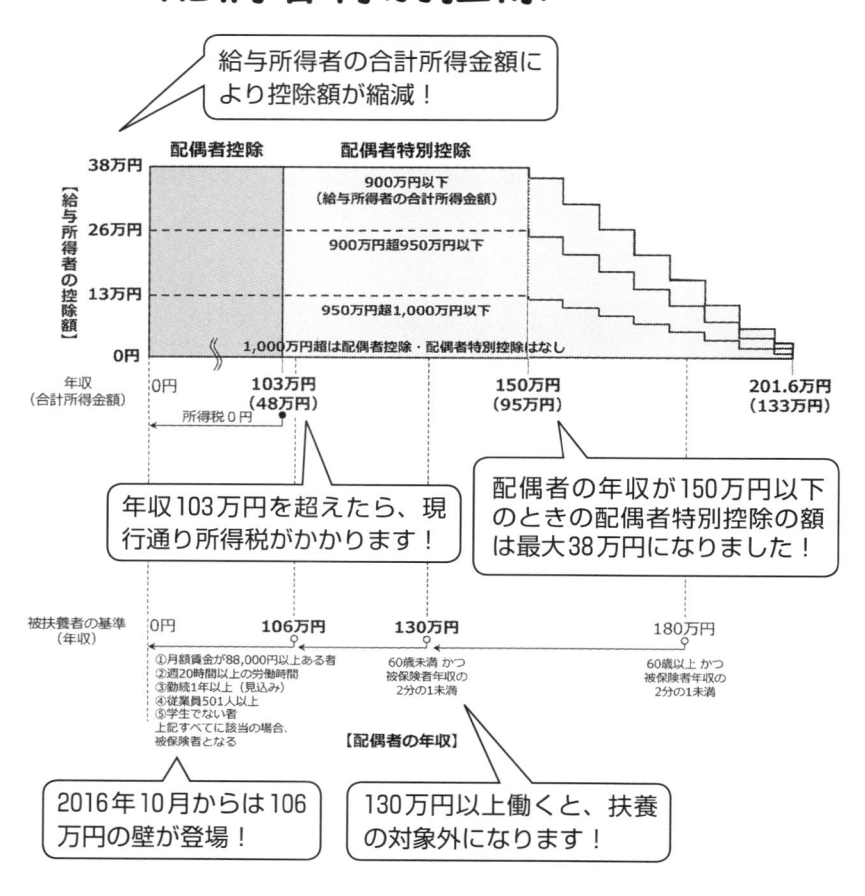

給与所得者の合計所得金額により控除額が縮減！

【給与所得者の控除額】

配偶者控除　　配偶者特別控除

- 38万円
- 26万円
- 13万円
- 0円

900万円以下
（給与所得者の合計所得金額）

900万円超950万円以下

950万円超1,000万円以下

1,000万円超は配偶者控除・配偶者特別控除はなし

年収（合計所得金額）

0円　　103万円（48万円）　　150万円（95万円）　　201.6万円（133万円）

所得税0円

年収103万円を超えたら、現行通り所得税がかかります！

配偶者の年収が150万円以下のときの配偶者特別控除の額は最大38万円になりました！

被扶養者の基準（年収）

0円　　106万円　　130万円　　180万円

①月額賃金が88,000円以上ある者
②週20時間以上の労働時間
③勤続1年以上（見込み）
④従業員501人以上
⑤学生でない者
上記すべてに該当の場合、被保険者となる

60歳未満 かつ
被保険者年収の
2分の1未満

60歳以上 かつ
被保険者年収の
2分の1未満

【配偶者の年収】

2016年10月からは106万円の壁が登場！

130万円以上働くと、扶養の対象外になります！

106万円の壁の要件の「従業員501人以上」が、今後501人→101人→51人と変わっていきます！

2018年分以後から配偶者控除および配偶者特別控除が改正！

　配偶者控除は、控除対象配偶者を有する場合に適用される。控除対象配偶者とは、同一生計の配偶者（青色事業専従者や事業専従者を除く）のうち、給与所得者の合計所得金額が1,000万円以下、配偶者の合計所得金額が48万円（給与収入103万円）以下の人をいう。配偶者の合計所得金額が48万円超133万円以下（給与収入103万円超201.6万円以下）で、給与所得者の合計所得金額が1,000万円以下の場合は、配偶者特別控除が適用される。

　2018年分以後から、配偶者控除額および配偶者特別控除の最高額は、給与所得者の合計所得金額が900万円以下の場合の控除額は38万円、900万円超950万円以下では26万円、950万円超1,000万円以下では13万円に縮減された。さらに、本人（給与所得者）の合計所得金額が1,000万円を超える場合、配偶者控除においても適用を受けることができなくなった。

103万円、106万円、130万円、150万円の４つの壁！

　103万円、150万円は所得税の壁であり、106万円、130万円の壁は被扶養者の基準であり社会保険の壁といえる。

　配偶者の給与収入が103万円超になると所得税がかかる。給与所得者は配偶者控除38万円が受けられなくなるが、配偶者特別控除38万円を受けることができるようになる。配偶者の給与収入が150万円超になると配偶者特別控除の額は減少していく。これが所得税の２つの壁である。

　社会保険の106万円、130万円の２つの壁については、「第１章ライフプランニングと資金計画の11」を参照されたい。

14. 【Step.4】 税額控除と二重課税

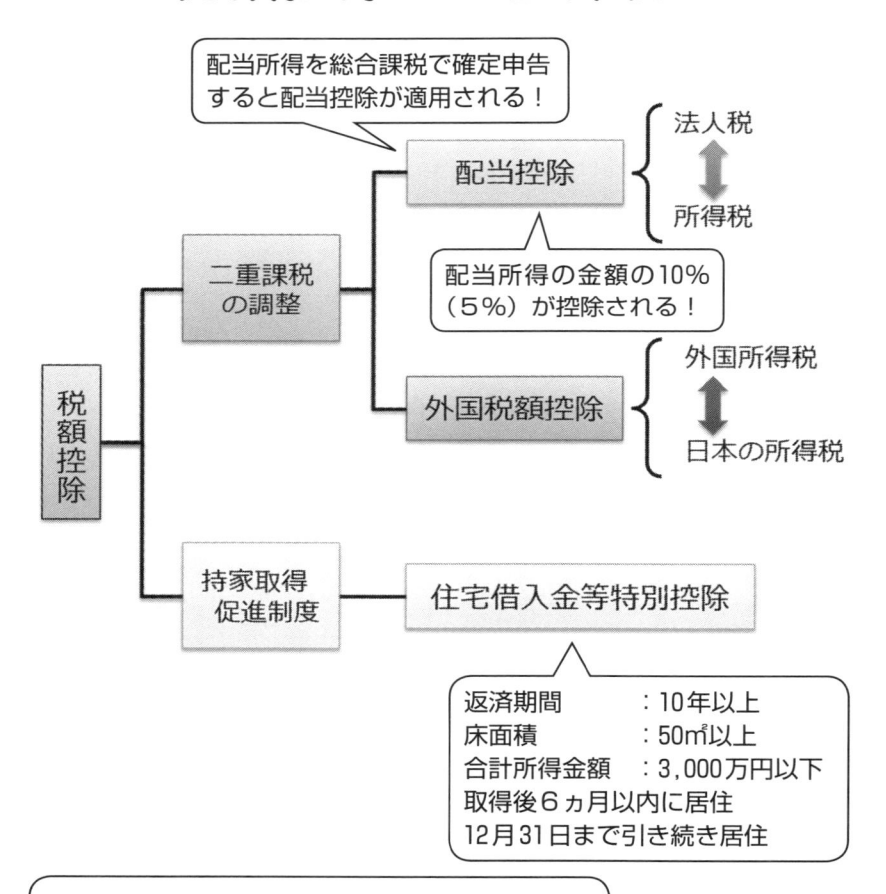

配当所得を総合課税で確定申告すると配当控除が適用される！

税額控除
├ 二重課税の調整
│　├ 配当控除 ── { 法人税 ⇅ 所得税 }
│　│　配当所得の金額の10%（5％）が控除される！
│　└ 外国税額控除 ── { 外国所得税 ⇅ 日本の所得税 }
│
└ 持家取得促進制度 ── 住宅借入金等特別控除

返済期間　　　：10年以上
床面積　　　　：50㎡以上
合計所得金額　：3,000万円以下
取得後6ヵ月以内に居住
12月31日まで引き続き居住

法人税と所得税の二重課税を調整するのが、配当控除です。総合課税を選択し確定申告することで適用されます！

税額控除の２つの目的

　税額控除には２つの目的がある。１つは二重課税の調整で、「配当控除」と「外国税額控除」がある。もう１つは、租税特別措置法による持家取得促進制度の一環としての「住宅借入金等特別控除」である。

法人税と所得税の二重課税を調整する「配当控除」

　企業は、法人税等を支払った後の税引後当期純利益について、株主に配当する割合を決める。それが、配当性向である。株主は、その配当金を受け取ると所得税が課税される。この時点で、企業が得た利益（所得）を分配する前に法人税が課せられ、分配後にさらに所得税が課せられていることになる。同じ源泉に対して、二度も課税されている。そこで、確定申告をすることで、総合課税を選択した配当所得に対して、課税総所得金額等（課税山林所得金額、課税退職所得金額以外の課税所得金額の合計額）が1,000万円以下の場合は、所得税額から配当所得の金額の10％が配当控除として控除される。1,000万円を超える場合は、超えている部分に対して５％が控除される。

「外国税額控除」は外国と日本の所得税の二重課税を調整

　外国証券投資をしている場合、利子や配当等は外国で課税される。これを、外国所得税という。日本の投資家はこの利子や配当等に対して、さらに日本国内で課税されてしまう。この国際的な二重課税を調整するためにあるのが、外国税額控除である。確定申告することで、一定額を所得税から差し引くことができる。

　税額控除は、まず課税総所得金額に係る税額から控除し、課税山林所得金額、課税退職所得金額に係る税額の順で控除する。

15. 住宅借入金等特別控除

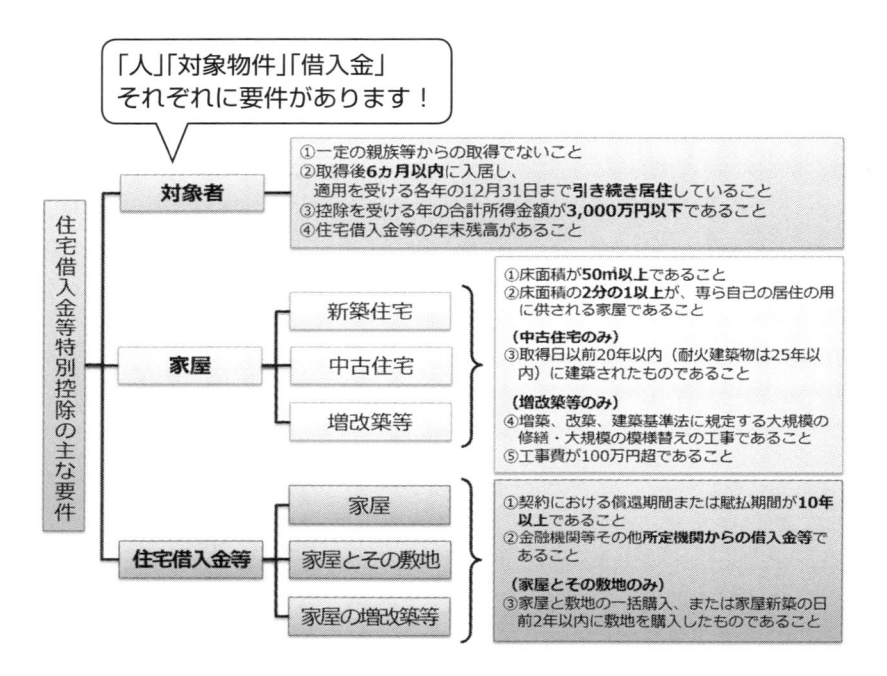

「人」「対象物件」「借入金」
それぞれに要件があります！

住宅借入金等特別控除の主な要件

対象者
①一定の親族等からの取得でないこと
②取得後**6ヵ月以内**に入居し、適用を受ける各年の12月31日まで**引き続き居住**していること
③控除を受ける年の合計所得金額が**3,000万円以下**であること
④住宅借入金等の年末残高があること

家屋
新築住宅
中古住宅
増改築等

①床面積が**50㎡以上**であること
②床面積の2分の1以上が、専ら自己の居住の用に供される家屋であること
（中古住宅のみ）
③取得日以前20年以内（耐火建築物は25年以内）に建築されたものであること
（増改築等のみ）
④増築、改築、建築基準法に規定する大規模の修繕・大規模の模様替えの工事であること
⑤工事費が100万円超であること

住宅借入金等
家屋
家屋とその敷地
家屋の増改築等

①契約における償還期間または賦払期間が**10年以上**であること
②金融機関等その他所定機関からの借入金等であること
（家屋とその敷地のみ）
③家屋と敷地の一括購入、または家屋新築の日前2年以内に敷地を購入したものであること

	居住年	控除期間	借入金等の年末残高の限度額	控除率	各年の控除限度額	最大控除額
一般住宅	2014年4月～2021年12月	10年間	4,000万円	1.0%	40万円	400万円
認定長期優良住宅			5,000万円		50万円	500万円

2022年度から住宅ローン控除は4年間延長され、控除率0.7%、控除期間13年、合計所得金額2,000万円に見直される予定です！

様々な要件を満たす必要のある、住宅借入金等特別控除！

　住宅借入金等特別控除は、自宅の取得を促進するための税制であるため、「継続的に居住」することが要件となっている。取得後6ヵ月以内に入居し、適用を受ける各年の12月31日まで引き続き居住する必要がある。また、所得要件もあり、退職金など一時的に多額の収入があり、その年の合計所得金額が3,000万円を超えてしまうと適用されなくなってしまう。

　家屋等は、新築、中古だけでなく増改築等も対象となる。共通するのは床面積の要件で、50㎡以上であり、その2分の1以上が、専ら自己の居住の用に供される家屋である必要がある。

　住宅借入金等は、所定の金融機関からの借り入れ等で、契約における償還期間または賦払い期間が10年以上のものに限られる。

　なお、消費税率10％が適用される売買では、控除期間が13年になった。

所得税から控除しきれなかった額は、住民税からも控除可能！

　一定の要件を満たし、原則として確定申告により控除されるが、給与所得者については、最初の年分について確定申告をすれば、その翌年以降の年分（控除期間内）については年末調整により控除できる。

　一般住宅の住宅借入金等特別控除額は、「年末借入金等残高（4,000万円を限度）×1％」で計算した金額となる。控除額に100円未満の端数が生じた場合は切り捨てとなる。

　なお、所得税の住宅借入金等特別控除可能額のうち、所得税において控除しきれなかった額は、翌年度の住民税から控除できる。一定の要件を満たした場合の控除の限度額は136,500円である。

16. 青色申告

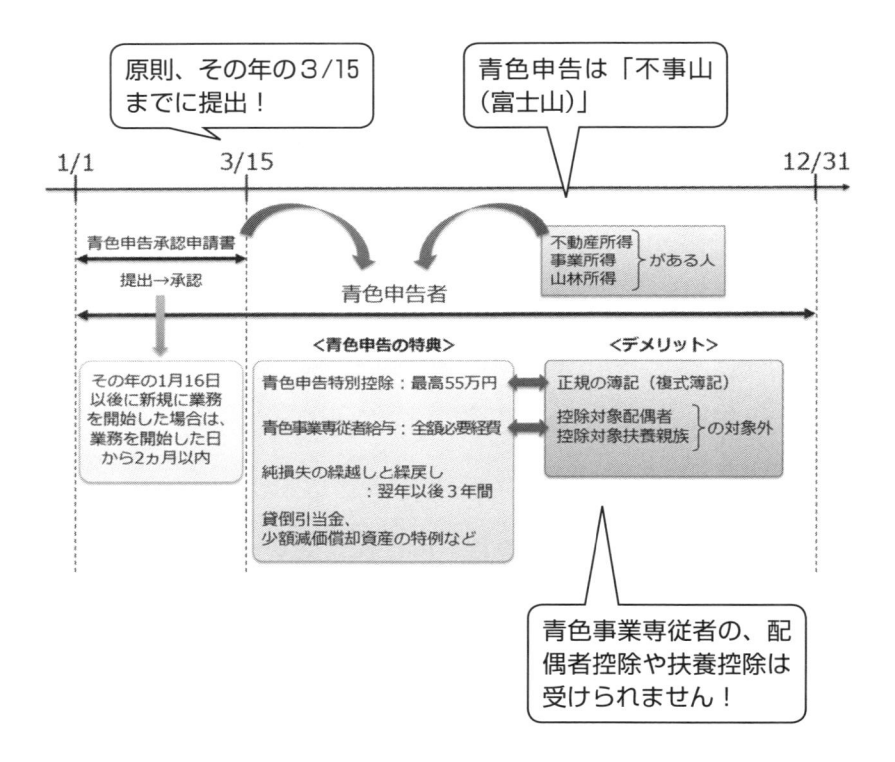

青色申告制度は、アメとムチの制度とも言われています。複式簿記で記帳することで、さまざまなメリットを受けることができます！

青色申告制度は、「アメとムチの制度」

　青色申告制度は、「アメとムチの制度」といわれたりする。アメにあたるものが青色申告の特典で、青色申告特別控除の控除額65万円や青色事業専従者給与などである。一方、ムチにあたるものが、正規の簿記（複式簿記）の原則により記帳しなければならないことである。

　確定申告では、日々の売上や仕入れの金額は分かるが、借金の額や所有物等の資産状況は把握できない。税務署は、確定申告の損益計算書だけでなく、資産状況の分かる貸借対照表も提出してほしいのである。しかし、貸借対照表を作成するには、複式簿記で記帳をする必要がある。それには多少なりとも簿記の知識が必要になる。そこで、青色申告特別控除55万円（電子申告等の要件を満たした場合には65万円）というアメを用意したわけだ。

青色申告の対象は、「不事山」

　青色申告の対象となる所得は、不動産所得、事業所得、山林所得の3つのいずれかであり、手続きをすることで、青色申告の恩恵が受けられる。青色申告の承認を受ける場合、青色申告承認申請書を、その年の3月15日までに納税地の所轄税務署長に提出する。その年の1月16日以降に新規に業務を開始した場合は、業務を開始した日から2ヶ月以内に提出する。承認されれば、損失が出たとしても、3年間繰り越せる「純損失の繰越控除」や、事業を手伝う家族への給料が全額必要経費になる「青色事業専従者給与」、30万円未満の固定資産が全額経費となる「少額減価償却の特例」など、様々なメリットが受けられる。不動産所得、事業所得、山林所得がそれぞれある場合は、不動産所得から青色申告特別控除の55万を差し引き、引ききれない場合は次に事業所得、山林所得の順で差し引くことができる。

17. 法人税の益金と損金

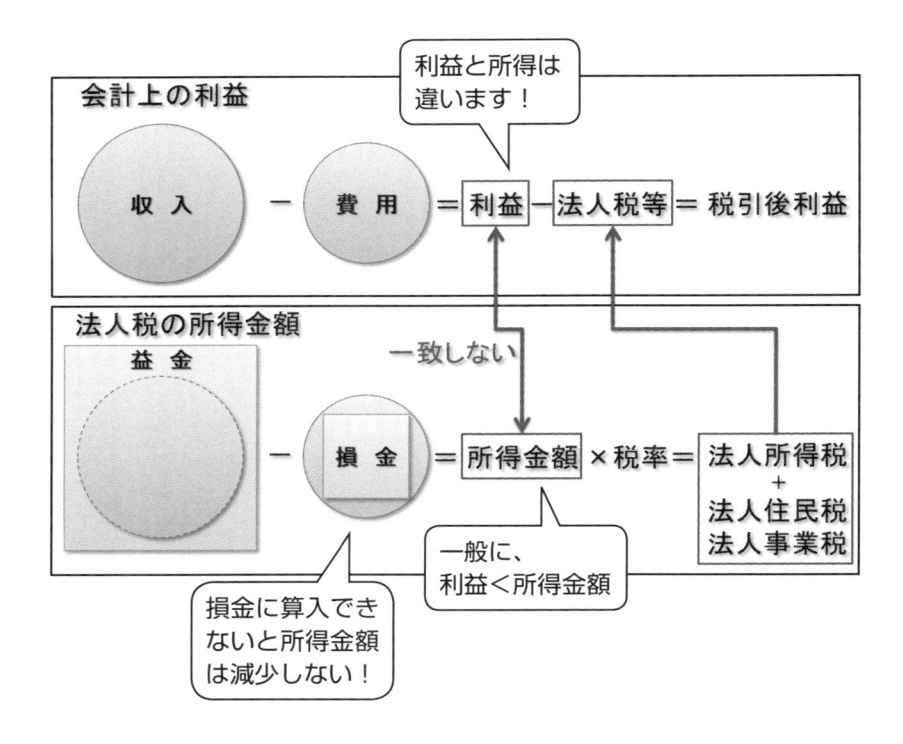

会計上の利益

> 利益と所得は違います！

収入 － 費用 ＝ 利益 － 法人税等 ＝ 税引後利益

法人税の所得金額

益金

一致しない

益金 － 損金 ＝ 所得金額 × 税率 ＝ 法人所得税 ＋ 法人住民税 法人事業税

> 損金に算入できないと所得金額は減少しない！

> 一般に、利益＜所得金額

> 2016年4月1日より、建物、建物付属設備及び構造物の減価償却方法は、定額法のみとなりました！

所得税と法人税の違いを認識することが第一歩！

　法人税は、株式会社、協同組合等の法人の所得を対象として法人に課せられる税金である。

　例えば、個人事業主の売上が増加した場合、所得税は超過累進税率なので、売上高が一定の金額を超えると、比例税率の法人税の方が、税制的に有利になることがある。そのような状況で行われるのが、法人成りである。ただし、法人化すると、今まで経費化できたものでも、損金にならなければ節税効果を得られない。このような、所得税と法人税の一般的な違いについて、理解しておくことがまず求められる。

超過累進税率の所得税に対し、法人税は比例税率！

　企業会計上の当期利益は、「収入－費用＝利益」で計算をするが、法人税の課税ベースとなる課税所得は、「益金－損金＝所得」で計算する。これが、利益と所得の違いである。例えば、左図のように収入より多い益金から、費用より少ない損金を差し引いた所得金額は、利益よりも高額になる。その所得金額に税率を掛けて法人税額を算出する。法人税の税率は比例税率で、所得金額に関わらず原則23.2％が課税される。中小法人には特例があり、年800万円以下の部分は15％、年800万円を超える部分は23.2％が課税される。所得を少なくするには、会計上で費用になっても、税法上は損金に算入できなければ意味がない。交際費、所得税において全額必要経費となるが、法人税では、原則、損金不算入となる。ただし、資本金1億円超の法人は、飲食費の50％を、資本金1億円以下の中小法人は、800万円以下の交際費を全額損金算入するか、飲食費の50％を損金算入するかを選択することが認められている。

18. 消費税とその使途

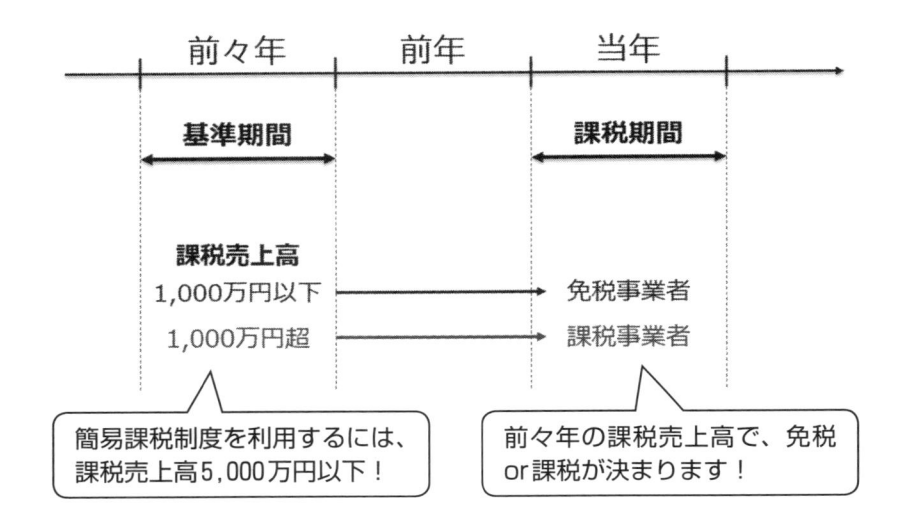

	前々年	前年	当年
	基準期間		**課税期間**

課税売上高
1,000万円以下 ────────→ 免税事業者
1,000万円超 ────────→ 課税事業者

簡易課税制度を利用するには、課税売上高5,000万円以下！

前々年の課税売上高で、免税or課税が決まります！

消費税の申告・納付の期限は、個人事業者の場合は翌年の3月31日まで、法人の場合は、課税期間の末日の翌日から2ヵ月以内に行います！

消費税収の増加と、消費税の逆進性

　消費税は、高齢化社会への対応や、税制全体の公平性の確保の見地から導入された。2020年度予算をみると、消費税収は21.7兆円で、その全額が国と地方の社会保障の財源に向けられている。

　消費税は間接税に分類され、財・サービスの消費・流通に対して課税されるため、消費の大きさが等しければ、等しい負担になる。消費税は「水平的公平」に優れている。一方、所得税などは所得水準に応じた累進的な負担となるため「垂直的公平」に優れている。高所得者の納税額は多くなり、低所得者は少なくなるということだ。消費税では「垂直的公平」は求めにくく、消費税率が上がると、低所得者ほど収入に対する食料品などの割合が高くなり、高所得者よりも税負担率が大きくなってしまう。これを、消費税の逆進性と呼んでいる。

消費税は「前々年」の課税売上高がポイント！

　消費税は、生産や流通の各段階で二重、三重に税が課せられることのないように、売上に対する消費税額から仕入れ等に含まれる消費税額を控除する仕組みを取っている。しかし、小規模事業者にとって、この納税事務の負担は大きいため、その課税期間（個人は暦年、法人は事業年度）の基準期間（前々年）における課税売上高が1,000万円以下の事業者は、その課税期間は消費税の納税義務が免除される。

　中小事業者の事務負担を軽くするために設けられたのが、簡易課税制度である。基準期間における課税売上高が5,000万円以内の事業者が選択でき、課税売上高のみから税額を計算することができる簡易な方式だ。決められた「みなし仕入れ率」を利用して計算すればよい。簡易課税制度を選択すると、2年間の継続適用が義務付けられる。

～住宅借入金等特別控除の変遷～

　住宅借入金等特別控除は時限立法であり、その時々の経済状況において制度の改正が繰り返され、現在に至っている。

　住宅取得後の所得税減税を目的として、1972年に創設された「住宅取得控除制度」が、現在の住宅借入金等特別控除の最初になる（土地総合研究所『戦後住宅税制史概説』より）。当時は、新築住宅のみが対象で、ローンの有無は関係なく、住宅の床面積による税額控除制度であった。1978年になると、新築住宅に加え、既存住宅の取得も適用対象となり、控除に関しても住宅の床面積要件に限らず、住宅ローンに係る控除が加わった。1986年には、床面積要件は撤廃されており、「住宅取得促進税制」という名称に改められた。それまでは年間の返済額を基準としていたが、年末のローン残高が基準となった。

　経済対策としての役割を担うようになったのが、バブル景気崩壊後の1993年からである。入居した後の減税額は大きく、次第にその額が逓減する制度であった。1999年になると、その名称は「住宅ローン税額控除制度」となり、控除期間は過去最高の15年間で、控除限度額は587.5万円になった。その後、控除期間は現在と同じ10年に縮小される。2005年から、年を追うごとに控除額の上限が段階的に縮減されるようになり、2014年4月から2019年9月までは控除期間は10年間、一般住宅の場合、最大控除額は400万円という制度に落ち着いている。なお、消費税が10％になると控除期間が13年になる予定である。

　現在の「住宅借入金等特別控除」は、持家取得促進制度として一定の新築住宅、既存住宅の取得、一定の増改築等が適用対象になっている。それぞれ適用を受けるための要件等が決められている。

コンサルティングのポイント〔タックス〕

　老後の生活資金にもなる退職金は、私たちにとって欠かすことができない。しかし、退職所得として所得税が課せられてしまう。つまり、それに伴うコンサルティングは必要不可欠といえる。その計算方法はシンプルなものだが、確定拠出年金など、２カ所以上から退職手当等を受給した場合の、退職所得の計算となると、一筋縄ではいかない。

　細かく説明すれば、前年以前４年内（確定拠出年金の老齢給付金として支給される一時金（以下、老齢一時金）の支払いを受けた年分は前年以前14年内）に他の支払者から支払われた退職手当等がある場合に、本年分の退職手当等の勤続期間と前年以前の退職手当等の勤続期間との重複期間がある場合には、重複期間の年数に基づき算出した退職所得控除額相当額を控除した残額が退職所得控除額となり、退職所得を求めることになる。

　具体例をもとに説明していこう。

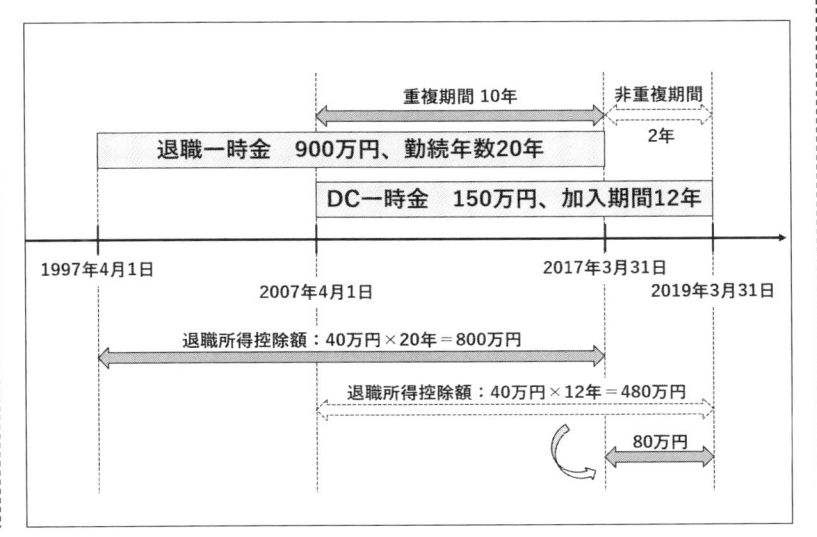

図は、２カ所以上から退職手当等を受給している例である。会社に20年勤務（1997年４月１日〜2017年３月31日）し、退職一時金900万円を受け取った。また、12年加入（2007年４月１日〜2019年３月31日）した個人型確定拠出年金（以下、DC）の老齢一時金150万円を受け取った場合の退職所得控除額の計算をしてみたい。

　DCの老齢一時金を受給する年の前年以前14年以内に退職一時金を受給している場合では、退職一時金を受給した際に、退職所得控除額を使い切っているか否かで計算方法が異なる。

　20年間勤めた会社の退職所得控除額は、40万円×20年＝800万円となる。次に、加入期間12年のDCの老齢一時金の退職所得控除額は、40万円×12年＝480万円である。

　しかし、2007年４月１日〜2017年３月31日までの10年間が重複しているため、DCの加入期間から控除した金額が、老齢一時金を受け取ったときの退職所得控除額となる。順を追って計算していく。

　会社の退職所得控除額は800万円で、退職一時金は900万円のため、退職所得控除額は使い切っている（控除不足なし）。DCの加入期間との重複期間は、10年（１年未満切り捨て）となるため、40万円×10年＝400万円をDCの退職所得控除額から差し引くことになる。

　480万円−400万円＝80万円の金額が、DCの老齢一時金から控除できる退職所得控除額となる。

　確定拠出年金の加入者は増加傾向にあり、この事例のように２ヵ所以上から退職手当等を受給するケースも増えてくる。その際、税額精算までは行わないとしても、退職手当等に課せられる所得税の概要を知っておくことで、より適切なコンサルティングを行うことができるだろう。

第5章

不動産

　土地や建物などの不動産は、私たちにとって身近な存在ですが、いざ、売買しようとすると、経験する機会が極端に少ないため、分からないことがたくさん出てきます。ここでは、不動産を取り巻く、法律や税金、そして、不動産投資の考え方などをお伝えしていきます。

1. 不動産に関する法律

都市計画法
- 市街化区域
- 市街化調整区域
- 用途地域（13種類）

> 市街化調整区域の土地を購入してしまうと、家が建てられないことも！

建築基準法
- 接道義務（公道4m,間口2m）
- セットバック（42条2項道路）
- 用途制限
- 建蔽率、容積率

> 前の空き地に、パチンコ店ができてしまったら!?

不動産登記法
- 登記事項証明書
- 公図
- 登記の対抗力と公信力

> 所有者だけでなく、抵当権がついているかどうかの確認も忘れずに！

宅地建物取引業法
- 宅地建物取引士
- 媒介契約と報酬額制限

> 報酬限度額は、物件価格の3％＋6万円（消費税別）

民法（売買契約）
- 解約手付
- 危険負担と契約不適合責任

> やっと購入！でも契約と異なる住宅だったら!?

区分所有法
- 区分所有建物の取引
- 決議事項

> マンションの建て替えを行うのは、至難の業！

借地借家法
- 借地（普通・定期）
- 借家（普通・定期）

> 定期借地権や定期借家権は更新することができません！

> まず、不動産に関する法律の概要を理解しましょう！

マイホームを購入するときに注意すべきこととは？

　知り合いの人から、「夢のマイホームを購入することにした。何か注意することはないか」と問われたとき、どのようなアドバイスが必要だろうか。一戸建てだろうがマンションだろうが注意点はかなりある。

　土地選びでは、都市計画法の市街化区域に気を付けたい。原則、市街化区域でないと家を建てることができないからだ。市街化区域は13種類の用途地域が指定されていて、建築可能な建物が決められている。建築基準法の用途制限である。土地や建物の詳細については、登記事項証明書に記載してあり、誰でも確認することが可能である。

不動産の契約は必ずプロに仲介してもらうこと！

　物件の取引の際は、宅地建物取引業者に媒介（仲介）を依頼する。不動産の取引を行う際、売り手も買い手も素人の場合が多い。そんな二者間での取引は何かトラブルが起こった場合、面倒なことになる。報酬を支払うことになるが、プロに仲介してもらうことは大切なのである。契約の際は、解約手付、危険負担、契約不適合責任などの知識も必要不可欠となる。

マンションを購入するときに知っておきたいもう一つのこと！

　マンションを購入する場合には、区分所有法も知っておきたい。マンションは集合住宅のため、建替えや、規約の変更などを行うときは、集会を開き決議する必要がある。建替えを行うには5分の4以上の賛成が必要となり、ハードルはかなり高い。

2. 都市計画法

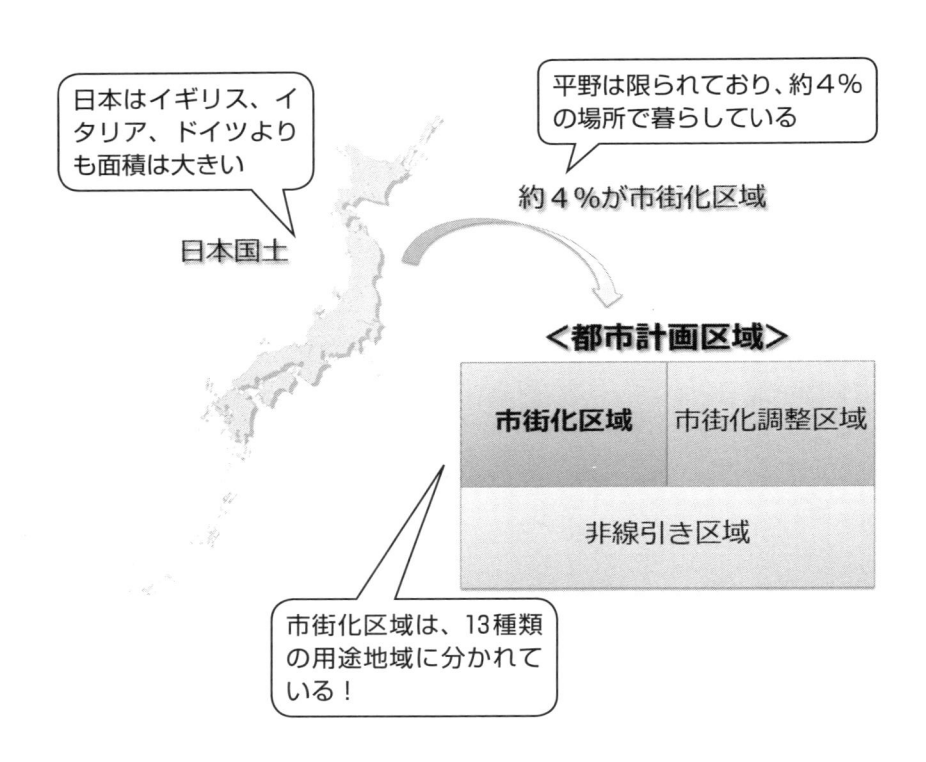

日本はイギリス、イタリア、ドイツよりも面積は大きい

日本国土

平野は限られており、約4％の場所で暮らしている

約4％が市街化区域

＜都市計画区域＞

市街化区域	市街化調整区域
非線引き区域	

市街化区域は、13種類の用途地域に分かれている！

私たちは、市街化区域を中心に暮らしています。ライフライン（電気、ガス、水道など）の環境を整える必要があるため、好き勝手なところに住むことはできません！

都市計画法は、街づくりのための法律！

　街づくりの計画を都市計画といい、その対象となる場所が都市計画区域である。その区域を、市街化区域と市街化調整区域に線引きし、前者は市街化を促進し、後者は市街化を抑制している。

　都市計画の決定がなされると、家の建築やプラント等の建設をするため、土地の区画形質の変更をすることになる。これを開発行為といい、原則として都道府県知事の許可が必要である。これを、開発許可制度という。市街化区域では1,000㎡以上、市街化調整区域では規模に関わらず、都道府県知事の許可が必要となる。

「田園住居地域」が創設され、用途地域が13種類に細分化！

　2018年４月から、都市計画法で定める住居系の用途地域に「田園住居地域」が新設された。これにより、住居系８種類、商業系２種類、工業系３種類を合わせて13種類の用途地域に細分化された。

　用途地域は、1919年に都市計画法にて創設され、当初の用途地域は、住居地域・商業地域・工業地域の３種類だけであった。その後、1950年に準工業地域が、1970年には第一種住居専用地域、第二種住居専用地域、近隣商業地域、工業専用地域が設けられ８種類となる。

　バブル時代の地価高騰の過程で、オフィスビルの住宅地への無秩序な進出による居住環境の悪化等が起こり、これに対応するため1992年に住居系のさらなる細分化の改正を行った。それから26年ぶりに田園住居地域が新設され現在の13種類の用途地域となった。

　田園住居地域は、農業の利便の増進を図り、これと調和した低層住宅に係る良好な住宅の環境を保護するための地域である。

3. 建築基準法の用途制限

> ベッドの数が20床以上あれば病院といいます！

	用途地域	建蔽率(%)	容積率(%)	診療所	住宅	病院	カラオケ麻雀パチンコ
住居系	第一種低層住居専用地域	30~60	50~200	○	○	×	×
	第二種低層住居専用地域			○	○	×	×
	田園住居地域			○	○	×	×
	第一種中高層住居専用地域	50~80	100~500	○	○	○	×
	第二種中高層住居専用地域			○	○	○	×
	第一種住居地域			○	○	○	×
	第二種住居地域			○	○	○	○
	準住居地域			○	○	○	○
商業系	近隣商業地域	60,80		○	○	○	○
	商業地域	80	200~1300	○	○	○	○
工業系	準工業地域	50~80	100~500	○	○	○	○
	工業地域	50,60	100~400	○	○	×	○
	工業専用地域	30~60		○	×	×	○

閑静な住宅街 ↕ 便利な商店街

> 敷地に対する、
> 建蔽率：建築面積の割合
> 容積率：延べ床面積の割合

> 工業専用地域以外なら、住宅OK！

> 利便性や子育てなど、家族の暮らし方を考えて、自宅だけでなく周囲の用途地域もチェックすることがポイントです！

「便利な商店街」「閑静な住宅街」 どちらの街が魅力的？

　建築基準法は、建物に関して最低限の基準を定め、私たちが、安全にそして衛生的に暮らすことができるよう、様々な制限をしている。そのうちの一つに、用途制限がある。用途地域のイメージを簡単に説明しておこう。第一種・第二種低層住居専用地域は、広い庭の低層の高級住宅街であり、第一種・第二種中高層住居専用地域は、マンションや病院などが立ち並んでいる。第一種住居地域になるとそれなりの規模の店舗や事務所、ホテルなどが立ち並び、第二種住居地域になると、パチンコ店やカラオケボックスなど賑やかさが増してくる。そして、商業地域は駅前の商店街等で、デパートや映画館などもある。準工業地域は、小さな印刷所や自動車修理の店舗などを見かける。大雑把ではあるが、これが用途地域のイメージである。

カラオケ店が建つ可能性があるかないか、それが問題だ！

　各用途地域で建築可能な建築物についてみていこう。どこに住んでいても、人はケガもすれば病気にもなる。診療所はどの用途地域にも建築できる。住宅は工業専用地域には建てられず、病院は工業地域・工業専用地域には建築できない。病院はさらに第一種・第二種低層住居専用地域も建築できない。20床以上の入院施設を持つところを病院（診療所は19床以下）というが、低層では対応しにくい一面がある。もう一つ、カラオケ店は、高級住宅街から第一種住居地域までは建築不可であるが、第二種住居地域からは立てることができる。カラオケ店が建てられるということは、パチンコ店や麻雀屋などが立ち並ぶ可能性を意味する。自分が購入する土地だけでなく周辺の用途地域も調査することが大切なのである。

4. 建築基準法の接道義務

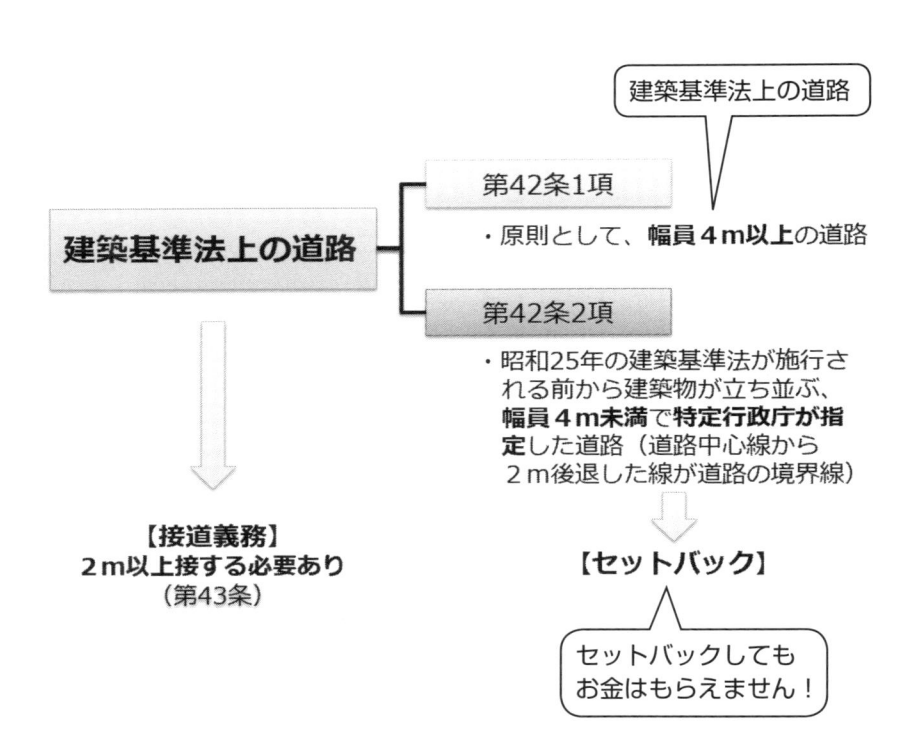

建築基準法上の道路

第42条1項

・原則として、**幅員4m以上**の道路

建築基準法上の道路

第42条2項

・昭和25年の建築基準法が施行される前から建築物が立ち並ぶ、**幅員4m未満**で**特定行政庁が指定**した道路（道路中心線から2m後退した線が道路の境界線）

【接道義務】
2m以上接する必要あり
（第43条）

【セットバック】

セットバックしてもお金はもらえません！

建築物の敷地が道路に通じていないと、災害があった場合に避難できません。
そのために「接道義務」があるのです！

道路に接していない土地に建物は建てられない！

　当たり前だが、通常の場合、道路に接していない土地に建物は建てられない。これでは外出できず、災害時に避難もできない。原則として、４ｍ以上の道路に２ｍ以上接している必要がある。これを、接道義務という。建築基準法上の道路とは、第42条１項に規定されている「幅員４ｍ以上の道路」のことである。この道路は、建築基準法が施行（昭和25年）される前からあった既存道路、これから造られる計画道路、特定行政庁が指定した位置指定道路など、私たちがイメージできる４ｍ以上の道路はほぼ含まれている。

幅員４ｍに満たない42条２項道路は、セットバックが必要！

　住宅密集地など幅員が４ｍに満たない道路は、日本各地に存在する。昭和25年に建築基準法が施行される前から建てられていた場合、家を取り壊さない限り、４ｍ以上の道路にするのは難しい。そのなかで、特定行政庁が指定した４ｍ未満の道路のことを42条２項道路という。

　42条２項道路の場合、たとえ家が建っていようと、道路の中心線から水平距離２ｍの線が道路との境界線とみなされ、建替えの際などに、セットバックすることになる。幅員３ｍの道路なら、両端0.5ｍずつ下がるということである。片側が、川や崖、線路などの場合は、セットバックするのが困難となるため、反対側から４ｍの線が道路の境界線とみなされる。

　セットバックした場合、その範囲内には権利区物や壁などを造ることはできない。しかし、その部分の土地を国が買い取ってくれる訳ではない。一言でいうなら「寄附」をするようなものである。つまり、無償提供なのだ。

5. 建蔽率と容積率

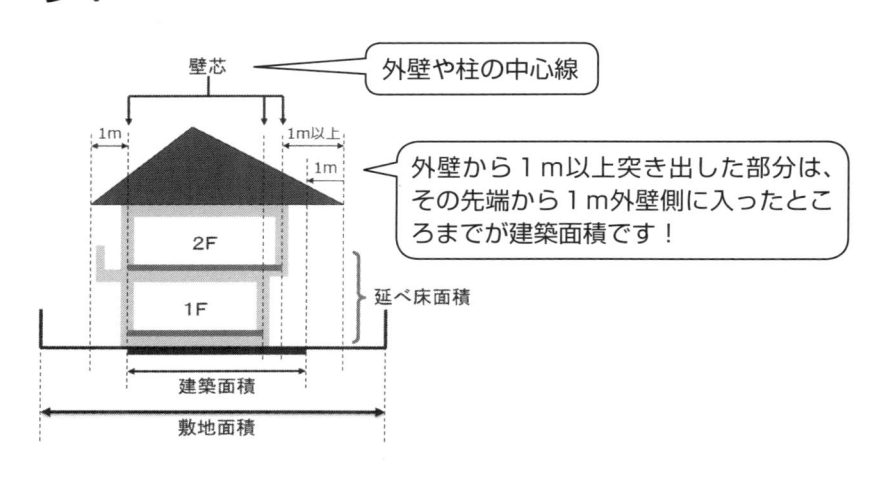

壁芯 → 外壁や柱の中心線

外壁から1m以上突き出した部分は、その先端から1m外壁側に入ったところまでが建築面積です！

1m　1m以上　1m

2F

1F

延べ床面積

建築面積

敷地面積

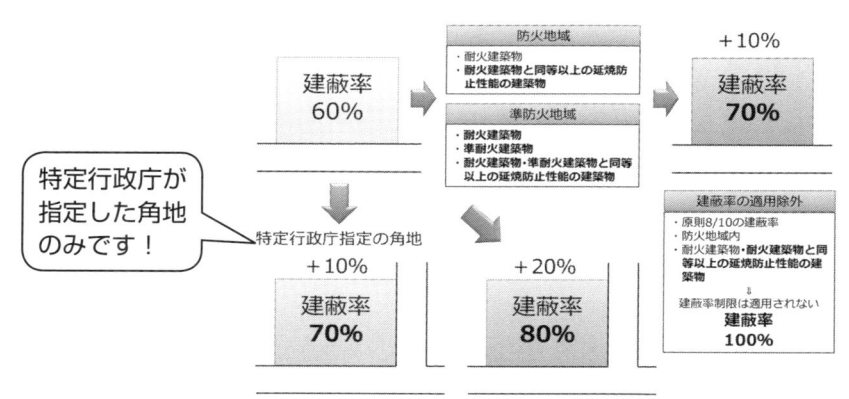

| 建蔽率 60% | 防火地域
・耐火建築物
・耐火建築物と同等以上の延焼防止性能の建築物 | +10%
建蔽率 **70%** |

準防火地域
・耐火建築物
・準耐火建築物
・耐火建築物・準耐火建築物と同等以上の延焼防止性能の建築物

特定行政庁が指定した角地のみです！

特定行政庁指定の角地
+10%
建蔽率 **70%**

+20%
建蔽率 **80%**

建蔽率の適用除外
・原則8/10の建蔽率
・防火地域内
・耐火建築物・耐火建築物と同等以上の延焼防止性能の建築物
建蔽率制限は適用されない
建蔽率 **100%**

建蔽率の建築面積は、建築物を空からみたときの水平投影面積になります！

建蔽率が低い地域は、小粒な家ばかり!?

　建蔽率（2018年4月から漢字表記）とは、敷地面積に対する建築面積の割合をいう。100㎡の敷地に、30㎡の家を建てたときの割合である30％のことを指す。一見、建蔽率30％では小さな家しか建てられない印象を持つかもしれないが、実際は玄関がどこなのかを探してしまうほどの広大な庭があり、そこに低層で豪華な家が建っている……といった、テレビに出てきそうな豪邸などが該当する。第一種低層住居専用地域などは建蔽率が30％と指定されている地域がある。

　建蔽率の建築面積は、建築物と敷地の設置面積ではなく、建築物を真上から見下ろしたときの水平投影面積（壁や柱の中心線で囲まれた部分）で建蔽率を計算する。ただし、バルコニーなどは1mを越えなければ、建築面積に算入されない。同じ敷地内に、建物が2以上あるときは、その建築面積の合計によって計算する。

駅前の商店街の建蔽率は100％!?

　駅前の商店街を思い浮かべると、店と店の間隔がほとんどないことに気付く。そもそも建蔽率は、都市計画において指定される。その上限の数値を指定建蔽率といい、状況により緩和される場合がある。

　特定行政庁が指定する角地、または、防火・準防火地域と指定された区域で耐火建築物・準耐火建築物等を建築した場合で、それぞれ建蔽率は＋10％緩和される。どちらの条件も満たすことができれば合わせて＋20％の緩和となる。

　商業地域など、建蔽率が80％とされている地域内で、防火地域内に耐火建築物を建築した場合は、建蔽率制限は適用除外となる。つまり、敷地面積に対して100％の割合で建築できる。

6. 2つの用途地域に またがる敷地

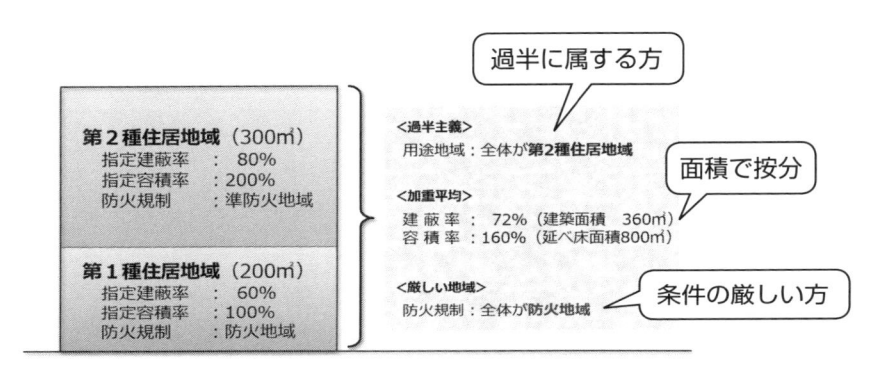

過半に属する方

<過半主義>
用途地域：全体が**第2種住居地域**

面積で按分

第2種住居地域（300㎡）
指定建蔽率　：80%
指定容積率　：200%
防火規制　　：準防火地域

<加重平均>
建蔽率：72%（建築面積　360㎡）
容積率：160%（延べ床面積800㎡）

第1種住居地域（200㎡）
指定建蔽率　：60%
指定容積率　：100%
防火規制　　：防火地域

<厳しい地域>
防火規制：全体が**防火地域**

条件の厳しい方

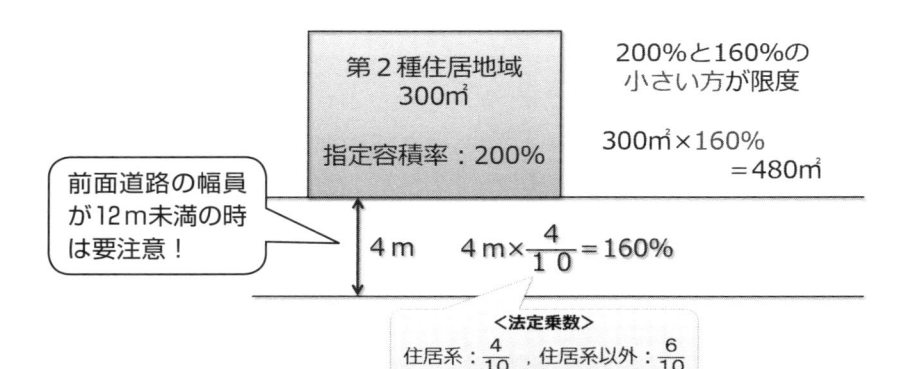

第2種住居地域
300㎡

指定容積率：200%

200%と160%の
小さい方が限度

300㎡×160%
＝480㎡

前面道路の幅員
が12m未満の時
は要注意！

4 m　　4 m×$\frac{4}{10}$＝160%

<法定乗数>
住居系：$\frac{4}{10}$　，住居系以外：$\frac{6}{10}$

前面道路の幅員が12m未満の場合、
指定容積率と前面道路の幅員に法
定乗数を掛けた値を比較し、小さい
方が限度となります！

建蔽率は水平方向、容積率は垂直方向の制限！

　容積率は、建築物の延床面積の敷地面積に対する割合をいう。100㎡の敷地に、各フロア80㎡の三階建ての家であれば、延床面積は240㎡で、容積率は240％となる。容積率が低いと、高い建物は建てにくくなる。建蔽率は水平方向、容積率は垂直方向の制限といえる。

　1つの敷地が2つの用途地域にまたがる場合、敷地の過半が属する方が適用されるが、建蔽率や容積率の場合は、面積割合に応じて加重平均を行い計算する。その際、接道義務によりセットバックの必要がある場合は、セットバック部分の面積を敷地面積から除いて、容積率を求める。なお、図表上段のように、防火地域と準防火地域が混在する場合には、最も厳しい地域の規定が適用される。

前面道路の幅員が12ｍ未満の場合は要注意！

　容積率を考える上で、注意をしなければならないのが、敷地の接する前面道路の幅員が12ｍ未満の場合についてだ。図表下段のように、道路の幅員に対して、用途地域が住居系の場合には4／10を、住居系以外（商業系や工業系）の場合には6／10を、道路の幅員に掛け合わせる。その値と、都市計画で決められた指定容積率のうち、小さい方（厳しい方）の値が容積率になる。このときの、4／10や6／10を、法定乗数という。

　敷地に対して道路が2つ以上ある場合は、幅の広い道路において判断する。マンションなどの場合には、共用のエレベーター、廊下や階段、エントランスホールなどの床面積は、一定の場合を除き、容積率の計算上、延べ床面積に参入しない。

7. 不動産登記法

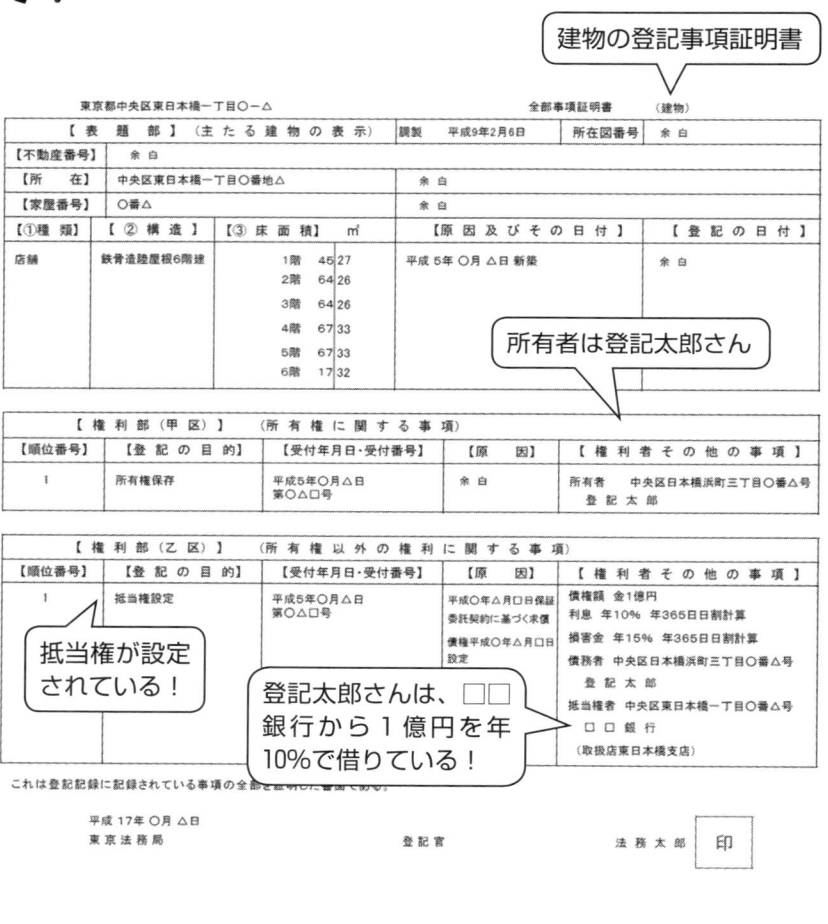

建物の登記事項証明書

| 東京都中央区東日本橋一丁目〇-△ | | | 全部事項証明書 | （建物） |

【 表 題 部 】 （主たる建物の表示）			調製 平成9年2月6日	所在図番号	余 白
【不動産番号】	余 白				
【所　在】	中央区東日本橋一丁目〇番地△		余 白		
【家屋番号】	〇番△		余 白		

【①種　類】	【 ② 構 造 】	【③ 床 面 積】　㎡	【 原 因 及 び そ の 日 付 】	【 登 記 の 日 付 】
店舗	鉄骨造陸屋根6階建	1階 45 27 2階 64 26 3階 64 26 4階 67 33 5階 67 33 6階 17 32	平成 5年 〇月 △日 新築	余 白

所有者は登記太郎さん

【 権 利 部 （甲 区） 】	（所 有 権 に 関 す る 事 項）			
【順位番号】	【 登 記 の 目 的 】	【 受付年月日・受付番号 】	【 原　　因 】	【 権 利 者 そ の 他 の 事 項 】
1	所有権保存	平成5年〇月〇日 第〇△口号	余 白	所有者　中央区日本橋浜町三丁目〇番△号 登 記 太 郎

【 権 利 部 （乙 区） 】	（所 有 権 以 外 の 権 利 に 関 す る 事 項）			
【順位番号】	【 登 記 の 目 的 】	【 受付年月日・受付番号 】	【 原　　因 】	【 権 利 者 そ の 他 の 事 項 】
1	抵当権設定	平成5年〇月△日 第〇△口号	平成〇年△月口日保証 委託契約に基づく求償 債権平成〇年△月口日 設定	債権額 金1億円 利息 年10%　年365日日割計算 損害金 年15%　年365日日割計算 債務者 中央区日本橋浜町三丁目〇番△号 登 記 太 郎 抵当権者 中央区東日本橋一丁目〇番△号 □ □ 銀 行 （取扱店東日本橋支店）

抵当権が設定
されている！

登記太郎さんは、□□
銀行から1億円を年
10%で借りている！

これは登記記録に記録されている事項の全部を証明した書面である。

平成 17年 〇月 △日
東京法務局　　　　　　　　　　　　　登記官　　　　　　法 務 太 郎　[印]

登記事項証明書は、誰でも交付の請
求をすることができます！

知っておきたい登記事項証明書のフォーマット！

　外見からは、土地や建物の所有者や、抵当権がついているのかどうかなどは分からない。これを明確にするために不動産の登記がある。

　登記記録は1筆の土地または1個の建物ごとに作成され、図表のように、表題部および権利部に区分される。表題部は、表示に関する登記で、土地であれば、所在、地番、地目、地積などが、建物であれば、所在、家屋番号、床面積など、不動産の物理的現況等が表示されている。権利部は、所有権に関する甲区と、所有権以外の権利に関する乙区に区分されている。乙区には、抵当権や賃借権などが記録されている。登記記録に記録されている事項の全部または一部を証明した書面を登記事項証明書といい、誰でも交付の請求をすることができる。

登記の効力と仮登記

　登記をすることで、第三者に対抗できる。例えば、Aさんが自ら所有する土地をBさんとCさんに二重譲渡したとする。売買契約はBさんの方が早かったが、登記をしたのはCさんの方が早かったとしよう。この場合、先に登記をしたCさんが土地の所有権を主張できる。これを「登記には対抗力がある」という。一方、登記には、公信力は認められていない。登記記録を信用して、土地を購入したが、売買相手が土地の真の所有者でなかった場合、必ずしも法的な保護を受けられるとは限らない。これを「登記には公信力はない」という。

　仮登記というのもある。仮登記に対抗力はないが、順位を保全する効力がある。登記申請に必要な書類がそろっていない場合などは、登記ができない。そこで仮登記を行い、後日、本登記をすることで、仮登記をした日に遡って、本登記をしたと同じような効果が発生する。

8. 宅地建物取引業法と媒介契約

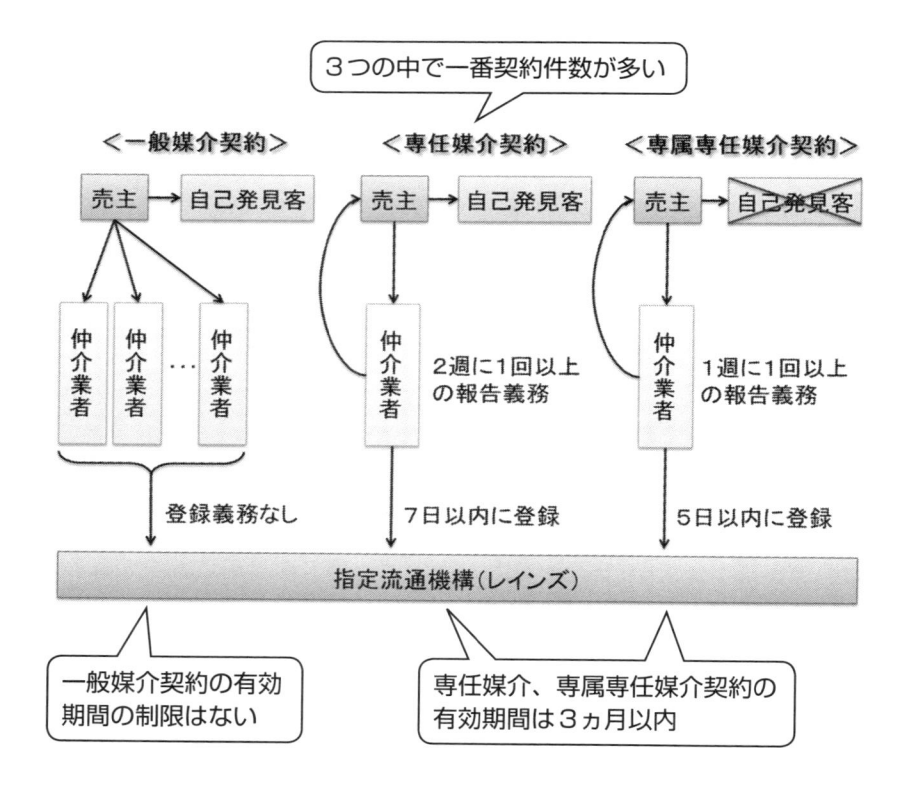

3つの中で一番契約件数が多い

＜一般媒介契約＞ ＜専任媒介契約＞ ＜専属専任媒介契約＞

売主 → 自己発見客　売主 → 自己発見客　売主 → 自己発見客

仲介業者　仲介業者　…　仲介業者　　仲介業者　　仲介業者

2週に1回以上の報告義務　　1週に1回以上の報告義務

登録義務なし　　7日以内に登録　　5日以内に登録

指定流通機構（レインズ）

一般媒介契約の有効期間の制限はない

専任媒介、専属専任媒介契約の有効期間は3ヵ月以内

レインズのサイトをみると、不動産マーケットの情報や首都圏の流通市場の動向などのデータがたくさん掲載されています！
http://www.reins.or.jp/

不動産の取引に欠かせない宅地建物取引業者

　土地を売りたい人、買いたい人は、全員が不動産取引のプロというわけではない。そんな時には、不動産取引のプロに媒介してもらえるとトラブルが少なくなる。宅地建物取引業法は、宅地建物取引業者の業務について様々な規制を定めている。

　例えば、転勤などの理由で、マンションを売却することを考えてみる。自分で契約相手を見つける自己発見取引はなかなか難しいので、いわゆる仲介業者にお願いすることになる。これを、媒介契約という。

　媒介契約には、一般媒介契約、専任媒介契約、専属専任媒介契約の3つがある。図表のように、一般媒介契約は、複数の業者に重ねて依頼できるが、業者に業務処理状況の報告義務はない。一方、専任媒介契約は、依頼できる業者は1社のみになるが、最低2週に1回は業務処理状況を報告してくれる。専属専任媒介契約になると、自己発見取引は不可となるが、1週に1回は業務処理状況の報告がある。

不動産業界のデータベース「レインズ」

　指定流通機構（不動産流通機構）のレインズという不動産情報を取り扱うシステムがある。東日本不動産流通機構『2020年度 レインズシステム利用実績報告』をみると、年度末に登録されていた物件数は、売物件65.3万件、賃貸物件200.9万件、売物件の媒介契約の年間件数は、全体で37.3万件ある。そのうち、一般媒介契約11.1万件、専任媒介契約19.6万件、専属専任媒介契約6.6万件と、専任媒介契約が一番多い。一見、複数の業者に重ねて依頼できる一般媒介契約がよさそうに見えるが、宅建業者にとって、他の業者で売買契約されると収入を得られず、広告等も消極的になる等のデメリットもある。

9. 民法上の売買契約

手付	危険負担	契約不適合責任

契約締結 → 特定物の滅失・損傷 → 引渡し

解約手付
（代金額の2割まで）
宅建業者が売主契約の場合

・買主が解除
　→手付金の放棄
・売主が解除
　→手付金の倍返し

⇧

相手が契約の
履行に着手する前

手付の種類は
解約手付
違約手付
証約手付
の3種類

売主負担
（民法上）

・売主、買主の責任
　によらない
・買主は売主からの
　代金請求を拒絶する
　ことができる

⇩

特約により、当事者間で
民法と異なる取り決めを
することができる

売主責任
（免責特約は有効）

・種類、品質、数量に関
　して契約内容に不適合
・買主が不適合を知っ
　た時から1年以内に売
　主に通知

⇩

追完請求、代金減額請求、
損害賠償請求、契約解除
ができる

120年ぶりに、改正民法が2020年4月1日に施行されました。変更点も数多くあるため、注意が必要です。

重要な売買契約と手付金

　契約時に手付金を支払うが、その契約を解除する場合、買主であれば手付金の放棄、売主であれば手付金の倍の提供が必要となる。ただし、相手が契約の履行に着手する前でなければ解除できない。売買契約後、住宅ローンの審査が通らず契約を解除する場合は、手付金の放棄が必要になる。しかし、ローン特約条項によって契約を解除した場合は、手付金は買主に返還される。

物件の引渡し前に、震災等で建物が倒壊してしまったら!?

　売買契約後、引き渡される前に震災等で購入物件が倒壊してしまった場合、民法上では買主負担となっている。ただし、売買契約書に特約を付けることで、売主責任とすることも可能である。これを危険負担という。民法改正により、2020年4月1日以降は、「引き渡しにより危険が移転される」ものとされ、引き渡し前に物件が毀損した場合は、買主は代金を支払わなくてもよくなった。

欠陥住宅の場合の対処法は？

　欠陥のことを瑕疵といい、その責任は、民法上は売主責任で、買主が瑕疵を知ってから1年以内であれば損害賠償請求することができる。しかし、引き渡しから2年以上とする特約を契約書に付けることが可能となっている。2020年4月1日以降は、民法改正により現行民法の瑕疵担保責任は廃止され、「契約不適合責任」が新たに規定された。対象が隠れた瑕疵ではなく、「契約の内容に適合しないもの」とされ、買主は、損害賠償請求と解除の2つの選択肢だけでなく、追完請求や代金減額請求が可能となった。

10. 区分所有法

専有部分と共用部分は、分離処分できません！

躯体コンクリートの表面までは共用部分で、それから内側が専有部分としています（上塗り説）

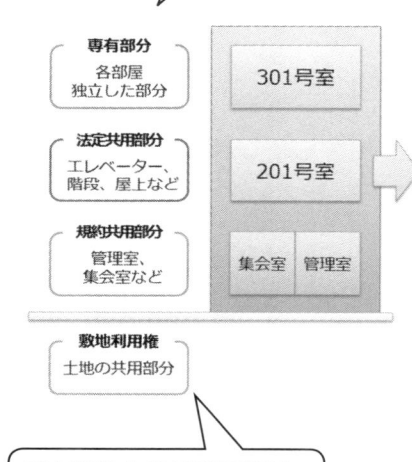

専有部分
各部屋
独立した部分

法定共用部分
エレベーター、
階段、屋上など

規約共用部分
管理室、
集会室など

敷地利用権
土地の共用部分

301号室

201号室

集会室　管理室

内部仕上げ天井裏は専有部分

玄関ドアの内部塗装は専有部分

201号室

バルコニー・窓は共用部分

玄関ドアは共用部分

廊下は共用部分

専用使用権あり

専有部分と敷地利用権は、分離処分できません！

共用部分ではあるが、区分所有者が使用できる権利

議決要件	決議内容
5分の4	建替え（62条）
4分の3	規約の設定・変更・廃止、大規模滅失の復旧、共用部分の変更 など
過半数	管理者の選任・解任、小規模滅失の復旧、共用部分の管理 など
5分の1	集会の招集請求、管理者がいないときの招集
単　独	共用部分の保存行為、小規模滅失の復旧（決議があるまで）

建替え決議には、区分所有者および議決権の各5分の4以上の賛成が必要です。5分の4というのはかなり高いハードルといえます！

購入したマンションはどこまで自分のものなのか？

　分譲タイプのビルやマンション専用の特別法が、区分所有法である。民法では、1つの建物には1つの所有権しか存在しないが、マンションのような区分所有建物は例外といえる。

　区分所有建物は、専有部分と共用部分で構成されていて、専有部分は、購入した自分部屋に相当する部分である。一方、共用部分は、エントランス、階段やエレベーターなどの法定共用部分、規約によって共用部分とされた集会室や管理室などを、規約共用部分という。

共用部分と敷地利用権は、専有部分と分離処分できない！

　バルコニーなどは、避難経路や避難ハッチの利用に使われる共用部分であるため、荷物などを置くことは禁止されている。ただし、洗濯物を干すなど、居住者のみが自由に使うことのできる屋外空間とされており、専用使用部分と呼ぶ。共用部分の持ち分は、専有部分の床面積の割合によるが、原則、専有部分と切り離して処分することはできない。土地を利用する権利である敷地利用権も同様である。

建替え決議は、5分の4以上の賛成が必要！

　マンションは、複数の区分所有者で構成されているため、何か決めごとをするときは、集会の決議によって行う必要がある。集会の議事は、原則、区分所有者および議決権の過半数で決定するが、規約の設定・変更・廃止などは4分の3以上の賛成が、建替え決議の場合には、5分の4以上の賛成が必要となる。なお、議決権とは専有部分の床面積の割合をいい、区分所有者の数のどちらも上記の要件を満たさないと決議されない。

11. 借地借家法

●借地権

存続期間は30年以上

最初の更新：20年以上
2回目以降：10年以上

<借地契約>

土　地

一般定期借地権の場合50年以上

<期間満了>

普通借地権
土　地

更新あり
正当事由なし

定期借地権
土　地

更新なし

<契約更新>

普通借地権
土　地

更地で返還
土　地

●借家権

存続期間は1年以上

<借家契約>

土　地

1年未満の契約も可能

<期間満了>

普通借家権
土　地

更新あり
正当事由なし

定期借家権
土　地

更新なし

<契約更新>

普通借家権
土　地

定期借家権
土　地

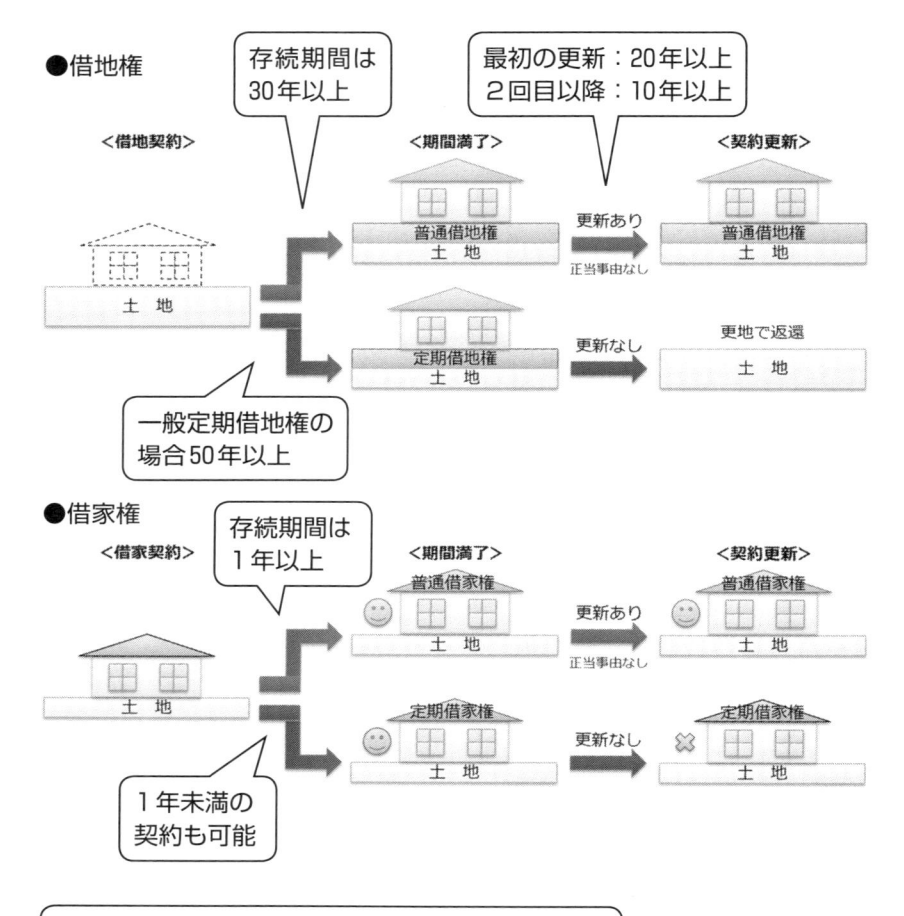

賃貸を利用するのも選択肢の一つです。しかし、トラブルもそれなりに起こるため、ある程度の知識は持っておきたいものです！

民法の賃貸借契約は、最長50年！

　賃借関係は、「民法の賃貸借」、民法の特別法である「借地借家法」、「旧法（借地法・建物保護法、借家法）」の３つがある。民法の賃貸借契約の最長期間は50年で、更新できる期間も50年である。

普通借地権と更新のない定期借地権

　借地借家法の借地権とは、建物の所有を目的とする地上権と賃借権を総称するものである。普通借地権を設定する場合の存続期間は30年以上とされ、最初の更新は20年以上、２回目以降は10年以上となっている。土地を借りて、自分で家を建てることを考えると、民法の賃貸借契約の20年では心もとないが、普通借地権の存続期間30年以上というのは安心できる。借地上に建物が残っていれば、更新の請求をすることで、地主が正当事由を持って更新拒絶をしない限りは更新される。地主の立場で考えると、一度貸してしまうと更新が続き、いつまで経っても返還されないこともある。そのような場合には、定期借地権がある。定期借地権に更新はなく、原則更地での返還となる。

期間が１年未満の契約が可能になった定期借家権

　借地借家法の借家権とは、建物の賃借権のことである。普通借家権の場合、賃貸人が更新拒絶をするには、正当事由が必要となり、更新されてしまう場合が多い。存続期間は１年以上で、１年未満の契約期間を定めた場合は定めのない契約になる。

　更新のない定期借家権もある。１年未満の期間の契約も可能で、最長期間の制限もない。ただし、１年以上の契約の場合、貸主は期間満了の１年前から６ヵ月前までに、貸主に契約終了の通知が必要となる。

12. 不動産の価格

	公示価格	基準地標準価格	相続税評価額 （路線価）	固定資産税評価額
目的	売買の目安	公示価格の補完	相続税、贈与税の算出	固定資産税、都市計画税、不動産取得税等の算出
決定機関	国土交通省 （土地鑑定委員会）	都道府県	国税局	市町村
評価時点	毎年1月1日	毎年7月1日	毎年1月1日	基準年度の前年の1月1日 ※3年に一度評価替え
公示日	3月下旬	9月下旬（中旬）	7月下旬	3月1日 （基準年度は4月1日）
閲覧場所	市町村役場	市町村役場	税務署	市町村役場
価格水準	100%	100%	公示価格の80%	公示価格の70%

土地価格の基準！

価格水準は公示価格と同じ

相続税を計算するための価額

市町村の税収になる

同じ土地であっても、その価格は複数存在します。それぞれ利用用途が異なります！

土地価格の基準は公示価格と基準値標準価格

　土地の取引や資産評価をする場合、参考になるのが公示価格である。特殊な事情などを取り除いた、1㎡当たりの更地としての価格が公示される。毎年1月1日時点における標準地の正常な価格で、2020年の地価公示では、26,000地点で実施している。文部科学省『2020年度学校基本調査』をみると、小学校の数は、19,340校ある。小学生が歩いて通学できる距離と考えると、それよりも約6,000地点多い評価をしているのが公示価格である。都道府県も地価調査を行っており、都道府県知事が毎年7月1日における標準価格を判定する。価格水準は同じで、公示価格と評価時点が半年ずれているため、地価の変動を知ることもできる。国土交通省『土地総合情報システム』のサイト（http://www.land.mlit.go.jp/webland/）の、地価公示・都道府県地価調査から標準地や基準値の価格を調べることができる。

税の算出が目的の、相続税評価額と固定資産税評価額

　相続税評価額（路線価）は、相続税や贈与税を算出する際の財産評価を行う場合に適用される。国税庁『路線価図・評価倍率表』のサイト（http://www.rosenka.nta.go.jp/）から、路線価図をみることでその価格を知ることができる。価格水準は公示価格の80％程度相当である。

　固定資産税評価額は、総務省による固定資産評価基準によって評価される。価格水準は公示価格の70％を目安に計算される。不動産取得税や固定資産税など、不動産に関する税等の算出に使われ、3年に1度評価替えが行われる。

　公示価格を基準に、それを補完する基準値標準価格があり、各種税額を算出する際には、相続税評価額や固定資産税評価額を利用する。

13. 不動産に関する税金

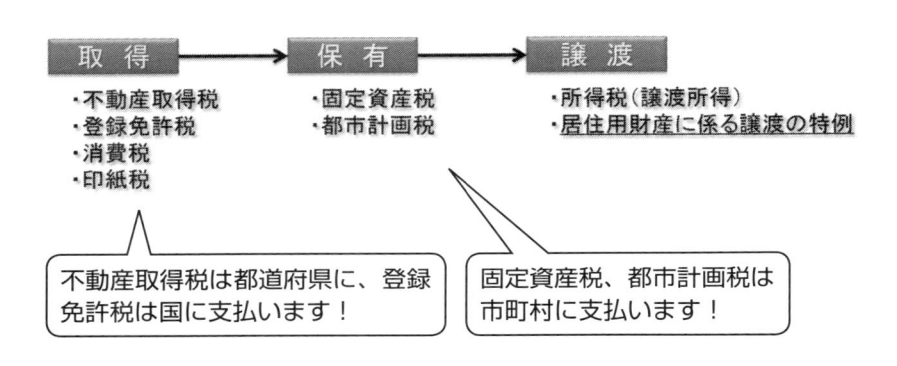

取得 ➡ 保有 ➡ 譲渡

取得
・不動産取得税
・登録免許税
・消費税
・印紙税

保有
・固定資産税
・都市計画税

譲渡
・所得税（譲渡所得）
・居住用財産に係る譲渡の特例

不動産取得税は都道府県に、登録免許税は国に支払います！

固定資産税、都市計画税は市町村に支払います！

〈居住用財産に係る譲渡の特例〉

譲渡益	①居住用財産の3,000万円の特別控除
	②居住用財産の軽減税率の特例
	③特定の居住用財産の買換えの特例
譲渡損失	④居住用財産の買換え等場合の 譲渡損失・損益通算および繰越控除
	⑤特定居住用財産の 譲渡損失・損益通算および繰越控除

不動産は、取得・保有・譲渡とすべてにおいて、何らかしらの税が課せられます！

不動産を「取得」すると、様々な税がかかる！

取得時にかかる税に、不動産取得税と登録免許税がある。不動産取得税は都道府県の税で、登録免許税は登記を受ける場合に課税される国税である。消費税は土地には課税されず、印紙税は、契約書などを作成したときに、印紙を貼り付けて消印をすることにより納付する。消印を怠ると、納付すべき金額の2倍の過怠税がかかってしまう。

不動産は「保有」しているだけで税がかかる！

保有時にかかるのが、市町村に支払う固定資産税と都市計画税である。固定資産税は、毎年1月1日時点で固定資産課税台帳に所有者として登録されている者に納税義務がある。税率は1.4％を基準に各市町村が条例で定められる。これを標準税率という。都市計画税は、都市計画事業等の費用に充てるためのもので、税率は0.3％の範囲内であれば、条例で定められる。これを制限税率という。

不動産を「譲渡」すると、所得税がかかる！

譲渡時には所得税がかかる。所得税において、土地・建物等の譲渡所得は分離課税であり、損失が出た場合でも損益通算の対象とはならない。所有期間によって短期と長期があり、譲渡年の1月1日時点で所有期間が5年超であれば長期となり、その税率は所得税で15％、住民税5％である。短期の税率は高く、所得税で30％、住民税9％。と長期の税率の倍近くになる。

しかし、居住用財産を譲渡した場合には特例があり、譲渡益が出た場合が3つ、譲渡損失がでた場合が2つで、合わせて5つの特例がある。

14. 居住用財産を譲渡した場合の特例（譲渡益）

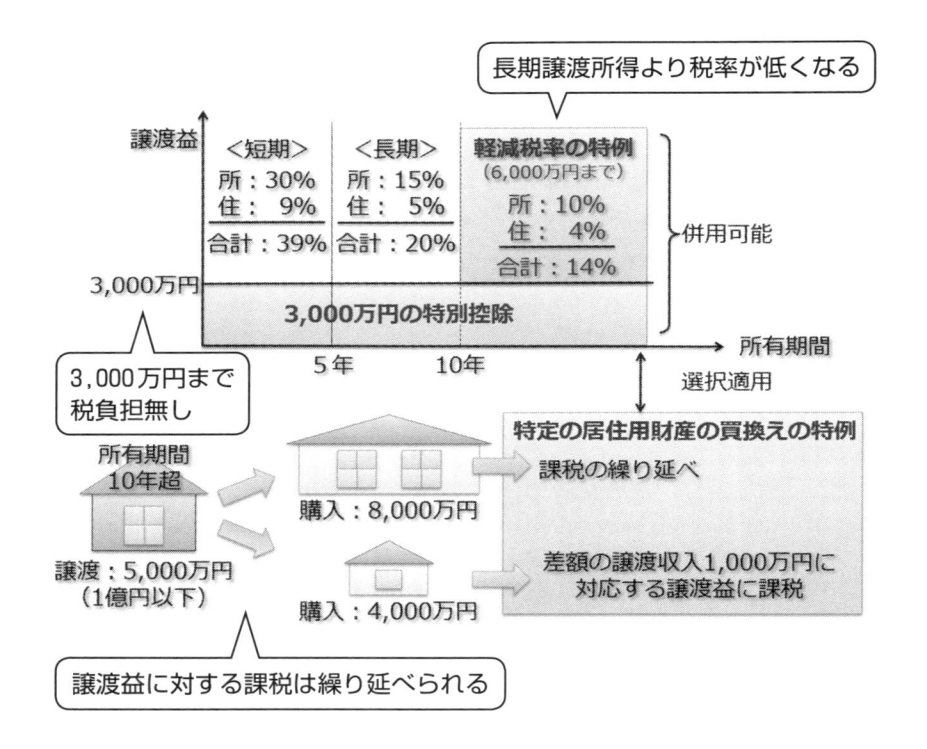

長期譲渡所得より税率が低くなる

| 譲渡益 | ＜短期＞ 所：30% 住： 9% 合計：39% | ＜長期＞ 所：15% 住： 5% 合計：20% | 軽減税率の特例（6,000万円まで） 所：10% 住： 4% 合計：14% | 併用可能 |

3,000万円　3,000万円の特別控除

5年　10年　所有期間

選択適用

3,000万円まで税負担無し

所有期間10年超

購入：8,000万円

購入：4,000万円

譲渡：5,000万円（1億円以下）

特定の居住用財産の買換えの特例
課税の繰り延べ

差額の譲渡収入1,000万円に対応する譲渡益に課税

譲渡益に対する課税は繰り延べられる

居住用財産を譲渡し譲渡益が出た場合、3つの特例があります。

3,000万円の譲渡益までは課税なし！

　1つ目の特例は「居住用財産の3,000万円の特別控除」である。所有期間に関わらず、譲渡益が3,000万円以下であれば課税がない。それを超えて譲渡益がある場合は、所有期間5年以内の短期であれば短期の税率が、長期であれば長期の税率が課せられる。なお、配偶者等に譲渡した場合は、適用されないなどの要件もある。

10年超所有していれば、税率が低くなる！

　2つ目は、「軽減税率の特例」である。譲渡年の1月1日時点で所有期間が10年超で、その他一定の要件を満たせば、長期の税率より低い税率が適用される。例えば、所有期間が15年の場合は、まず、「居住用財産の3,000万円の特別控除」を利用する。3,000万円を超えた譲渡益があれば、6,000万円まで所得税10％、住民税4％の「軽減税率の特例」が適用される。「居住用財産の3,000万円の特別控除」と「軽減税率の特例」は、どちらも要件も満たしていれば、併用することが可能である。

「買い換え等の特例」は課税の繰り延べなど注意が必要！

　3つ目は、「買い換え等の特例」である。譲渡年の1月1日時点で所有期間が10年超の居住用財産を売却した金額に対して、それよりも買い換える物件が高額な場合は、譲渡価格と取得価格の差額について収入があったものとして、それに対応する譲渡益については課税、残りは繰り延べることができる。ただし、本特例を利用した場合、他の特例と併用することはできない。また、譲渡益が0円となる場合でも確定申告が必要である。課税の繰り延べ、とは課税を先送りするという意味である。

15. 居住用財産を譲渡した 場合の特例（譲渡損）

家を売却したら損失
が出てしまった

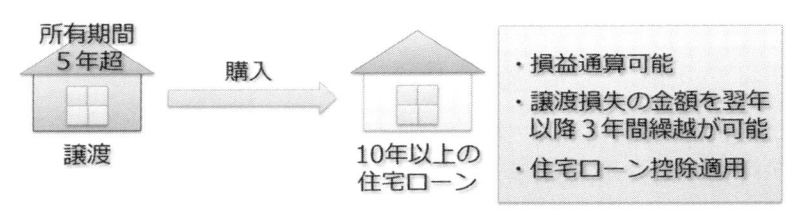

居住用財産の買換え等の場合の譲渡損失の損益通算および繰越控除

所有期間
5年超

購入

譲渡

10年以上の
住宅ローン

・損益通算可能
・譲渡損失の金額を翌年
　以降3年間繰越が可能
・住宅ローン控除適用

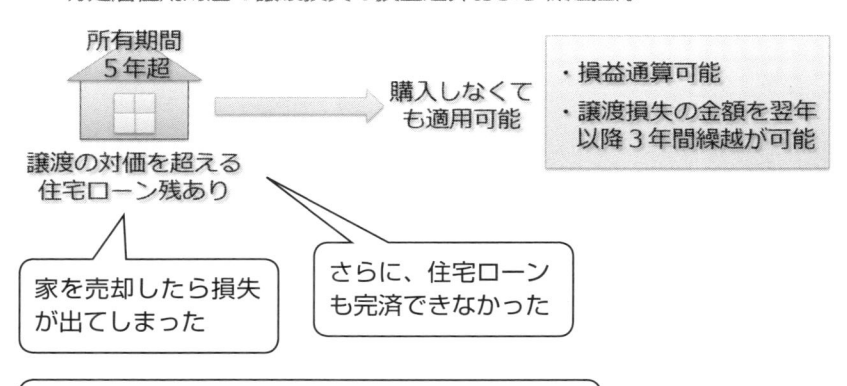

特定居住用財産の譲渡損失の損益通算および繰越控除

所有期間
5年超

購入しなくて
も適用可能

譲渡の対価を超える
住宅ローン残あり

・損益通算可能
・譲渡損失の金額を翌年
　以降3年間繰越が可能

家を売却したら損失
が出てしまった

さらに、住宅ローン
も完済できなかった

居住用財産を譲渡し譲渡損失が出
た場合、2つの特例があります。損
益通算や損失の繰越控除が可能に
なります！

家を購入したのに転勤！　売却したら損失が出てしまった！

　「東京で家を購入した会社員がいたとする。購入後、6年が経ったとき、上司から呼ばれ、大阪転勤の辞令が出たと知らされる。おそらく東京に戻っては来られないという。一大決心をし、大阪に骨を埋めるつもりで、譲渡損失覚悟で東京の家を売却し、新天地である大阪で再び家を購入した」というストーリーである。この時、東京の家の譲渡損失は、損益通算や翌年3年以降の繰越控除が可能となるのが「居住用財産の買い換え等の場合の譲渡損失の損益通算および繰越控除」である。大阪で再び家を購入しているので、適用要件を満たせば、再度、住宅借入金等特別控除を利用できる。

住宅ローンを支払えず、家を手放すことになってしまった！

　「住宅ローンの支払いが困難になり、家を手放すことになった。売却金額でローンを返済したが、譲渡損失がでてしまい、なおかつローンも完済できなかった」という悲しいストーリーである。そんなときに利用したいのが、「特定居住用財産の譲渡損失の損益通算および繰越控除」である。

　譲渡年の1月1日時点で所有期間が5年超という要件は上記と同じだが、異なるのは、「売却後、再び家を購入していない」という点である。売却した家の住宅ローンが売却金額を超えているなどの要件を満たした場合、一定のローン残高の金額から売却金額を控除した残額を限度として、損益通算や繰越控除は可能になる。この特例では、新たに住宅を購入していないため、住宅借入金等特別控除の利用はできない。

16. 不動産の投資分析（DCF法）

単純に2,500万円の収入があると
考えてはいけません！

2,500万円（合計金額）

2,000万円

利子率5%

| 100万円 | 100万円 | 100万円 | 100万円 | 100万円 |

1年後　2年後　3年後　4年後　5年後

それぞれの収入を利子
率で割り引きます！

95.2万円　$1／(1+0.05)^1$

90.7万円　$1／(1+0.05)^2$

86.4万円　$1／(1+0.05)^3$

82.3万円　$1／(1+0.05)^4$

78.4万円　$1／(1+0.05)^5$

1,567.0万円　$1／(1+0.05)^5$

2,000万円が収入の現
在価値になります！

2,000万円（現在価値）

正味現在価値が大きいほど有利な投資

2,000万円 － 1,800万円 ＝ 200万円　　正味現在価値（NPV）
（現在価値）　（投資額）

正味の利益を、正味現
在価値といいます！

不動産の投資分析を行うときに
知っておきたいのがＤＣＦ法の考
え方です！

不動産の投資価格評価の方法は？

　毎年の家賃収入が100万円のワンルームマンション投資を5年間行う場合、この物件はどのくらいの価値があるだろうか。なお、5年後のマンションの売却予定価格を2,000万円とし、市場の利子率を5％とする。

　普通に考えると、5年間の家賃収入の合計は、500万円、5年後のマンション売却予定価格が2,000万円となるので、2,500万円の価値があるように思えるが、それで問題ないのだろうか。

現在の100万円と1年後の100万円は同じ価値なのか？

　市場の利子率を5％としたとき、現在の100万円は、1年後には105万円の価値になる。見方を変えれば、1年後の100万円は、現在の95万円（万円未満四捨五入）の価値しかない。5年後の2,000万円は、現在の1,567万円に相当する。これを現在価値といい、図表のように5年分の合計は2,000万円になる。これに対し、将来のキャッシュフローを単純に足し合わせたものは2,500万円となる。この案件に投資をするなら、現在価値の2,000万円以下でないと不利な投資になってしまう。このようにして投資対象の価値の評価をする手法を、DCF（Discounted Cash Flow）法という。

正味現在価値がプラスかマイナスか、それが問題だ！

　仮に、投資額を1,800万円とした場合の利益は、2,000万円－1,800万円＝200万円となる。この200万円を正味現在価値といい、正味現在価値がプラスで、その金額が大きいほど有利な投資となる。

　不動産の投資は、金銭の時間的価値を考えることが大切なのである。

17. 不動産投資信託 (J-REIT)

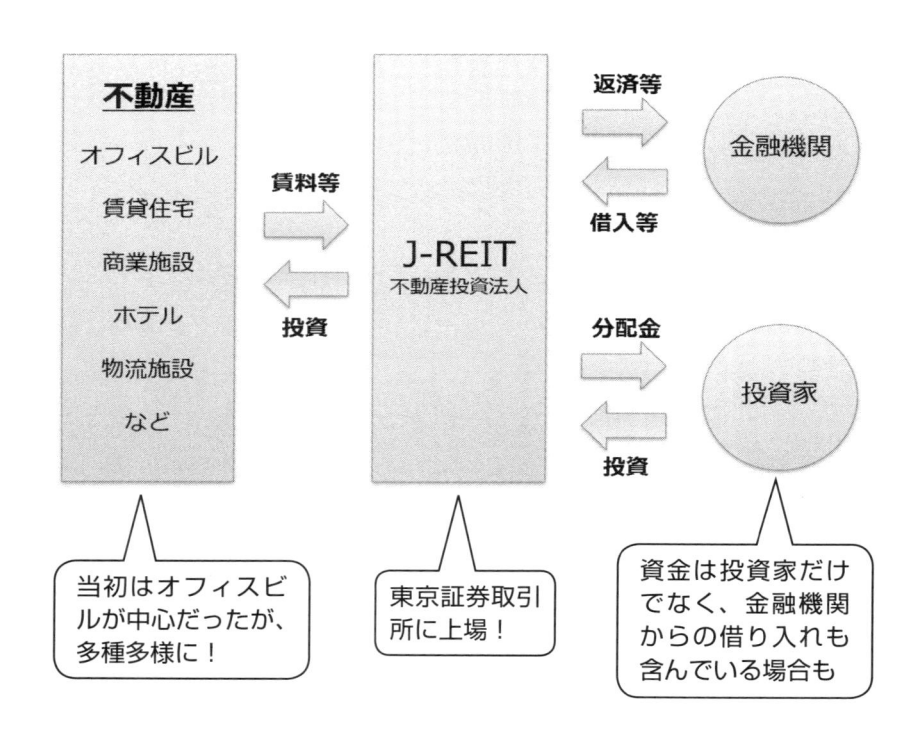

不動産

オフィスビル
賃貸住宅
商業施設
ホテル
物流施設
など

賃料等 →
投資 ←

J-REIT
不動産投資法人

返済等 →
借入等 ←

金融機関

分配金 →
投資 ←

投資家

当初はオフィスビルが中心だったが、多種多様に！

東京証券取引所に上場！

資金は投資家だけでなく、金融機関からの借り入れも含んでいる場合も

実際の土地や建物の不動産は、額も大きく流動性も低くなりがちですが、J-REITは小口での投資が可能で、一定の流動性が確保できます！

2001年9月に日本で初めて不動産投資信託の市場が創設

　不動産投資信託は、1960年代にアメリカで誕生し、1990年代に急速に拡大、日本では2001年9月に東京証券取引所にREIT市場が創設された。REIT市場は世界30か国以上に広まっており、REITの時価総額が圧倒的に大きいのがアメリカで、日本はアメリカに次ぐ世界2位の規模に成長している。

様々な不動産に対して、小口で投資できるJ-REIT

　J-REITは、投資家から集めた資金を専門家が様々な不動産に投資し、その運用益を投資家に還元する金融商品である。J-REITは東京証券取引所に上場しているため、株式と同様に取引が可能である。J-REITは利益の90％以上の利益を分配するなどの条件を満たすことにより、法人税が実質的に免除されるため利益の多くを投資家に分配することが可能となっている。

　投資対象としている不動産は、オフィスビルを中心に、賃貸住宅や商業施設、ホテルや物流施設など多岐にわたっている。ひとつの不動産に集中している特化型や、複数の不動産に分散して投資をしている複合型や総合型もある。

J-REITの価格変動は金利動向に注目せよ！

　J-REITは投資家から資金を集める他に、金融機関からの借入金によっても不動産を取得している。そのため、金利が上昇すると支払利息の負担が増加するため収益の減少要因となる。つまり、金利上昇により、分配金の利回りが減少した場合などはJ-REITを売却する動きが出てくるのがその理由である。

～不動産広告の見方～

　新聞の折り込みチラシや、街中のフリーペーパーなどで不動産の広告を目にする。身近な存在ではあるが、不動産の売買となると、途端に縁遠く感じられてしまう。

　最寄り駅からの徒歩による所要時間として、「○○線△△駅：徒歩10分」などといった記載があるが、正確に意味を理解しているだろうか。「徒歩10分」とは、道路距離80mにつき1分間を要するものとして算出した数値を表示している。直線距離ではない。また、1分未満の端数が生じたときは、1分として算出する。なお、信号待ちや踏切の待ち時間、坂道などについては考慮されていない。細かく考えると、「徒歩10分」とは、徒歩9分超10分以下、距離に直せば720m超800m以下となる。つまり、徒歩1分の場合、0m超80m以下となるため、徒歩0分という表記はあり得ない。

　次は面積についてである。マンションの広告の場合、「専有面積：50.00㎡」と記載されていても、実際に50.00㎡あるとは限らないのである。壁芯面積といって、壁や柱の中心線で囲まれた部分の面積を指しているからである。登記上の専有面積は内法面積といい、壁その他の区画の内側線で囲まれた部分の面積になる。大小を比較すると、壁芯面積の方が内法面積よりも広くなる。つまり、マンションの広告は少しでも広く見せているとも考えられる。この例の場合、壁芯面積が50.00㎡のため、内法面積はそれ未満ということになる。住宅借入金等特別控除などの適用要件に、床面積50㎡以上というのがある。この面積は登記上の内法面積を指すため、壁芯面積が50.00㎡では適用対象外となってしまう。参考までに、バルコニーの面積は専有面積には含まれない。

 コンサルティングのポイント〔不動産〕

　一般に、物件の取引で重要な数値といえるのが、不動産の価格である。「不動産の価格」でも解説した通り、公的機関の基準としても使用する「公示価格」、それを補完する「基準地標準価格」、税金の課税対象となる基準の価格として、「固定資産税評価額」や「相続税評価額（路線価）」などが存在する。

　土地等の価格はその時々において変動するため、不動産のコンサルティングにおいては、できれば素早く、そして手軽に調べたいものである。そこで、国土交通省の「土地総合情報システム」を活用し、インターネットでの価格の調べ方について詳しく見ていきたい。

　上記のサイトにアクセスし、「地価公示・都道府県地価調査」の部分を選択すると、日本地図が表示され、地図上の調べたい都道府県を選択することで、絞り込んでいくことが可能なため、特段の知識が無くても利用しやすい。

　次の地図は、本システムからのもので、東京ドーム付近の地域にあたる。少々見にくいが、右上に▲、右下に●、中央左上よりに■のポイントがあり、その右側に番号が振られている。●は地価公示（公示価格）、▲は都道府県地価調査（基準値標準価格）、■は両者共通の場所であることを意味している。記号をクリックすると吹き出しが表示され、吹き出しの「詳細表示」を選択すると、詳細な情報が表示される。そこには対前年変動率も記載され、グラフ表示を選択すると過去の変動率の推移を見ることもできる。

　このように、現在ではインターネットからかなりの情報を取得することが可能となっている。

　ただし、必ずしも知りたい地点をピンポイントで調べることはできない。

　例えば、右下の「●文京-12」を例にとると、●印をクリックすると、その価格は1㎡あたり1,600,000円と表示される。かなりの概算にはなるが、この価格の80％相当額が相続税評価額（路線価）であり、70％相当額が固定資産税評価額になる。

　コンサルティングを行う際、目安となる価格が分かるだけでも、スムーズに相談を進めることができる場合もある。スマートフォンでも利用できるため、ぜひ知っておきたい知識といえる。

第6章

相続・事業承継

　相続は、そう多く経験するものではありません。自分の相続に限っては1回限りです。一般に、経験値が低いため何も分からず損してしまう人もいます。相続は人の「死」に直面するため、精神的にも不安定になりがちです。元気な時こそ、相続の仕組みをしっかりと理解しておくべきです。

1. 民法上の相続のルール

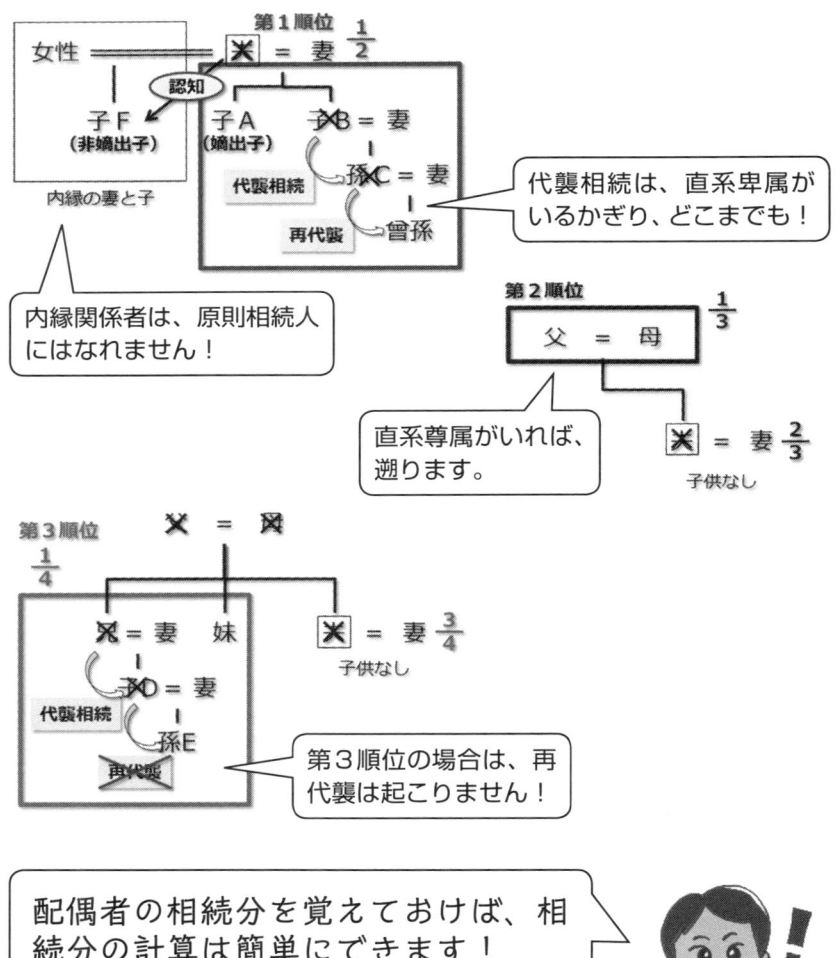

第1順位

女性 ＝＝＝ ✖ ＝ 妻 $\frac{1}{2}$

認知

子F（非嫡出子）　子A（嫡出子）　✖B ＝ 妻

代襲相続　孫C ＝ 妻

再代襲　曾孫

内縁の妻と子

代襲相続は、直系卑属がいるかぎり、どこまでも！

内縁関係者は、原則相続人にはなれません！

第2順位 $\frac{1}{3}$

父 ＝ 母

直系尊属がいれば、遡ります。

✖ ＝ 妻 $\frac{2}{3}$

子供なし

第3順位 $\frac{1}{4}$

✖ ＝ ✖

✖ ＝ 妻　妹

✖D ＝ 妻

代襲相続

孫E

再代襲

✖ ＝ 妻 $\frac{3}{4}$

子供なし

第3順位の場合は、再代襲は起こりません！

配偶者の相続分を覚えておけば、相続分の計算は簡単にできます！

相続は「相続分」の理解から始めよう！

　左図の第1順位に位置する「夫」が亡くなり、相続が開始したところから話は始まる。亡くなった夫のことを「被相続人」、残された妻、子A、子Bを「相続人」という。その時の妻の相続分は2分の1、その残りを子A、子Bの二人で分ける。これを第1順位の相続という。子どもがいない夫婦の場合、被相続人の父母が相続人となる。これを第2順位の相続といい、その時の妻の相続分は3分の2である。父母がすでに他界し、直系尊属もいない場合は、兄弟姉妹が相続人になる。これを第3順位の相続といい、妻の相続分は4分の3となる。

子どもが代わりに相続できる「代襲相続」

　第1順位の子Bはすでに結婚しており、孫Cもいる。子Bが亡くなった後、夫の相続が開始したとする。この時、子Bが受ける相続分は、代わりに相続人となった孫Cが受け取る。これを、代襲相続という。さらに話を進め、孫Cには妻と曾孫がいて、子B、孫Cが亡くなった後に、夫の相続が開始した場合だ。この時は曾孫が代襲相続人となり再代襲される。一方、第3順位の相続の場合は、再代襲は起こらない点に注意が必要となる。

内縁の妻の子どもは、相続人になれるのか？

　正式な婚姻関係に生まれた子を嫡出子といい、正式な婚姻関係外のもとに生まれた子を非嫡出子という。非嫡出子は相続人であり、その相続分は2013年9月5日の相続開始以降、嫡出子の相続分と同等になった。また、非嫡出子は、被相続人が男性の場合は認知を必要とし、女性の場合は、分娩出産の事実から認知は不要とされる。

2. 法定相続分の計算

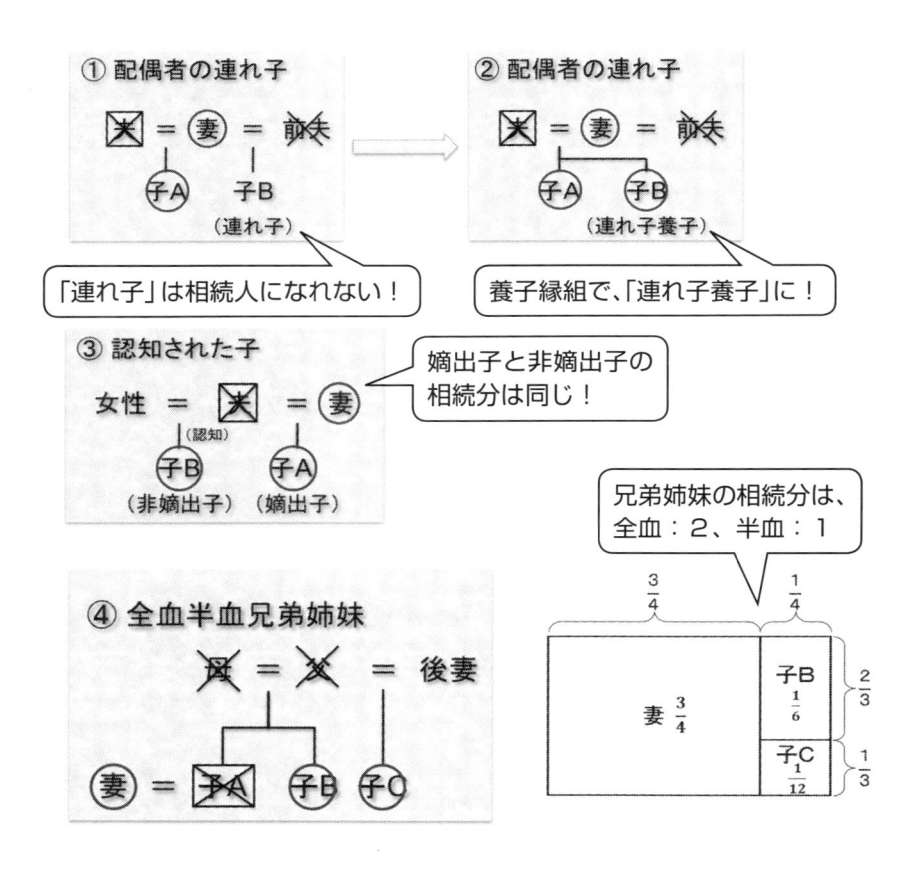

① 配偶者の連れ子

⊠ = 妻 = 前夫
　　　｜
　子A　　子B
　　　　（連れ子）

「連れ子」は相続人になれない！

② 配偶者の連れ子

⊠ = 妻 = 前夫
　　　｜
　子A　子B
　　　（連れ子養子）

養子縁組で、「連れ子養子」に！

③ 認知された子

女性 ＝ ⊠ ＝ 妻
　（認知）
　子B　　子A
（非嫡出子）（嫡出子）

嫡出子と非嫡出子の
相続分は同じ！

兄弟姉妹の相続分は、
全血：2、半血：1

④ 全血半血兄弟姉妹

⊠ = ⊠ = 後妻

妻 = 前妻　子B　子C

妻 $\frac{3}{4}$　　子B $\frac{1}{6}$　　子C $\frac{1}{12}$

$\frac{3}{4}$　　$\frac{1}{4}$

$\frac{2}{3}$　　$\frac{1}{3}$

民法で定められている相続分を、
「法定相続分」といいます！

「連れ子」は養子縁組みをして「連れ子養子」に！

　①の親族関係図をみると、被相続人の夫と妻の間には、子Aがいる。妻は再婚で、すでに亡くなった前夫の子Bの連れ子もいる。この場合、連れ子の子Bは相続人ではないため、被相続人の財産を受け取ることはできない。法定相続分は、妻が2分の1、子Aが2分の1だ。しかし、それでは子Bがかわいそうである。そこで、②の親族関係図のように、妻が再婚した後、連れ子の子Bを夫と養子に迎える。連れ子養子であれば、子Bは相続人になることが可能となる。法定相続分は、妻が2分の1、子A、子Bはそれぞれ4分の1ずつとなる。

「嫡出子」と「非嫡出子」の相続分は同じ

　③の親族関係図をみると、被相続人は妻と結婚して、嫡出子である子Aがいる。しかし、非嫡出子（認知済み）の子Bもいる。その状況で、夫の相続が開始した場合、嫡出子、非嫡出子の相続分は同じのため、法定相続分は、妻が2分の1、子A、子Bはそれぞれ4分の1ずつとなる。

「半血兄弟姉妹」の相続分は「全血兄弟姉妹」の半分

　④の親族関係図は少々複雑である。子どもがおらず、父母も他界しているため第3順位の相続となる。被相続人である子Aと子Bは父母を同じくしており、これを全血兄弟姉妹という。一方、子Aと子Cは、父母の一方のみを同じく（この場合、父）する半血兄弟姉妹という。半血兄弟姉妹の相続分は全血兄弟姉妹の2分の1となる。よって、法定相続分は、妻が4分の3、全血兄弟姉妹の子Bは6分の1、半血兄弟姉妹の子Cは12分の1となる。

3. 遺言の種類と特徴

	自筆証書遺言	公正証書遺言	秘密証書遺言
作成方法	本人が遺言の全文、日付、氏名を書き、押印（財産目録はパソコン可）	本人が口述し、公証人が筆記	本人が遺言書を封じ、封印
費用	ほとんどかからない	公証役場手数料、証人依頼代	公証役場手数料、証人依頼代
証人	不要	証人2人以上	公証人1人、証人2人以上
保管	本人、推定相続人、遺言執行者、受遺者、友人など	原本は公証役場、正本と謄本（写し）は本人、推定相続人、受遺者、遺言執行者など	本人、推定相続人、遺言執行者、受遺者、友人など
秘密性	遺言の存在：秘密にできる 遺言の内容：秘密にできる	遺言の存在：秘密にできない 遺言の内容：秘密にできない	遺言の存在：秘密にできない 遺言の内容：秘密にできる
検認	必要（保管制度利用の場合不要）	不要	必要
長所	・費用がほとんど掛からない ・証人が必要ない ・再作成も容易 ・内容を秘密にできる	・家庭裁判所での検認が必要ない ・内容が明確で安全確実 ・偽造、変造、隠匿の危険がない ・紛失しても謄本を再発行可能	・内容を秘密にできる ・偽造、変造の危険がない ・署名押印を自分でできればワープロや代筆でも作成可能
短所	・詐欺、強迫による作成の危険性あり ・紛失、変造、隠匿の危険性あり ・無効な遺言となる可能性あり ・原則家庭裁判所での検認が必要	・作成手続が頻雑 ・遺言の存在・内容を秘密にできない ・費用が余分にかかる	・作成手続が頻雑で費用もかかる ・紛失の危険性あり ・無効な遺言となる可能性あり ・家庭裁判所での検認が必要

作成は簡単 ↓ 相続後 検認が必要	作成は大変 ↓ 相続後 検認は不要	作成は大変 ↓ 相続後 検認が必要

2020年7月10日から、法務局において自筆証書遺言を保管する制度が設けられました。検認が不要になりました！

遺言を秘密にしたいときはこれ！

　最初に注目したいのは「秘密性」だ。遺言の名称からすると、秘密証書遺言が一番秘密性の高いイメージがあるが、実はそうではない。秘密証書遺言は、本人が遺言書を書き、公証人の前で封印するため、内容は秘密にできるが、存在は秘密にはできない。公正証書遺言の場合は、公証人と証人2人以上の前で、遺言の内容を口述するため、存在も内容も秘密にすることはできない。自筆証書遺言は、自分でこっそり書いて封印できるため、存在も内容も秘密にできる。しかし、遺族が遺言の存在を知らない場合もあり、発見されないというトラブルが起こる可能性もある。どの遺言も、一長一短あるので、その特徴を理解しておくことが大切である。

「検認」を理解すると公正証書遺言にしたくなる！

　次に注目したいのは「検認」である。被相続人の遺言書をみつけたとき、気を付けたいのは絶対に開封してはいけない点だ。開封してしまうと5万円以下の過料に処せられることもある。それに、他の相続人から遺言書の偽造など、あらぬ疑いをかけられることもある。開封は家庭裁判所のみで行える。これを検認手続という。検認手続は、遺言書以外に、検認申立書や、遺言者の出生時から死亡時までの全部の戸籍、さらに相続人など全員の現在の戸籍などが必要で、それらを家庭裁判所に提出しなければならない。検認手続の日程を決めると、家庭裁判所から、決められた日に出頭するよう各相続人に通知が来る。そしてやっと検認手続が行われるのだ。検認手続は、遺言の有効・無効を判断するものではないことは最後に付け加えておきたい。

4. 遺留分と減殺請求権

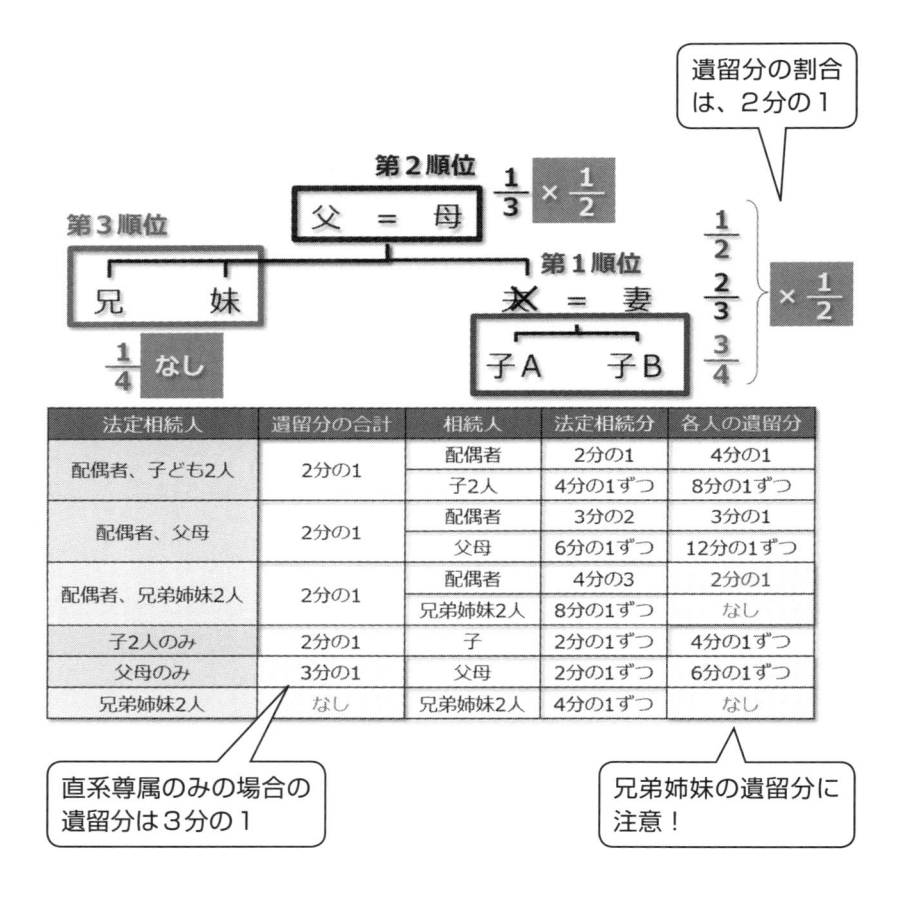

法定相続人	遺留分の合計	相続人	法定相続分	各人の遺留分
配偶者、子ども2人	2分の1	配偶者	2分の1	4分の1
		子2人	4分の1ずつ	8分の1ずつ
配偶者、父母	2分の1	配偶者	3分の2	3分の1
		父母	6分の1ずつ	12分の1ずつ
配偶者、兄弟姉妹2人	2分の1	配偶者	4分の3	2分の1
		兄弟姉妹2人	8分の1ずつ	なし
子2人のみ	2分の1	子	2分の1ずつ	4分の1ずつ
父母のみ	3分の1	父母	2分の1ずつ	6分の1ずつ
兄弟姉妹2人	なし	兄弟姉妹2人	4分の1ずつ	なし

直系尊属のみの場合の遺留分は3分の1

兄弟姉妹の遺留分に注意！

遺留分を侵害する遺言であっても、遺言の内容の全部が無効になるとは限りません！

「愛人に全額相続！？」それでは家族が困ってしまう！

　遺留分とは、被相続人が相続人に対して遺さなければならない相続財産のうち一定の割合をいう。被相続人の遺言で、「愛人女性に全額相続させる」などと書いてあった場合、残された遺族は、その後の生活基盤が崩れてしまう。そこで、遺留分として直系尊属のみが相続人である場合には３分の１、それ以外（左表の親族関係図）の場合は２分の１が遺留分の割合となっている。遺留分の割合に法定相続分を掛け合わせると各人ごとの遺留分の計算ができる。

兄弟姉妹に遺留分はないので注意が必要！

　配偶者、被相続人の兄と妹の３人が相続人の場合、兄弟姉妹に遺留分はないため、配偶者の遺留分は２分の１、兄と妹の遺留分はなしになる。当然、配偶者である妻がすでに死亡していて、兄と妹のみが相続人の場合、遺留分はない。被相続人の父母のみが相続人の場合の遺留分は、それぞれ６分の１ずつとなる。

遺留分は請求しないと何も始まらない！

　遺言で遺留分の侵害があった場合、遺留分権利者は、遺留分の限度に達するまで、贈与や遺贈などを減殺して取り戻すことができる。これを遺留分減殺額請求権という。請求方法は、内容証明郵便などで、遺留分を侵害する人に対して、遺留分減殺の意思表示をすればよい。遺留分減殺額請求権は、遺留分権利者が、相続の開始および減殺すべき贈与や遺贈のあったことを知った日から１年間、相続の開始の時から10年間に限り認められている。それ以降は時効により消滅する。遺留分は相続開始前でも放棄することが可能である。

5. 遺産分割

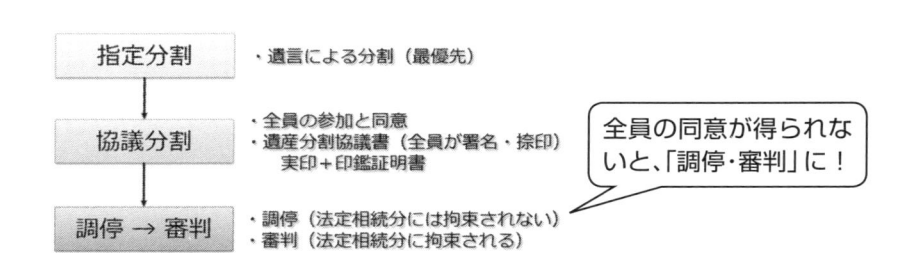

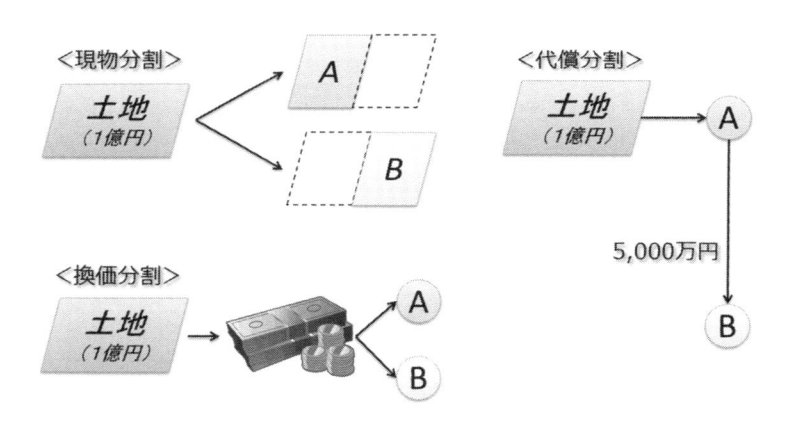

遺産分割で相続人同士がもめてしまい、仲違いをしてしまう例も少なくありません！
遺言はとても重要なのです。

最優先は遺言、協議分割はもめてしまう恐れあり！

　遺産を分割する場合において、最優先されるのが被相続人の遺言である。遺言に基づく遺産相続を指定分割という。遺言による指定がない場合には、共同相続人全員の協議で分割を行う。これを協議分割という。協議分割は、相続人全員の参加と同意が必要となるため、反対するものがいれば成り立たない。それ故に、相続人同士がもめてしまうことも少なくない。協議が成立しない場合は、家庭裁判所に調停の申し立てをすることで、調停委員の２人が加わり協議を行う。これが調停分割である。法定相続分には拘束されない。ここで成立すれば、遺産分割協議書に代わり、調停調書が作成される。しかし、これでも成立しなければ、次は審判分割となる。これは、裁判の一種であり、裁判官は様々な事情を考慮して行うが、相続分は法定相続分に拘束される。具体的な遺産の分割方法も、裁判官の裁量にゆだねられる。

悩ましい遺産の分割方法

　遺産の分割方法には、現物分割、換価分割、代償分割がある。図表下段のように、相続人がＡとＢの２人で、遺産が１億円の土地のみだったとする。現物分割とは、遺産の土地を半分ずつに分け、それぞれが相続する方法である。シンプルだが場合によっては、分割することで土地の価値が目減りしてしまうこともある。換価分割とは、土地を売却し、現金に換価してから分割する方法をいう。土地自体に思い入れがある場合などは反対する者も出てきそうだ。３つ目が代償分割である。１億円の土地をＡがすべて相続する。しかし、それではＢが黙ってはいないので、Ａのポケットマネーから5,000万円の現金をＢに支払って分割する方法をいう。現金でなく株式等でも構わない。

6. 相続人と法定相続人の違い

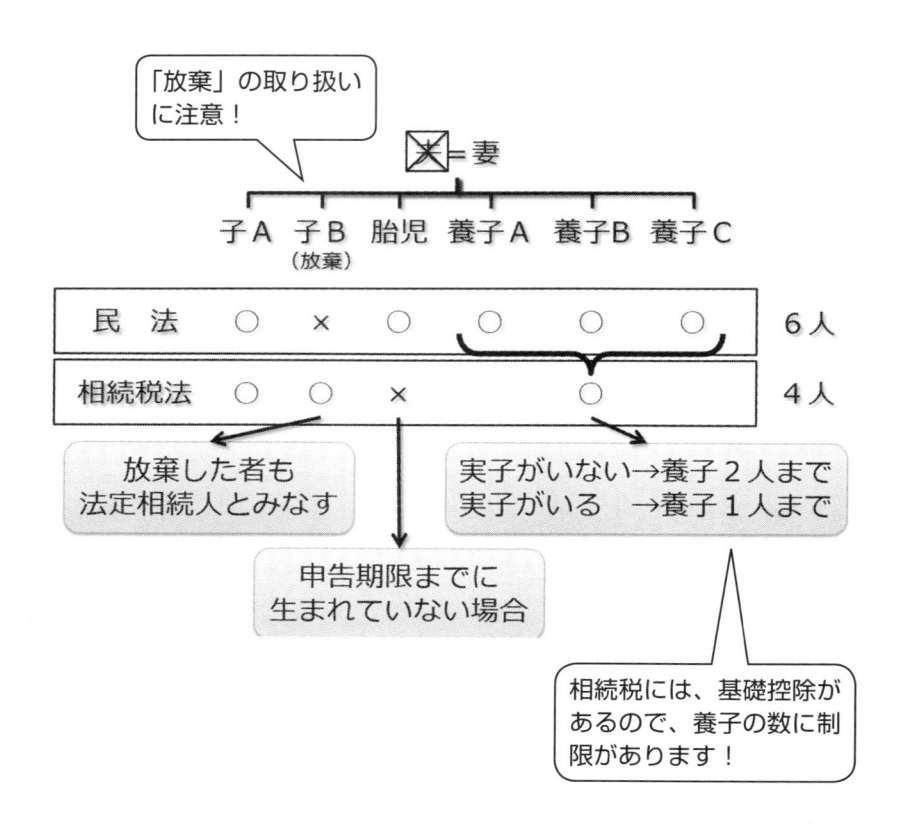

「放棄」の取り扱いに注意！

×＝妻

子A　子B　胎児　養子A　養子B　養子C
　　（放棄）

| 民　法 | ○ | × | ○ | ○ | ○ | ○ | 6人 |

| 相続税法 | ○ | ○ | × | ○ | | | 4人 |

放棄した者も法定相続人とみなす

申告期限までに生まれていない場合

実子がいない→養子2人まで
実子がいる　→養子1人まで

相続税には、基礎控除があるので、養子の数に制限があります！

民法上の話をしているのか、相続税法上の話をしているのかを、常に意識をしておきましょう！

相続税法における「相続人」と「法定相続人」の違いとは？

　「相続人」とは、相続を放棄した者および相続権を失った者を含まない相続人をいう。一方、「法定相続人」とは、相続を放棄した者がいても、相続の放棄がなかったものとして取り扱う相続人をいう。つまり、「相続人」と「法定相続人」の違いは、相続の放棄があった時の取り扱いにある。民法では税額計算をする規定がされていないため、相続税を計算する上で、財産を分割するまでは民法でいう「相続人」を使い、その後の税額計算は、相続税法でいう「法定相続人」を使う。相続税法上では、民法でいう「相続人」と相続税法上での「法定相続人」の2通りの概念がある。

「相続放棄」「胎児」「養子」の扱いは要注意！

　図表の子Aは実子のため、もちろん相続人である。子Bは、相続を放棄しているので相続人とはならない。胎児については、相続においてすでに生まれたものとみなして相続権を認めている。養子は、実子と同様の扱いのため相続人となる。配偶者である妻も含め、相続人の数は6人となる。次に、相続税法上の法定相続人の数を考えていく。子Aは実子のため法定相続人である。子Bは、相続を放棄しているが、その放棄がなかったものとみなすため、法定相続人として数える。胎児は、相続税の申告期限において、まだ胎児が生まれていない場合は、その胎児がいないものとして取り扱う。養子（普通養子）がいる場合、実子がいない場合は2人まで、実子がいる場合は1人まで、法定相続人の数に参入できる。なお、代襲相続人の養子、特別養子、連れ子養子は、実子とみなされる。事例の法定相続人の数は、4人となる。

7. 相続税の計算体系

1.各人の相続税の課税価格の計算

本来の相続財産
+
みなし相続財産
+
非課税財産
−
債務控除額
+
生前贈与加算
↓
各人の相続税の課税価格

被相続人のプラスとマイナスの財産を相殺します！

2.相続税の総額の計算

相続税の課税価格の合計額
−
遺産に係る基礎控除
↓
課税遺産総額
×
法定相続分に応じた各人の相続税額
↓
相続税の総額

基礎控除額を差し引き、相続税の総額を計算します！

3.各人の納付すべき相続税額の計算

相続税の総額
×
実際の按分割合
↓
算出相続税額
+
相続税額の加算額
−
税額控除額
↓
各人の納付すべき相続税額

それぞれの、相続税の納付税額を計算します！

相続税を計算するには、3つのステップを経て納付税額を求めます！

相続税の計算は３つのステップで計算！

　最初のステップは、「各人の相続税の課税価格の計算」である。相続人がそれぞれ取得する財産の価額を計算する。簡単にいえば、プラスの財産とマイナスの財産を相殺する。マイナスの財産の方が多ければ、相続税はかからないので、相続税の計算はその時点で終了となる。

基礎控除額の計算はできて当然！

　第２ステップは、「相続税の総額」の計算である。各人の納付税額の基となる金額の計算をする。基礎控除後の課税遺産総額に、各人の法定相続分を掛け合わせ、取得金額から相続税の速算表を用い税額を求め合計する。これが、相続税の総額となる。このステップでは、有名な相続税の基礎控除額、「3,000万円＋（600万円×法定相続人の数）」の計算がある。仮に、法定相続人の数が３人だった場合は、4,800万円となる。所有しているプラスの財産の合計が、基礎控除額以下であれば、基本的に相続税はかからない。基礎控除額の計算式は、2015年１月１日から、それ以前の基礎控除額の４割引きになってしまった。基礎控除額が縮減されれば、それだけ相続税を支払う人が増加する。

手続きをすれば配偶者は特別扱いをしてくれる！

　第３ステップは、各人の納付すべき相続税額の計算である。第２ステップでは、相続税の総額を求めたのに対し、第３ステップでは、各人それぞれの納付すべき相続税額を求める。よって個別の話が出てくる。冒頭でも説明したが、配偶者であれば、１億6,000万円までは相続税がかからなかったり、相続税の２割加算の対象であれば、相続税額が増えてしまったりと、各人によってその扱いは異なる。

8. 課税価格の合計額と 課税遺産総額

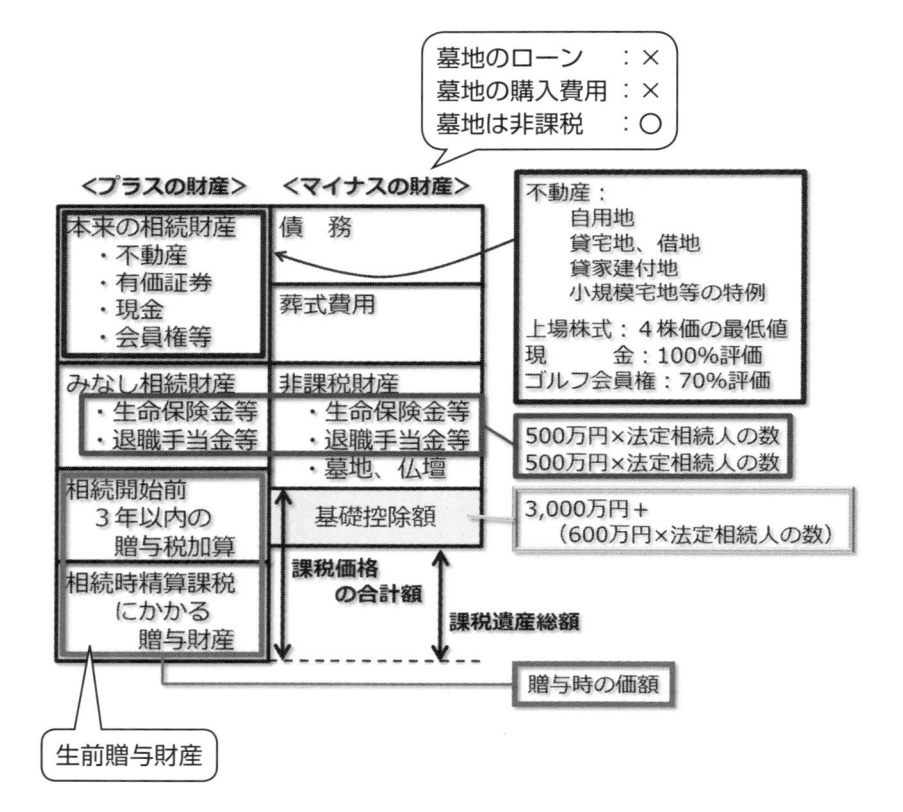

墓地のローン　：×
墓地の購入費用：×
墓地は非課税　：○

＜プラスの財産＞　　＜マイナスの財産＞

本来の相続財産 ・不動産 ・有価証券 ・現金 ・会員権等	債　務	不動産： 　　自用地 　　貸宅地、借地 　　貸家建付地 　　小規模宅地等の特例
	葬式費用	上場株式：4株価の最低値 現　　金：100％評価 ゴルフ会員権：70％評価

みなし相続財産
・生命保険金等
・退職手当金等

非課税財産
・生命保険金等
・退職手当金等
・墓地、仏壇

500万円×法定相続人の数
500万円×法定相続人の数

相続開始前
3年以内の
贈与税加算

基礎控除額

3,000万円＋
　（600万円×法定相続人の数）

相続時精算課税
にかかる
贈与財産

課税価格
の合計額

課税遺産総額

贈与時の価額

生前贈与財産

各相続人の課税価格の合計が課税価格の合計額で、基礎控除額を差し引いた後の金額を、課税遺産総額といいます！

プラスとマイナスの財産を相殺して課税価格を計算する！

　図表の「本来の相続財産」は、居住している土地や建物、現金、株式等など、私たちの身近な財産が対象となっている。「みなし相続財産」は、生命保険の死亡保険金や、死亡退職したときの退職手当金が該当する。相続が開始した時点では、被相続人の財産とはいいがたいが、実質的には財産を取得したのと同じ効果があるため、相続財産と「みなされ」てしまう。しかし、生命保険金等や退職手当金等などは、それぞれ「500万円×法定相続人の数」が非課税限度額となっている。墓地、墓石、仏壇、仏具なども非課税財産となっているが、墓地のローンは債務控除されず、墓地の購入費用等は葬式費用に入れることはできない。団体信用生命保険に加入している住宅ローンは、契約者の死亡をもって清算されるため、債務控除の対象とはならない。葬儀費用には、通夜や本葬費用、お布施や戒名料などが対象となるが、香典は贈与税が非課税となるため、香典返礼費用は葬儀費用に入れることはできない。

生前の贈与財産は「贈与時の価額」で評価される！

　被相続人から相続開始前3年以内に贈与を受けた財産は、贈与税を支払っていたとしても、改めて相続税の課税対象となる。このままでは贈与税と相続税の二重課税となるため、贈与税額控除として、すでに支払った贈与税額を相続税額から控除できる。もう一つが、相続時精算課税制度を利用した場合である。その名の通り、相続時に精算する制度で、贈与財産の評価は、相続時の価額ではなく、贈与時の価額で加算される。各人の課税価格の合計額から基礎控除額を差し引くことで、課税遺産総額が求められる。

9. 配偶者の税額軽減

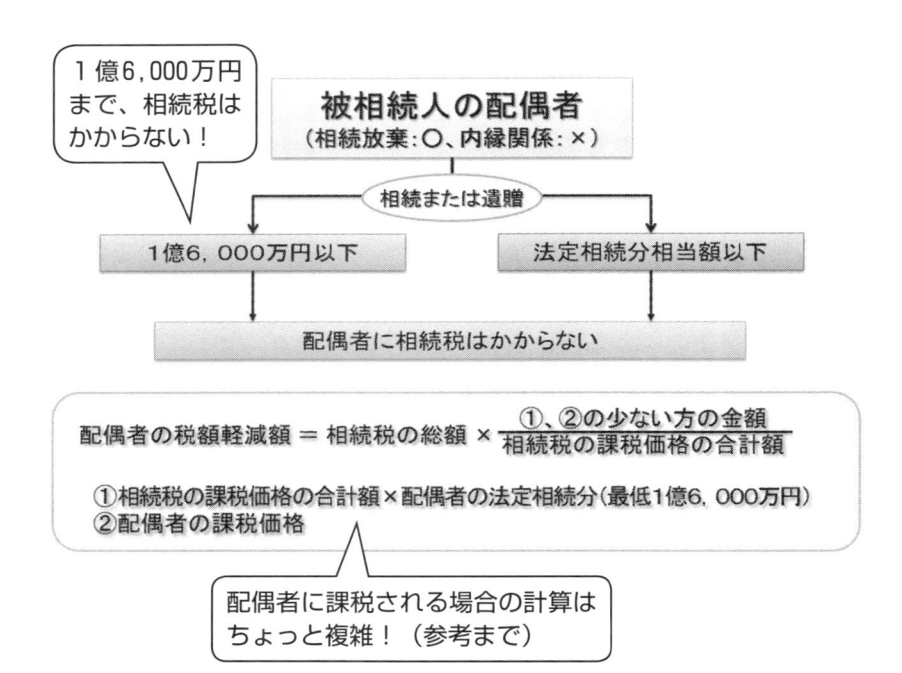

1億6,000万円まで、相続税はかからない！

被相続人の配偶者
（相続放棄：○、内縁関係：×）

相続または遺贈

1億6,000万円以下	法定相続分相当額以下

配偶者に相続税はかからない

$$配偶者の税額軽減額 ＝ 相続税の総額 \times \frac{①、②の少ない方の金額}{相続税の課税価格の合計額}$$

①相続税の課税価格の合計額×配偶者の法定相続分（最低1億6,000万円）
②配偶者の課税価格

配偶者に課税される場合の計算はちょっと複雑！（参考まで）

「1億6,000万円以下」というのは有名ですが、配偶者の軽減税額を計算するのは、知識が必要になります！

配偶者の相続税額を激減させる税額軽減のルール

　被相続人の配偶者は、様々な点を考慮し税制面で優遇されている。例えば、夫が亡くなった後、夫の残した家や生活資金などは、妻もその資産の維持や形成に寄与しているし、妻の老後の生活保障としても大切な財産となるからだ。そこで、配偶者の税額軽減として、配偶者が実際に取得した正味の遺産額（配偶者の課税価格）が、「1億6,000万円以下」または「配偶者の法定相続分相当額以下」であれば、配偶者に相続税はかからない。内縁関係者には適用されないが、配偶者が相続を放棄した場合でも適用される。

配偶者の取得遺産額が1億6,000万円以下なら相続税額は0円

　配偶者の税額軽減の計算をする場合、まず、「1億6,000万円」と「法定相続分相当額」を比較し、いずれか多い金額を求める。「1億6,000万円以下」の場合、相続税はかからないので簡単だ。次に「法定相続分相当額」の確認をする。第1順位なら2分の1、第2順位なら3分の2、第3順位なら4分の3を超えなければ、こちらも相続税はかからない。

配偶者の税額軽減の適用を受けるには、申告が必要！

　配偶者の税額軽減は、相続税の申告期限（相続の開始があったことを知った日の翌日から10ヵ月以内）までに分割されていない財産は税額軽減の対象にはならない。ただし、相続税の申告書等に「申告期限後3年以内の分割見込書」を添付することで、申告期限から3年以内に分割したときは、税額軽減の対象になる。

10. 相続税額の2割加算

代表的な相続税額の2割加算の対象者

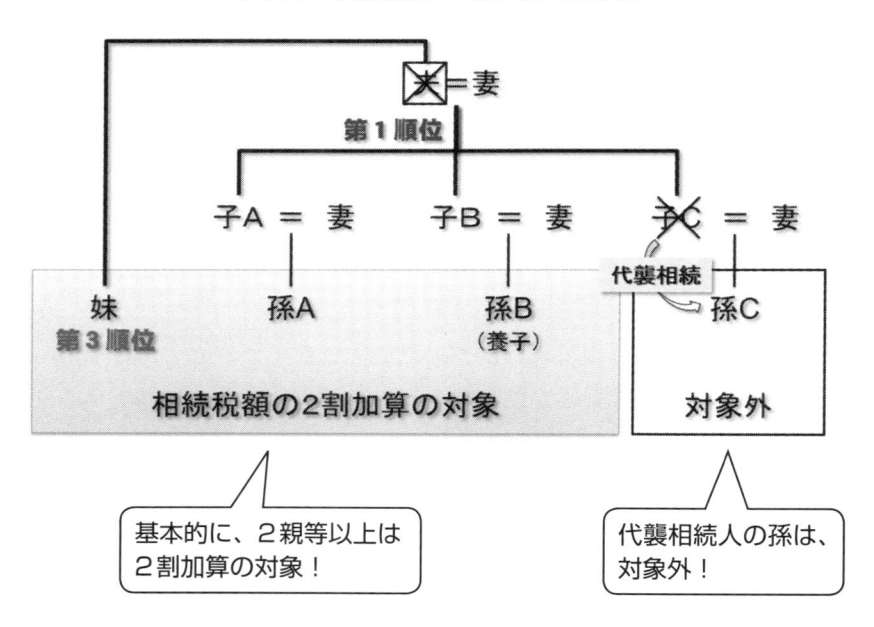

第1順位

子A ＝ 妻　　　子B ＝ 妻　　　子C ＝ 妻

妹
第3順位

孫A　　　　孫B
（養子）

代襲相続

孫C

相続税額の2割加算の対象

対象外

基本的に、2親等以上は
2割加算の対象！

代襲相続人の孫は、
対象外！

棚からぼたもち的に、相続財産を取
得すると、相続税が2割増しになる
ことがあります！

所定の者は相続税額が２割増しに！

相続財産を取得した人のうち、相続税額の２割に相当する金額が加算されてしまう場合がある。これを、相続税額の２割加算という。

相続税額の２割加算の適用対象者は、「１親等の血族、１親等の血族の代襲相続人、被相続人の配偶者」以外の者である。この「以外の人」というのがイメージしにくい。大雑把な表現をすれば、「第３順位の兄弟姉妹、代襲相続人でない孫・孫養子」が対象となる。

兄弟姉妹は相続税額の２割加算の対象

相続税額の２割加算の対象となるのは、第３順位の兄弟姉妹である。図表の場合は、被相続人の妹である。兄弟姉妹は２親等のため、１親等の血族以外になる。甥や姪などは３親等にあたるため、２割加算の対象となる。

代襲相続人となる孫は相続税額の２割加算の対象外

理解しにくいのが孫だ。まず、孫の３パターンを頭に入れることから始めよう。通常の孫、孫養子、代襲相続人の孫である。

「通常の孫」の場合、被相続人とは２親等となるため２割加算の対象になる。ややこしいのは「孫養子」だ。被相続人の養子になっている孫なので、位置的には実子である子Ａや子Ｂと同じ１親等になるが、2003年の法改正により、孫養子は２割加算の対象となった。「代襲相続人の孫」は、子Ｃの代わりに相続するので、２割加算の対象にはならない。仮に、孫Ｃが被相続人の養子になっていたとしても、代襲相続人に該当する場合、２割加算の対象とはならない。

11. 【Step. 1】 各人の相続税の課税価格の計算

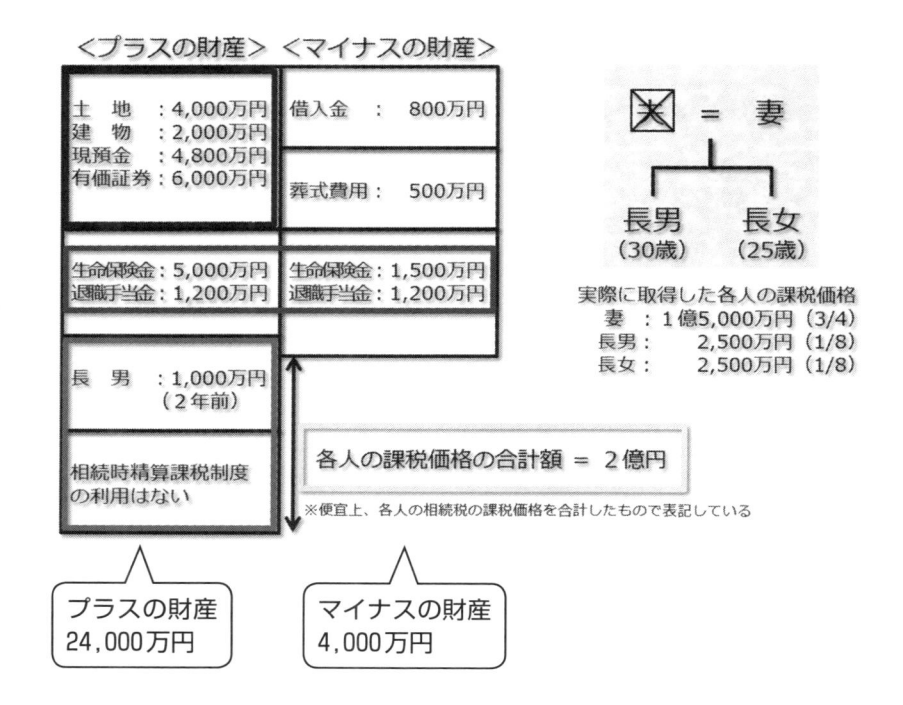

＜プラスの財産＞ ＜マイナスの財産＞

土　地　：4,000万円 建　物　：2,000万円 現預金　：4,800万円 有価証券：6,000万円	借入金　：　800万円
	葬式費用：　500万円
生命保険金：5,000万円 退職手当金：1,200万円	生命保険金：1,500万円 退職手当金：1,200万円
長　男　：1,000万円 　　　　　（2年前）	
相続時精算課税制度 の利用はない	

⊠ ＝ 妻

長男　　　　長女
（30歳）　　（25歳）

実際に取得した各人の課税価格
妻　：1億5,000万円（3/4）
長男：　　2,500万円（1/8）
長女：　　2,500万円（1/8）

各人の課税価格の合計額 ＝ 2億円

※便宜上、各人の相続税の課税価格を合計したもので表記している

プラスの財産
24,000万円

マイナスの財産
4,000万円

非課税財産のうち、生命保険金等や退職手当金等の非課税限度額は、相続人が取得した金額が上限となる点に、注意が必要です！

実際に相続税がいくらになるか計算してみよう！

　具体的な相続税額を求めることで、計算体系の理解を深めていきたい。親族関係図をみると、被相続人が夫で、妻、長男、長女の3人が法定相続人である。相続を放棄した者はいない。法定相続分とは異なり、実際に取得した各人の課税価格は、妻が1億5,000万円（4分の3）、長男、長女がそれぞれ2,500万円（8分の1）ずつとなっている。

プラスの財産とマイナスの財産を相殺する

　本来の相続財産は、土地4,000万円、建物2,000万円、現金4,800万円、有価証券6,000万円である。次は、みなし相続財産にで、生命保険金5,000万円、退職手当金1,200万円である。どちらにもそれぞれ非課税限度額「500万円×法定相続人の数」がある。この事例の場合、法定相続人の数は3人なので、非課税限度額は1,500万円となる。生命保険金は問題ないが、退職手当金は1,200万円であるため、その非課税限度額も1,200万円が上限となる。控除できる債務および葬式費用は、借入金800万円、葬式費用が500万円である。借入金は、墓地のローンや団信付きの住宅ローンではないものとする。

基礎控除前の各人の課税価格の合計額は2億円

　最後に贈与関連である。生前贈与加算として、長男は被相続人から2年前に1,000万円の贈与を受けている。相続開始から3年以内なので、この1,000万円は相続税の課税対象となる。なお、相続時精算課税度の利用はないので、その点については考えない。各人の課税価格の合計額を計算すると、プラスの財産が24,000万円、マイナスできる財産が4,000万円で、各人の課税価格の合計額は2億円となる。

12. 【Step. 2】相続税の総額の計算

課税価格の合計額　＝　2億円
遺産に係る基礎控除　＝　3,000万円　＋　600万円　×　3人

> 基礎控除額の計算！

課税遺産総額　＝　2億円－4,800万円＝　1億5,200万円

　　　　　＜法定相続分＞　　　　　　＜相続税の速算表＞

妻　：×1/2 → 7,600万円 ×30％－700万円 ＝ 1,580万円

長男：×1/4 → 3,800万円 ×20％－200万円 ＝　560万円

長女：×1/4 → 3,800万円 ×20％－200万円 ＝　560万円

> 実際の相続分によらず、民法上の法定相続分で按分する！

相続税の総額　＝　2,700万円

法定相続人の取得金額	税率	控除額
1,000万円以下の金額	10%	―
3,000万円以下の金額	15%	50万円
5,000万円以下の金額	20%	200万円
1億円以下の金額	30%	700万円
2億円以下の金額	40%	1,700万円
3億円以下の金額	45%	2,700万円
6億円以下の金額	50%	4,200万円
6億円超の金額	55%	7,200万円

> 相続税の速算表

> 課税遺産総額に掛け合わせるのは、「実際の相続分」ではなく、「法定相続分」となります！

課税遺産総額は、1億5,200万円

　第2ステップは、「課税価格の合計額＝2億円」が求まっているところからスタートする。各人の課税価格の合計額から、遺産に係る基礎控除を行う。基礎控除額は、「3,000万円＋（600万円×法定相続人の数）」で求められる。法定相続人の数は、妻、長男、長女の3人であるため、「3,000万円＋（600万円×3人）＝4,800万円」が基礎控除額となる。各人の課税価格の合計額から、遺産に係る基礎控除を差し引いたものが、課税遺産総額であり、2億円－4,800万円＝1億5,200万円となる。

相続税の総額は、2,700万円

　課税遺産総額を求めることができたら、相続人ごとに、「法定相続分」を掛け合わせ、各取得金額を求める。注意したいのは、実際の相続分でなく、法定相続分を掛け合わせる点である。計算をすると、それぞれの取得金額は、妻：7,600万円、長男：3,800万円、長女：3,800万円となる。取得金額に千円未満の端数がある場合には切り捨てる。

　千円未満を切り捨てた取得金額に、それぞれ相続税の速算表を参考に、相続税額を計算する。相続税の税率構造は、基礎控除の計算式と共に改正され、2015年1月1日から新しくなった。それぞれの取得金額から、速算表をみると、妻は1億円以下、長男および長女は、5,000万円以下の金額の枠より、該当する税率と控除額を考慮し計算する。それぞれの相続税額は、妻：1,580万円、長男：560万円、長女：560万円となる。法定相続人全員の相続税額を合計すると、「1,580万円＋560万円＋560万円＝2,700万円」になる。これが、相続税の総額となる。

13. 【Step.3】各人の納付すべき相続税額の計算

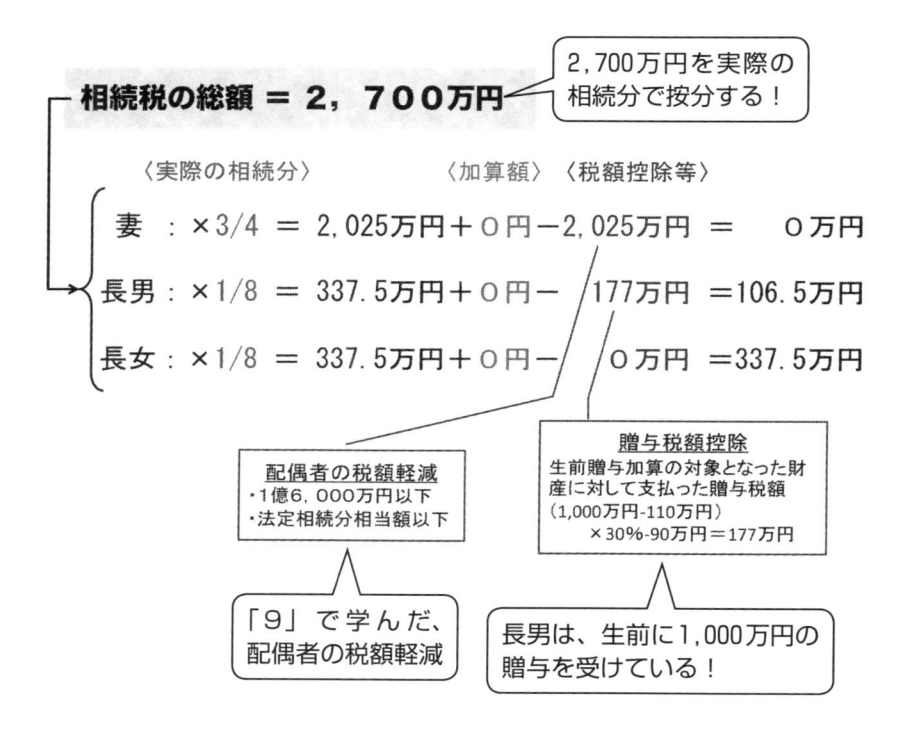

相続税の総額 ＝ 2，700万円

2,700万円を実際の相続分で按分する！

〈実際の相続分〉 〈加算額〉〈税額控除等〉

妻 ： ×3/4 ＝ 2,025万円＋0円－2,025万円 ＝ 0万円

長男： ×1/8 ＝ 337.5万円＋0円－ 177万円 ＝106.5万円

長女： ×1/8 ＝ 337.5万円＋0円－ 0万円 ＝337.5万円

配偶者の税額軽減
・1億6,000万円以下
・法定相続分相当額以下

贈与税額控除
生前贈与加算の対象となった財産に対して支払った贈与税額
（1,000万円-110万円）
×30%-90万円＝177万円

「9」で学んだ、配偶者の税額軽減

長男は、生前に1,000万円の贈与を受けている！

実際の相続分から算出相続税額を求め、相続税額の加算額、税額控除額を加味し、納付すべき相続税額が求まります！

実際の相続分を掛け合わせ、算出相続税額を求める

　第3ステップは、「相続税の総額＝2,700万円」が求まっているところからスタートする。相続税の総額に対し、相続人ごとに、「実際の相続分」を掛け合わせ、各人の算出相続税額を求める。実際の相続分とは、各人の課税価格を各人の課税価格の合計額で除した割合である。妻の課税価格は1億5,000万円で、各人の課税価格の合計額は2億円であるため、1億5,000万円÷2億円＝4分の3が実際の相続分である。同様に、長男、長女の実際の相続分を計算すると、8分の1ずつとなる。これらを掛け合わせ、各人の算出相続税額を求めると、妻：2,025万円、長男：337.5万円、長女：337.5万円と計算できる。

〈相続税額の加算額〉相続税の2割加算の対象者はなし

　次に、算出相続税額に相続税額の加算額を加え、相続税額の加算適用後の算出相続税額を求める。具体的には、相続税の2割加算を行う。今回の事例では適用される対象者はいない。

〈税額控除額〉配偶者の税額軽減や贈与税額控除を行う

　最後に、各人の相続税額の加算適用後の算出相続税額から税額控除額を差し引き、各人の納付すべき相続税額を求める。納付すべき相続税額に百円未満の端数がある場合には切り捨てる。税額控除は、「贈与税額控除額」「配偶者の税額軽減額」「未成年者控除額」「障害者控除額」「相次相続控除額」「外国税額控除額」の6つがある。贈与税額控除は、生前贈与加算により二重課税となった贈与税額を控除するもので、配偶者の税額軽減は、すでに説明した配偶者についての優遇措置である。その他要件を満たせば税額から控除される。

14. 自用地の評価

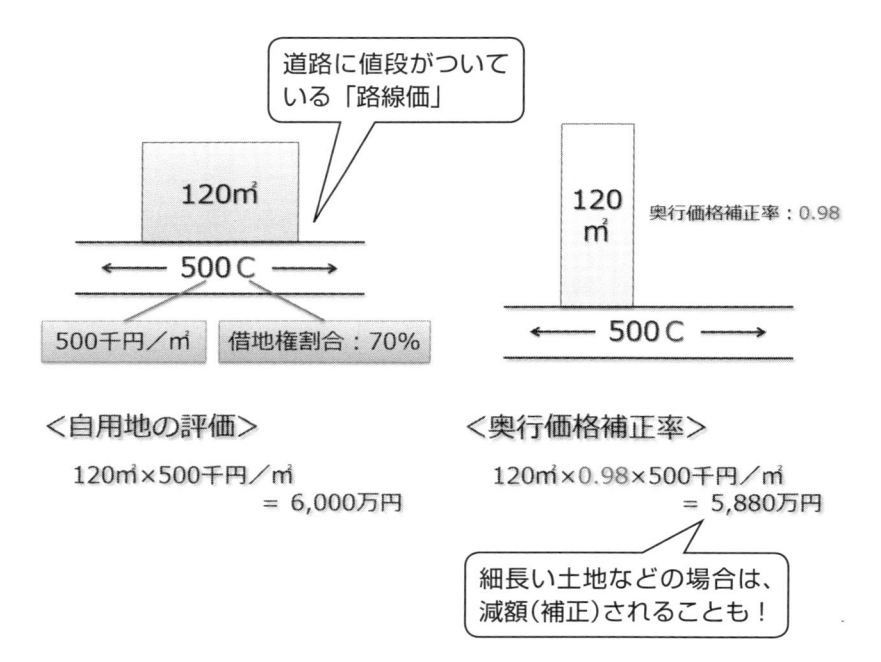

道路に値段がついている「路線価」

120㎡

← 500 C →

500千円／㎡　借地権割合：70%

120㎡　奥行価格補正率：0.98

← 500 C →

<自用地の評価>

120㎡×500千円／㎡
= 6,000万円

<奥行価格補正率>

120㎡×0.98×500千円／㎡
= 5,880万円

細長い土地などの場合は、減額（補正）されることも！

ネットで路線価を調べて、自宅の評価をしてみましょう！

相続税の宅地の評価方式は２つあり！

　本来の相続財産の中でも、金額が大きいものに土地や家屋がある。住宅用の土地を宅地といい、自ら所有し使用している土地を自用地という。宅地の評価方式には、路線価方式と倍率方式があり、宅地ごとに定められたいずれかの方式で求めた価額がその宅地の自用地評価額になる。路線価とは、線に面する標準的な１㎡当たりの価額（単位は千円）で、主に市街地の評価方法である。路線価方式以外は倍率方式での評価になる。

まず、路線価を理解する！

　図表をみると、路線に「500C」とある。１㎡当たり500千円（50万円）であることを意味し、120㎡の宅地であれば、6,000万円の評価となる。宅地が路線からの奥行が深過ぎるなど活用しにくい場合は、奥行価格補正率をもって利用価値の低下を調整する。奥行価格補正率が0.98の場合は、5,880万円の評価に下がってしまう。「500Ｃ」のＣは、借地権割合70％を表す。ＡからＧまであり、Ａなら90％、Ｂなら80％と10％ずつ減少し、Ｇは30％となる。

路線価はネットで調べることが可能！

　路線価は、国税庁が毎年７月初旬に公表している。下記のサイトから、都道府県を選択し、次に市区町村を選択することで、路線価図が表示される。路線価は、公示価格の80％相当額であることは意識しておきたい。

国税庁－路線価図・評価倍率表
「http://www.rosenka.nta.go.jp/」

15. 不動産の財産評価

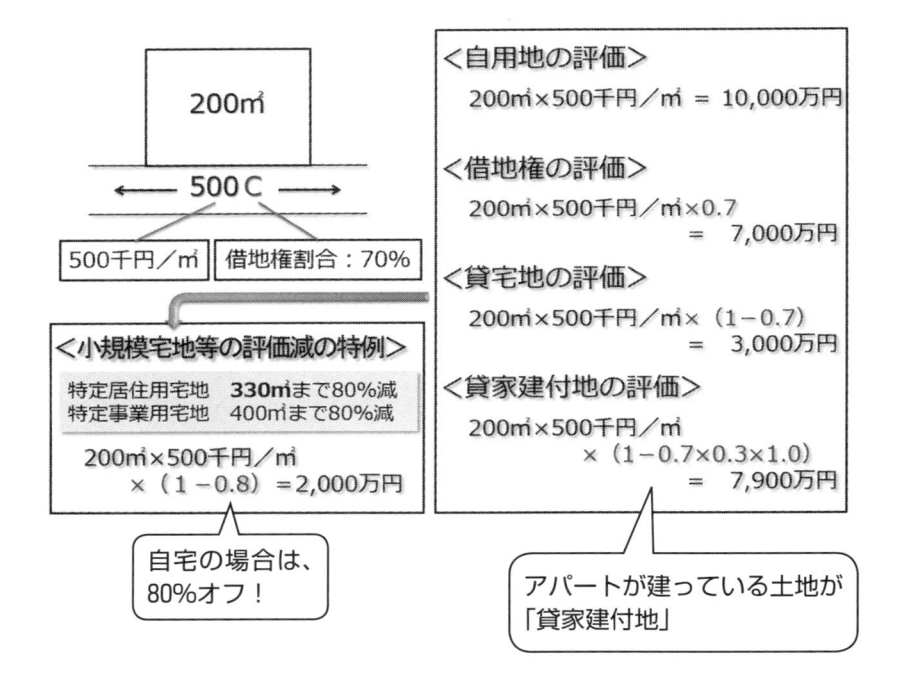

200㎡

← 500 C →

500千円／㎡ | 借地権割合：70%

＜小規模宅地等の評価減の特例＞

特定居住用宅地　**330㎡まで80％減**
特定事業用宅地　**400㎡まで80％減**

200㎡×500千円／㎡
　　　×（1−0.8）=2,000万円

自宅の場合は、
80％オフ！

＜自用地の評価＞
　200㎡×500千円／㎡ = 10,000万円

＜借地権の評価＞
　200㎡×500千円／㎡×0.7
　　　　　　　　　=　7,000万円

＜貸宅地の評価＞
　200㎡×500千円／㎡×（1−0.7）
　　　　　　　　　=　3,000万円

＜貸家建付地の評価＞
　200㎡×500千円／㎡
　　　　×（1−0.7×0.3×1.0）
　　　　　　　　　=　7,900万円

アパートが建っている土地が
「貸家建付地」

居住している自宅の評価が最も低くなります。つまり、相続税が少なくて済むということです。小規模宅地等の評価減の特例は、実務でも大活躍する制度です！

土地の所有の仕方で相続税評価額は異なる！

　図表の土地の面積は200㎡、路線価は500Cより、自用地の評価は、1億円（10,000万円）となる。

　土地を借りている人の借地権の評価は、路線価の借地権割合が70％なので、7,000万円が借地権の評価額となる。

　一方、土地を貸している地主の権利価額が貸宅地の評価額といえる。その評価額は、「自用地評価額×（1－借地権割合）」で求めることができる。事例の場合、3,000万円が評価額となる。

アパートが建てられている土地の評価、満室で21％引き！

　貸家建付地とは、貸家の目的とされている宅地をいう。簡単にいえば、アパートなどの貸家が建っている土地のことを指す。貸家建付地の評価額は、「自用地評価額×（1－借地権割合（70％）×借家権割合（一律30％）×賃貸割合）」で求まる。賃貸割合とは、アパートが10部屋（同じ床面積とする）あり、満室だったら100％、3部屋空室だったら70％という割合をいう。満室の方が減額される金額が増える。事例の場合、1.0となっているので、満室での評価額を計算している。

自宅の場合は、330㎡まで80％引き！

　最後は、小規模宅地等の評価減の特例である。この特例は、自宅（特定居住用宅地等）であれば、面積330㎡まで、その財産の価額から80％が割り引かれる制度である。1億円の評価額の自宅でも、2000万円として課税されるため相続税の負担が少なくて済む。店舗等（特定事業用宅地等）であれば、400㎡まで80％減となり、特定居住用宅地等と併用する場合、合計730㎡まで適用可能となる。

16. 贈与税の課税財産

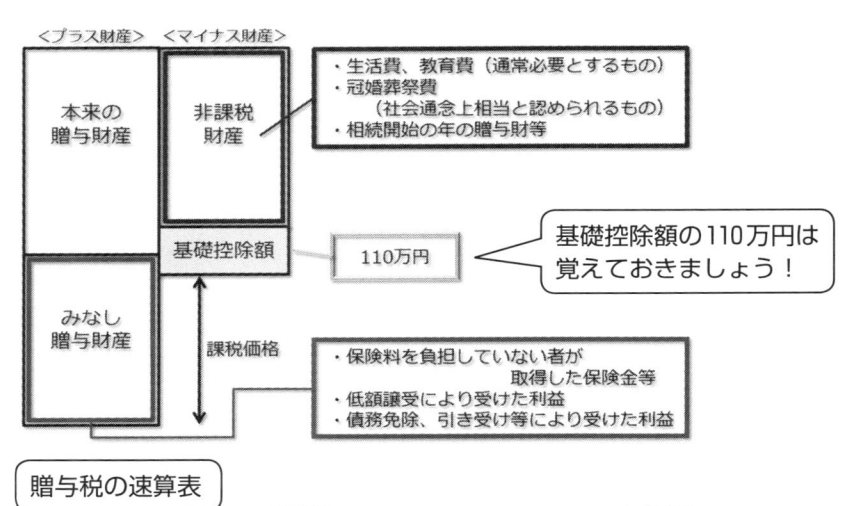

<プラス財産> <マイナス財産>

本来の
贈与財産

非課税
財産

・生活費、教育費（通常必要とするもの）
・冠婚葬祭費
　　（社会通念上相当と認められるもの）
・相続開始の年の贈与財等

基礎控除額　110万円

基礎控除額の110万円は
覚えておきましょう！

みなし
贈与財産

課税価格

・保険料を負担していない者が
　　　　　取得した保険金等
・低額譲受により受けた利益
・債務免除、引き受け等により受けた利益

贈与税の速算表

<特例税率>
20歳以上の者が直系尊属から贈与を受けた場合

<一般税率>
その他の場合の贈与を受けた場合

基礎控除後の課税価格	税率	控除額	基礎控除後の課税価格	税率	控除額
200万円以下の金額	10%	―	200万円以下の金額	10%	―
400万円以下の金額	15%	10万円	300万円以下の金額	15%	10万円
600万円以下の金額	20%	30万円	400万円以下の金額	20%	25万円
1,000万円以下の金額	30%	90万円	600万円以下の金額	30%	65万円
1,500万円以下の金額	40%	190万円	1,000万円以下の金額	40%	125万円
3,000万円以下の金額	45%	265万円	1,500万円以下の金額	45%	175万円
4,500万円以下の金額	50%	415万円	3,000万円以下の金額	50%	250万円
4,500万円超の金額	55%	640万円	3,000万円超の金額	55%	400万円

2015年1月から、贈与税の税率構
造が見直され、直系尊属からの贈与
は特例税率を、その他の場合は一般
税率を使用して贈与税額を計算し
ます！

贈与税の基礎控除額は110万円！

　親から子に、例えば結婚資金の援助や、住宅取得のための資金援助をしようとしたとき、避けて通れないのが贈与税である。贈与税には、年間110万円の基礎控除がある。１年間に贈与により取得した財産の価額の合計額が110万円以下であれば贈与税は課税されず、贈与税の申告書を提出する必要もない。贈与税は、個人からの贈与により取得した財産の合計額が基礎控除額（110万円）を超えた場合、贈与を受けた年の翌年２月１日から３月15日までの間に、贈与税の申告・納付する必要がある。

贈与税の税率は相続税よりも高い！

　贈与税が存在しないと、亡くなる前に、自分の財産を配偶者や子どもたちに贈与することで、相続税の課税対象となる資産を無くすことが可能になってしまう。相続税を存在させるためには、贈与税という相続税よりも税率（累進の度合い）の高い税が必要だったのである。そのため、贈与税は相続税の補完税ともいわれている。

知らないうちに贈与税が課せられていることも！

　父親が1,000万円で購入した高級車を、子どもに100万円で譲渡した場合である。差額の900万円は、父親からの贈与とみなされる。これを「低額譲受（ていがくゆずりうけ）」という。また、子の借金200万円を父親が肩代わりした場合も、200万円の贈与があったものとみなされる。これを「債務免除」という。ただし、子どもがすでに債務超過の状態に陥り、弁済が不可能とされた場合は、贈与により取得したものとみなされず、その価額に課せられる贈与税は免除される。

17. 贈与税の配偶者控除

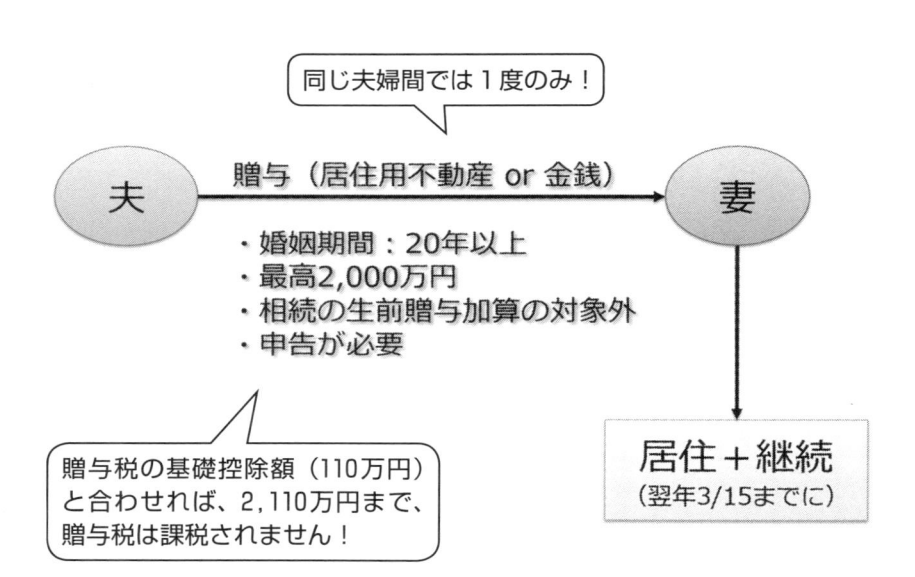

同じ夫婦間では1度のみ！

夫 ── 贈与（居住用不動産 or 金銭）──▶ 妻

・婚姻期間：20年以上
・最高2,000万円
・相続の生前贈与加算の対象外
・申告が必要

贈与税の基礎控除額（110万円）
と合わせれば、2,110万円まで、
贈与税は課税されません！

居住＋継続
（翌年3/15までに）

生前に贈与をすることで、相続税対策に活用することができます！

2,000万円まで贈与税がかからない、贈与税の配偶者控除

　夫婦間で、居住用不動産等の贈与をした場合、贈与税の基礎控除110万円とは別に、2,000万円の控除がある。これを贈与税の配偶者控除という。例えば、夫の相続が開始したとき、土地や家屋の金額によっては、妻の相続税額が大きな負担になることもある。しかし、生前に妻に対して贈与をすると贈与税がかかる。贈与税率は相続税率よりも高く設定されているため、生前の贈与には抵抗がある。そもそも、夫婦間の財産は、残された配偶者の老後保障になることや、その財産は夫婦の協力によって得られるものと考えられる。また、夫婦間では、贈与という観念が薄いことなどから、配偶者について、贈与税の優遇措置が設けられている。それが、贈与税の配偶者控除である。

贈与税の配偶者控除を利用するための要件とは？

　贈与税の配偶者控除の適用を受けるには、贈与配偶者との婚姻期間が、贈与時に正味で20年以上あること、贈与する財産は居住用不動産または居住用不動産を取得するための金銭でなければならない。どちらの場合でも、取得した日の属する年の翌年3月15日までに居住し、その後も引き続き住み続ける見込みが必要である。一定の要件を満たし、贈与税の申告をすることで、最高2,000万円までが控除される。

　贈与税の配偶者控除は、贈与税の基礎控除額である110万円とは別に控除されるため、合わせると2,110万円までは課税されない。贈与税の配偶者控除は、生前に贈与を行うことになるが、生前贈与加算の対象にはならない。なお、同じ夫婦間において、一度しか適用されない。

18. 相続時精算課税制度

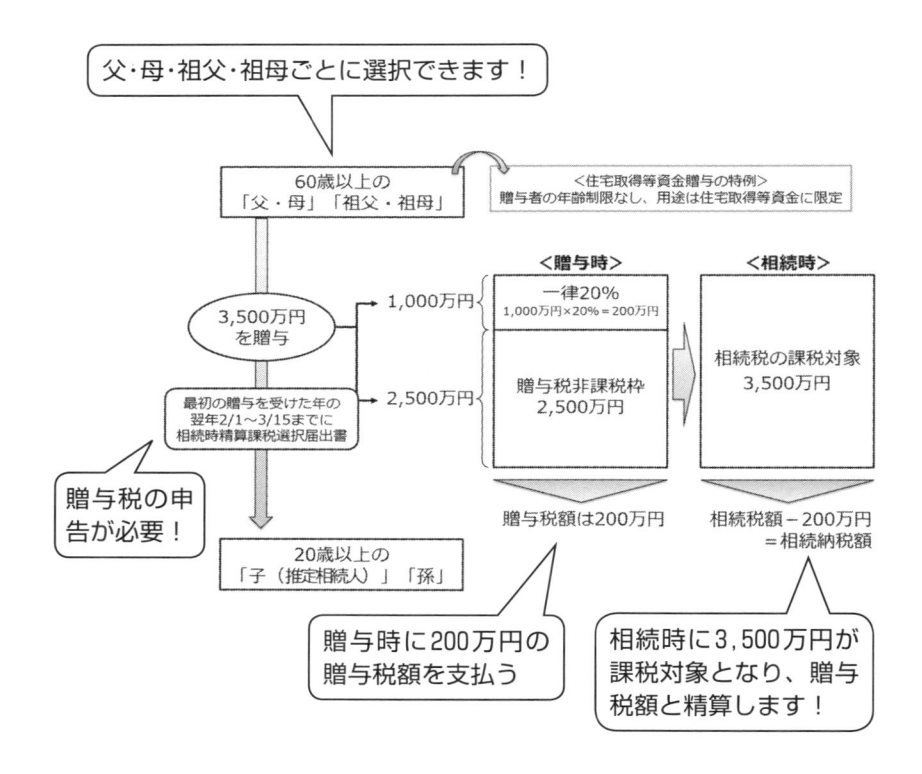

父・母・祖父・祖母ごとに選択できます！

60歳以上の
「父・母」「祖父・祖母」

＜住宅取得等資金贈与の特例＞
贈与者の年齢制限なし、用途は住宅取得等資金に限定

3,500万円
を贈与

最初の贈与を受けた年の
翌年2/1～3/15までに
相続時精算課税選択届出書

贈与税の申
告が必要！

20歳以上の
「子（推定相続人）」「孫」

＜贈与時＞

1,000万円

一律20%
1,000万円×20%＝200万円

2,500万円

贈与税非課税枠
2,500万円

贈与税額は200万円

＜相続時＞

相続税の課税対象
3,500万円

相続税額－200万円
＝相続納税額

贈与時に200万円の
贈与税額を支払う

相続時に3,500万円が
課税対象となり、贈与
税額と精算します！

相続時精算課税制度を利用しても、
最終的に贈与した財産には相続税
がかかります！

父母・祖父母から、子・孫へ資産を移転させるのが目的

　高齢化の進展や長寿化などにより、死亡時の相続では親世代から子世代への資産移転がスムーズに行えなくなってきた。そこで、2003年1月1日から相続時精算課税制度が導入された。この制度は、相続を待たずに生前の贈与を促進するもので、一定の要件を満たせば、2,500万円以内であれば贈与税は課せられない。ただし、相続時に相続税が課せられる点に注意が必要だ。

必要な手続きと制度の仕組み

　相続時精算課税制度の適用を受けるには、最初の贈与を受けた年の翌年2月1日から3月15日までの間に届出書等を贈与税の申告書に添付するなど、手続きが必要となる。適用対象となる贈与者は、60歳以上（1／1時点）の者であり、受贈者は20歳以上（1／1時点）の子である推定相続人および孫になる。非課税となる2,500万円を超える部分については、一律20％の贈与税が課税される。相続税額の算出のときに、相続税額の方が低ければ、その差額が調整され戻される。なお、相続財産と合算する際の贈与財産の価額は、贈与時の時価になる。

相続時精算課税制度の注意点

　相続時精算課税制度を一度選択すると、通常の贈与（暦年課税制度）で適用される基礎控除110万円が選択した贈与者からは使えなくなり、その後変更することもできない。また、この制度により自宅の贈与を受けた場合、小規模宅地等の評価減の特例は適用されない。その他、この制度を利用した贈与財産は、物納財産として認められないなどの制約もある。様々な制約や留意点があるので注意が必要である。

19. 自筆証書遺言の方式緩和と法務局による保管制度の創設

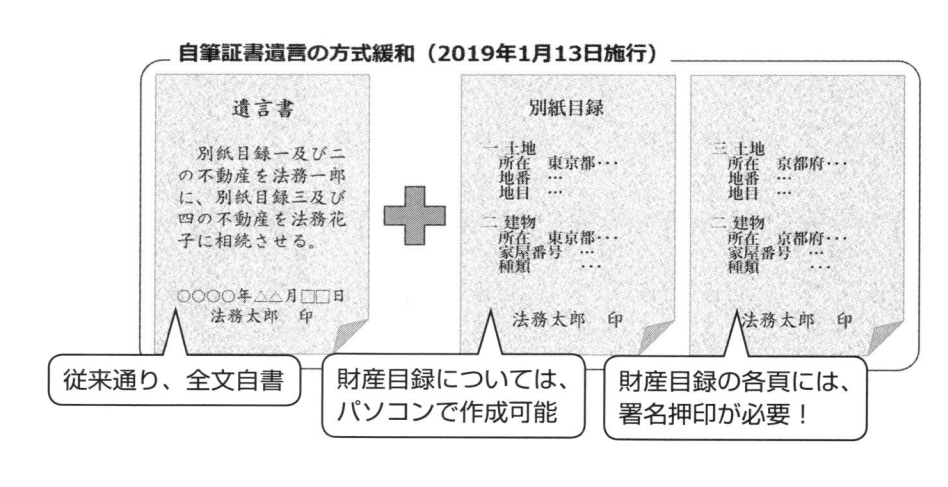

自筆証書遺言の方式緩和（2019年1月13日施行）

遺言書

別紙目録一及び二の不動産を法務一郎に、別紙目録三及び四の不動産を法務花子に相続させる。

〇〇〇〇年△△月□□日
法務太郎　印

別紙目録

一　土地
　所在　東京都…
　地番　…
　地目　…

二　建物
　所在　東京都…
　家屋番号　…
　種類　…

法務太郎　印

三　土地
　所在　京都府…
　地番　…
　地目　…

二　建物
　所在　京都府…
　家屋番号　…
　種類　…

法務太郎　印

従来通り、全文自書

財産目録については、パソコンで作成可能

財産目録の各頁には、署名押印が必要！

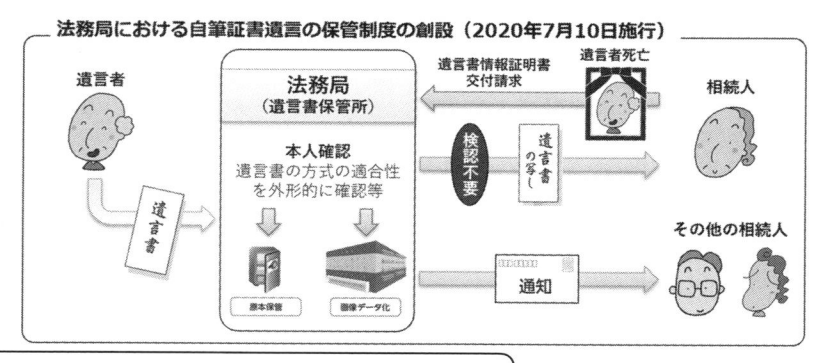

法務局における自筆証書遺言の保管制度の創設（2020年7月10日施行）

遺言者

法務局（遺言書保管所）

本人確認
遺言書の方式の適合性を外形的に確認等

原本保管　　　画像データ化

遺言書

遺言書情報証明書交付請求　　遺言者死亡

検認不要

遺言書の写し

相続人

その他の相続人

通知

法改正により、自筆証書遺言がさらに利用しやすくなりました！

財産目録はパソコンでの作成が可能に！（2019年1月13日施行）

　自筆証書遺言を作成する場合は、全文を自書する必要があったが、2019年1月13日からは、自筆によらない財産目録を添付することができるようになった。自筆によらないとは、パソコンで目録を作成できることを意味する。通帳のコピーを添付することも可能となった。なお、偽装防止も考慮し、財産目録のすべてのページに署名押印をしなければならない点に注意が必要となる。

法務局が自筆証書遺言を保管してくれる！（2020年7月10日施行）

　相続法の改正と共に、「法務局における遺言書の保管等に関する法律（遺言書保管法）」も成立した。相続をめぐる紛争を防止するという観点から，法務局において自筆証書遺言に係る遺言書を保管する制度を新たに設けることになった。遺言者の死亡後に、相続人や受遺者は全国にある遺言書保管所において、遺言書が保管されているかを調べることができる。遺言書がある場合、その写しの交付を請求でき、また、遺言保管所において、遺言書を閲覧することもできる。遺言の閲覧等が行われると、法務局の遺言書保管官は、他の相続人等に対して、遺言書を保管している旨を通知する。

自筆証書遺言でも検認が不要に！（2020年7月10日施行）

　現行では、自筆証書遺言を見つけた場合、その開封作業は家庭裁判所で行う。これを検認という。遺言書保管所に保管されている遺言書については、家庭裁判所の検認が不要となる。検認が不要となることで、より円滑に相続を進めることが可能となる。作成も比較的容易な自筆証書遺言がより利用しやすくなる改正といえる。

20. 配偶者を保護するための方策

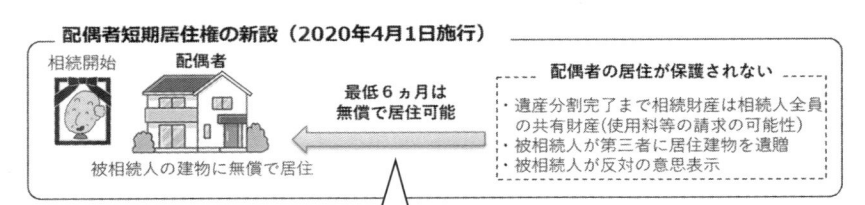

配偶者短期居住権の新設（2020年4月1日施行）

相続開始　配偶者

最低6ヵ月は無償で居住可能

被相続人の建物に無償で居住

配偶者の居住が保護されない
- 遺産分割完了まで相続財産は相続人全員の共有財産（使用料等の請求の可能性）
- 被相続人が第三者に居住建物を遺贈
- 被相続人が反対の意思表示

配偶者の居住権を短期的に保護します！

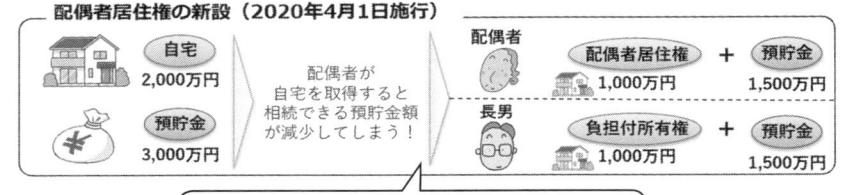

配偶者居住権の新設（2020年4月1日施行）

自宅 2,000万円
預貯金 3,000万円

配偶者が自宅を取得すると相続できる預貯金額が減少してしまう！

配偶者　配偶者居住権 1,000万円 ＋ 預貯金 1,500万円
長男　負担付所有権 1,000万円 ＋ 預貯金 1,500万円

配偶者の居住権を長期的に保護します！

婚姻期間20年以上の夫婦間における居住用不動産の贈与等に関する優遇措置(2019年7月1日)

被相続人　生前に住居を贈与　配偶者　婚姻期間20年以上

従来　計算上、相続財産 ＋
優遇措置　計算上、相続財産ではない ＋

居住用財産の贈与等
↓
特別受益として取り扱わない

配偶者への居住用不動産の贈与の取り扱いを優遇します！

配偶者の居住権が短期的にも長期的にも保護されるようになりました！

配偶者短期居住権の新設（2020年4月1日施行）

　配偶者短期居住権とは、配偶者が相続開始の時に遺産に属する建物に居住していた場合、常に最低6ヵ月間は無償でその建物を使用できる権利をいう。旧民法では、被相続人が第三者に居住建物を遺贈した場合や、反対の意思を表示した場合など、配偶者が居住できなくなることがあるなど配偶者の保護に欠けることがあるため新設が決まった。

配偶者居住権の新設（2020年4月1日施行）

　現行では、配偶者が居住建物を取得する場合、他の財産を受け取れなくなってしまうことがある。例えば、相続人が妻および子で、遺産が自宅（2,000万円）および預貯金（3,000万円）だった場合、妻と子の相続分は1：1のため、2,500万円ずつとなる。しかし、妻が自宅を相続した場合、500万円の預貯金しか相続できない。そこで、妻は配偶者居住権（1,000万円）、子は負担付の所有権（1,000万円）とすることで、預貯金はそれぞれ1,500万円ずつ手にすることが可能となる。

婚姻期間20年以上の夫婦間における
居住用不動産の贈与等に関する優遇措置（2019年7月1日施行）

　生前に被相続人が居住用不動産を配偶者に贈与しても、遺産の先渡しを受けたものと取り扱うため、配偶者が最終的に取得する財産額は、結果的に贈与等がなかった場合と同じになってしまう。今回の改正により、婚姻期間20年以上の夫婦であれば、原則として遺産の先渡しを受けたものと取り扱う必要がなくなり、配偶者は、より多くの他の財産を取得できるようになる。居住用財産の贈与等については、特別受益として取り扱わないため、趣旨に沿った生前贈与が可能となる。

21. 遺産分割に関する見直し等

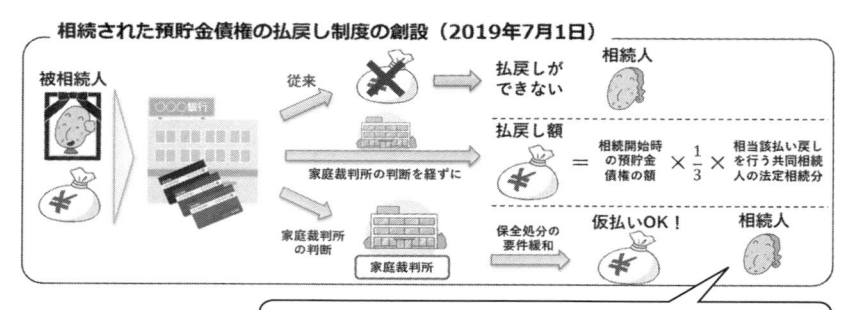

相続された預貯金債権の払戻し制度の創設（2019年7月1日）

被相続人 → ○○○銀行 従来 → 払戻しができない → 相続人

家庭裁判所の判断を経ずに → 払戻し額 = 相続開始時の預貯金債権の額 $\times \frac{1}{3} \times$ 相当該払い戻しを行う共同相続人の法定相続分

家庭裁判所の判断 → 家庭裁判所 → 保全処分の要件緩和 → 仮払いOK！ → 相続人

> 2つの仮払い制度によって、相続人の資金需要に対応できるようになります！

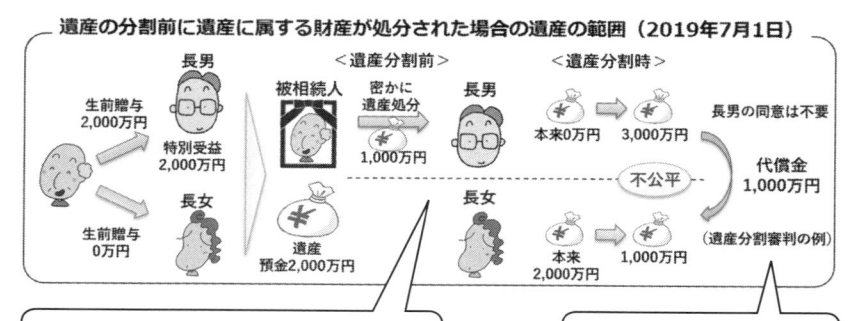

遺産の分割前に遺産に属する財産が処分された場合の遺産の範囲（2019年7月1日）

＜遺産分割前＞　　＜遺産分割時＞

長男　生前贈与2,000万円　特別受益2,000万円
長女　生前贈与0万円

被相続人　密かに遺産処分 1,000万円
遺産 預金2,000万円

長男　本来0万円 → 3,000万円　長男の同意は不要
不公平　代償金1,000万円
長女　本来2,000万円 → 1,000万円　（遺産分割審判の例）

> 従来のままでは、訴訟を起こしても長男が有利に！

> 公平な遺産分割を実現することが可能に！

> 遺産分割によるトラブルが、より少なくなるような改正といえます！

預貯金の払戻制度の創設（2019年7月1日施行）

　相続された預貯金債券は、遺産分割の対象財産となるため、生活費や葬儀費用が必要になっても、遺産分割が終了するまでは単独で払戻し（引き出すこと）ができない。そこで、遺産分割前にも払戻しが受けられる制度を創設することになった。大別すると、次の2つの仮払制度が設けられる。

① 家庭裁判所の判断を経ずに預貯金の払戻しが受けられる制度

　遺産に属する預貯金債権のうち、一定額については、単独での払戻しを認めるようにする。ただし、1つの金融機関から払戻しが受けられるのは150万円までとなる。

　単独で払戻しをすることができる額＝（相続開始時の預貯金債権の額）×（3分の1）×（当該払戻しを求める共同相続人の法定相続分）

② 保全処分の要件緩和（家事事件手続法の改正）

　仮払いの必要性があると認められる場合、他の共同相続人の利益を害しない限り、家庭裁判所の判断で仮払いが認められるようにする。

遺産の分割前に遺産に属する財産が処分された場合の遺産の範囲

　相続開始後に共同相続人の一人が遺産に属する財産を処分した場合に、計算上生ずる不公平を是正する方策を設ける。

　例えば、遺産の分割前に遺産に属する財産が処分された場合であっても，共同相続人全員の同意により、当該処分された財産を遺産分割の対象に含めることができるようになる。共同相続人の1人または数人が遺産の分割前に遺産に属する財産の処分をした場合には、当該処分をした共同相続人については、同意を得る必要はない。

22. 遺産分制度の見直しと特別寄与制度の創設

遺留分制度の見直し（2019年7月1日施行）

会社の土地建物 1億円　長男　→　会社の土地建物が共有状態

被相続人

預金 2,000万円　長女　→　遺留分侵害額 1,000万円（遺留分：3,000万円）

遺留分減殺請求権 ⇒ 遺留分侵害額請求権

事業承継の支障に！

遺言者の意思を尊重できる

金銭請求に！

事業を手伝っていた長男に会社の土地建物を相続させたい！（遺言）

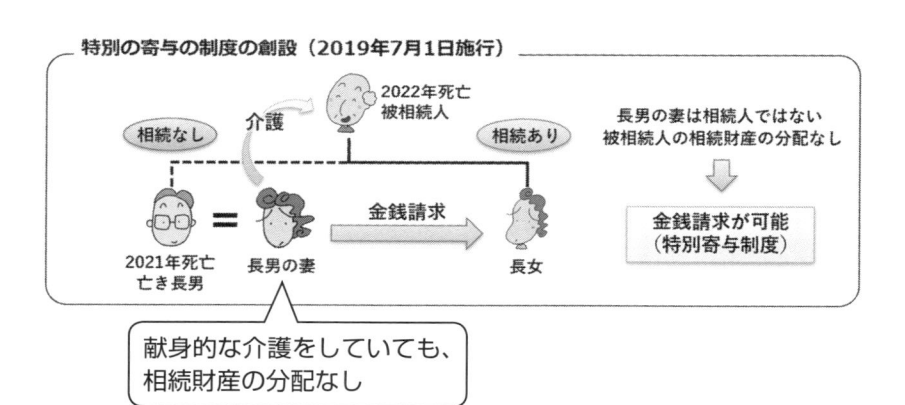

特別の寄与の制度の創設（2019年7月1日施行）

相続なし　介護　2022年死亡 被相続人　相続あり

2021年死亡 亡き長男　＝　長男の妻　金銭請求 →　長女

長男の妻は相続人ではない 被相続人の相続財産の分配なし

↓

金銭請求が可能（特別寄与制度）

献身的な介護をしていても、相続財産の分配なし

遺留分の侵害や、介護等の貢献に報われない場合などに対する対策がこれらの改正に盛り込まれています！

遺留分制度に関する見直し（2019年7月1日施行）

　経営者であった被相続人が、事業を手伝っていた長男に会社の土地建物（評価額1億円）を、長女に預金2,000万円を相続させる旨の遺言をし、死亡した（配偶者はすでに死亡）とする。長女の法定相続分は6,000万円であり、遺留分は3,000万円である。2,000万円しか受け取れない不満な長女が長男に対し、遺留分の侵害額である1,000万円を長男に対して、遺留分減殺請求を行うと、会社の土地建物が長男と長女の複雑な共有状態になってしまう。その持分割合は、長男が1億1,000万円／1億2,000万円、長女が1,000万円／1億2,000万円となる。これでは、事業承継の支障となったり、持ち分権の処分の支障が出たりする恐れがある。

　そこで、遺留分侵害額請求によって生ずる権利は金銭債権となるため、長男は単独で会社の土地建物を所有することが可能となる。そうすることで、遺贈や贈与の目的財産を受遺者等に与えたいという遺言者の意思を尊重することができる。

特別寄与制度の創設（2019年7月1日施行）

　亡き長男の妻が被相続人の介護をしていた場合に、被相続人が死亡してしまうと、相続人の長女が被相続人の介護を全く行っていなくても、相続財産を取得することができる。しかし、長男の妻は、どんなに被相続人の介護に尽くしても、相続人ではないため、被相続人の死亡に際し、相続財産の分配にあずかれない。

　そこで、相続開始後、長男の妻は、相続人の長女に対して、金銭の請求をすることができるようになる。介護等の貢献に報いることができ、実質的公平を図ることが可能となる。

～名義預金の注意点～

　名義預金とは、親族に名義を借りて預金することを指す。祖父母が孫にお金を残す際によく利用されるのが、贈与する対象の孫名義の口座を作成し、その口座に祖父母が振り込むことで贈与を行う方法である。贈与税がかからないよう毎年100万円ずつにする。振り込みをすることで、贈与の証拠も残る。しかし、この方法は注意をしないと、税務署から名義預金の扱いをされ、贈与したにもかかわらず、すべて相続税の対象になってしまう場合がある。

　仮に、孫が生まれてから成人するまでの20年間にわたり預金を続けた祖父が亡くなり、相続が発生したとする。この時、税務署からこの預金の贈与を否認されることがある。贈与を否認されれば、20年かけた孫名義の預金の2,000万円は、すべて相続税の対象になってしまう。これが名義預金である。名義預金と判断されてしまう典型的なパターンは、孫名義の通帳や印鑑を祖父母自身が管理していた場合である。つまり、贈与されたはずの孫は、そのお金を自由に使えない状況になっている。名義だけが孫になっており、実質は祖父の預金と変わらない。そもそも、贈与は、贈与者が「あげます」、受贈者が「もらいます」という契約を交わしてはじめて成り立つ。極端な場合、孫は贈与された事実すら知らないこともある。これでは、贈与とはみなされない。

　名義預金とみなされないためにも、以下の点に注意をする必要がある。一つは、預金の管理・運用を名義人である受贈者に任せ、名義人がいつでも使える状態にすることである。もう一つは、贈与契約書を作成することである。贈与契約書とは、生前贈与の契約を書面に残したものである。この書面により、生前にお互い贈与の意思表示があり、その存在を知っていたことを税務署に対して証明できるからである。

 コンサルティングのポイント〔相続〕

　相続のコンサルティングは、人の死亡が起点になっているためお客様はナーバスな状態となっていることがほとんどである。これまでも解説してきたように、相続は遺産分割や相続分を決める民法上の相続のルールと、相続税・贈与税といった税法上の話の2つに分けることができる。

　一般に、相続というと相続税がかかるかどうかを心配する人が少なくないが、下記の国税庁の相続税の申告状況を見て欲しい。課税割合の推移をみると、全体の8％強となっている。

〈課税割合の推移〉

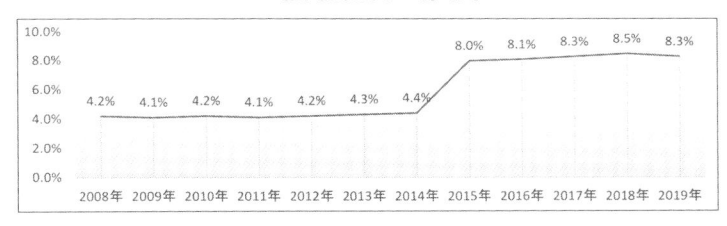

　そもそも日本では、1年間に130万人以上の人が亡くなっている。高齢化の影響もあり、その数は年々増加している。2014年（平成26年）までの課税割合はおよそ4％前半になっているが、2015年（平成27年）からは倍弱の割合に増加しているのが分かる。

　これは、2015年（平成27年）から下記のように基礎控除額が引き下げられたため、課税対象者数が増加したのが理由である。

「5,000万円＋1,000万円×法定相続人の数」

↓

「3,000万円＋600万円×法定相続人の数」

　この改正の影響で、課税対象者は倍近くに増えてしまったが、全体でみれば、9割以上の人は相続税を納税するまでには至って

いない。一部の資産家を除けば、私たちの相続の問題は、必ずしも相続税ではないのである。

　次にご覧いただきたい下記のグラフは、司法統計年報より作成した「遺産分割事件のうち認容・調停成立件数（遺産の価額別）」の推移である。

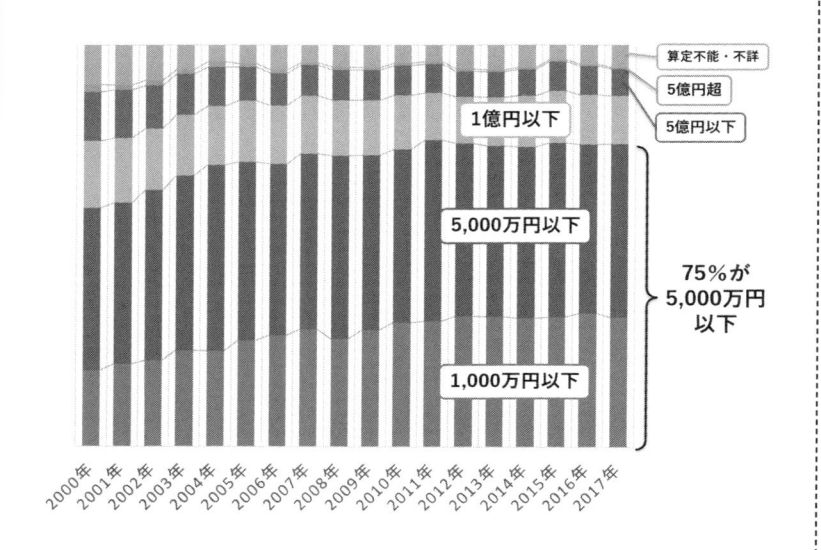

　これを見ると、資産5,000万円以下の遺産分割における認容・調停件数が全体の約75％を占めている。基礎控除である程度カバーできる価額帯であるため、多くの場合相続税とは無縁な相続といえる。しかし、そういう環境下で相続人間が揉めてしまっている現状が見て取れる。

　つまり、相続税のかからない資産状況の相続において、多くのトラブルが起こっているのだ。このような状況もあり、2019年にいわゆる相続法が改正された。相続は、相続税とは別のところで、コンサルティングを必要としているのである。

第7章

コンサルティング・スキル

　ＦＰの知識を十分に有していたとしても、実務に活用していくのは難しいものです。知識をビジネス化していくには、スキルが必要になります。例えば、プレゼンスキル、相談スキル、執筆スキルなどが相当します。これらのスキルと、持ちうる知識を相乗させることで、コンサルティングが行えるのです。

1. ＦＰのスキルマップ

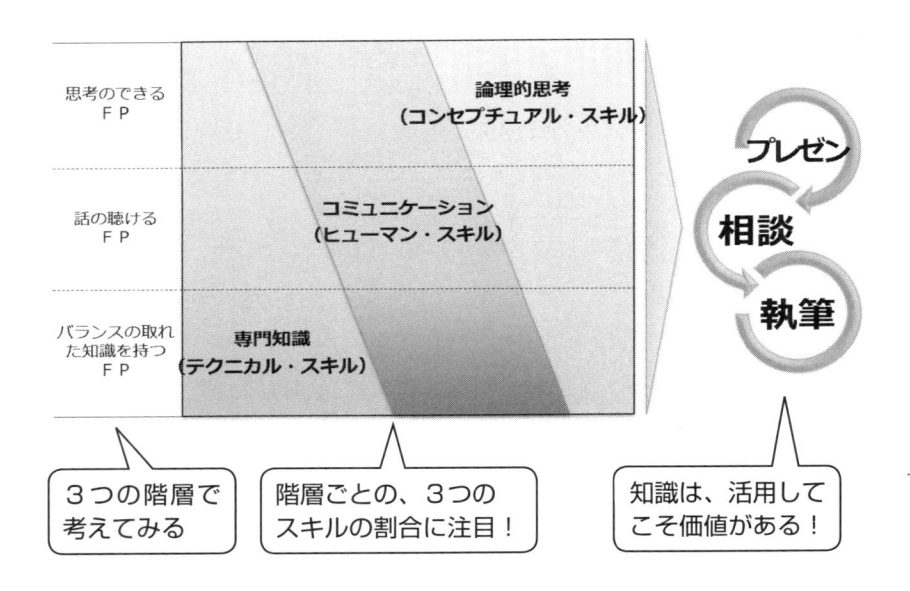

思考のできる
ＦＰ

論理的思考
（コンセプチュアル・スキル）

話の聴ける
ＦＰ

コミュニケーション
（ヒューマン・スキル）

バランスの取れ
た知識を持つ
ＦＰ

専門知識
（テクニカル・スキル）

プレゼン

相談

執筆

３つの階層で
考えてみる

階層ごとの、３つの
スキルの割合に注目！

知識は、活用して
こそ価値がある！

ＦＰの知識を有しているだけでは、なかなかビジネスに結びつきません。コンサルティング・スキルが求められています。

マネジメントに求められる３つのスキル

　ハーバード大学教授のロバート・L・カッツは、マネジャーが必要とするスキルには、業務を遂行する上で必要となる知識や技術である「テクニカル・スキル」、人間関係を構築する技術である「ヒューマン・スキル」、および、複雑な物事を体系立てて概念化できる「コンセプチュアル・スキル」の３つに分類した。図表は、カッツ教授の３分類をＦＰのスキルマップと題してあてはめたものである。

階層ごとに求められる、相対的なスキルの割合

　図表の左側は３つの階層に分かれている。カッツのモデルでは、下から、「担当者層」、「管理者層」、「経営者層」と分かれていて、それぞれの階層ごとに求められるスキルは相対的に異なることを示している。

　ＦＰにあてはめれば、担当者層が資格ホルダーであり、バランスの取れた知識を持つＦＰといえる。管理者層に相当するのは、お客様の話をしっかりと聴くことのできるＦＰであろう。よく、アドバイスができるかどうかに拘る場合もあるが、それはお客様の話を十分に聴けるＦＰでなければ、的を射たコメントはできないはずだ。

　経営者層にあたるのは、思考のできるＦＰである。通常、答えの無い答えを探すことも少なくない。そこでは、物事を体系立てて、論理的に施行できるスキルが求められる。

「プレゼン」、「相談」、「執筆」が知識をビジネスに代えるツール！

　ＦＰとしてこれら３つのスキルをバランスよく身につけることが重要となり、その先に、「プレゼンテーション」、「相談」、「執筆」といった、知識をビジネスに役立てていく手段が待っている。

2. ＦＰが知っておきたい知識

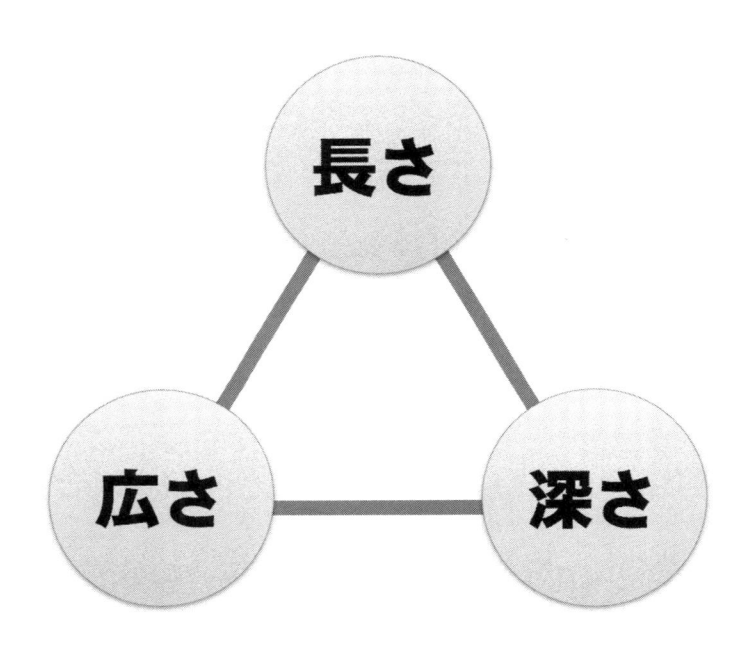

「広さ」、「深さ」、「長さ」のある知識をすべて極めるのは難しいことです。大切なのは、それらのバランスをとることなのです。

ＦＰの学習内容は「広さ」が特徴のひとつ

これまでも見てきたように、ＦＰは社会保険をはじめ、税制、生保・損保、金融、不動産、相続といったように、知識の「広さ」が求められている。しかし、それ故にその知識は「広く浅く」などと揶揄されることもある。それに対して反論するつもりはないが、ＦＰは「広さ」のある代表的資格の一つといえるのではないだろうか。

専門性を高めた「深さ」のある知識

「広さ」のある知識とくれば、「深さ」のある知識という発想も湧いてくる。法律を深く学んでいるのは弁護士、税の世界では税理士、といったように、それぞれのカテゴリーに特化しており、知識として「深さ」を感じる。大半の資格はここに該当する。しかしながら、その性質上「深く狭く」という特徴になる。

過去－現在、そして未来へつながる知識

「広さ」、「深さ」という知識の表現に類似した知識は他にどのようなものがあるだろうか。社保や税制のように、定期的に改正される分野も少なくないため、常に知識をリフレッシュしていく必要がある。その上で、改正の変遷を把握していることも重要な知識の一つといえる。最新の情報だけでなく、過去の経緯も理解しているといった知識を、時間的な「長さ」のある知識と呼ぶのはいかがだろうか。

改正が行われたとしても、なぜそのように変わったのかということは過去の経緯からある程度推察できることもある。そのような知識は重宝されるに違いない。「広さ」、「深さ」、「長さ」のある知識をいかにバランスよく身につけるかが重要なポイントとなる。

3. コミュニケーションと 論理的思考

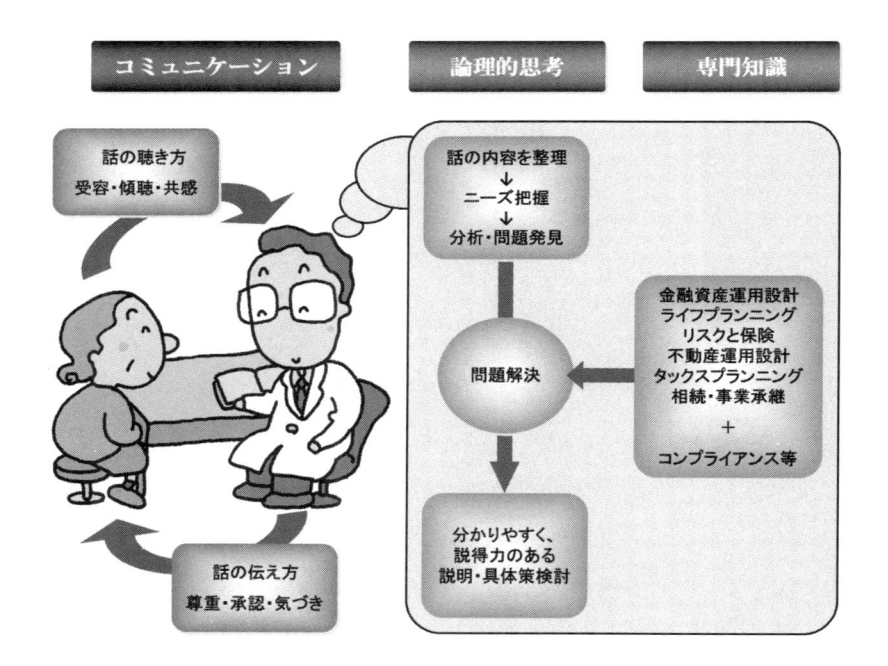

「コミュニケーション」、「論理的思考」、「専門知識」のバランスもビジネスには必要不可欠です。

ビジネスに欠かせない「コミュニケーション」

スマートフォンやパソコンの普及から、ネット上でのコミュニケーションが多くなってきているが、ビジネスにおける最終的な取引は、対ヒトに帰着する場合も少なくない。ＦＰ関連のビジネスともなればなおさらである。

人の話を聴くのは意外と難しい。聴きながらも、つい反論してしまったり、話の追剥をしたりしたことが誰しもあるだろう。言葉でいうのは簡単だが、受容・傾聴・共感することはトレーニングが必要となる。一方、話を伝えることも容易いことではない。相手を尊重し、承認し、気づきを与えるように伝えるのも技術が必要だろう。このようなスキルにたけている人は、ビジネス上、有意であることに疑いの余地はない。

論理的思考は、ビジネスの要のスキル

お客様の話は、特に時系列でもなく、カテゴリーごとに整然と話をしてくれる可能性はそう高くはない。こちらが、話の内容を整理し、本質的なニーズを把握していかないと、問題を見つけることは難しい。

問題を発見し、分析した後どのように解決していくかで必要となるのが、前出の「広さ」、「深さ」、「長さ」のある知識である。

そしてその解決策を、分かりやすく伝えていかなければならない。話すだけでなく、説得し、納得したいただかない限りは、お客様が行動に移すことはない。それにはしっかりとした論理展開が必要不可欠なのである。

「コミュニケーション」、「論理的思考」、「専門知識」のバランスもビジネスにとっては重要なのである。

4. プレゼンテーションの目的と役割

プレゼンテーションは、
何のために行なうのか？

| 説得 | 納得 | 行動 | | 時間 | 環境 | 人 |

「聞き手」に対して、
話し手の望む行動を起こしてもらうため

「話し手の望む行動」とは、聞き手のメリットを目指したものです。

相手のメリットを目指したものであるかどうかがポイント

　優れたプレゼンテーションを行うには、明確な目的が必要になる。抽象的な表現をすれば、「お客様に対して、私たちの望む行動を起こしてもらうため」といえる。お客様を操るようにも聞こえるが、そのようなことではなく、お客様のメリットを目指したものであるという意味である。

　プレゼンテーションは、話を伝えるだけでは効果が見えてこない。前章と重複するが、説得しお客様に納得してもらう必要がある。その前提が無ければ、お客様が行動を起こすことはない。

制約要因を活用したプレゼンテーション

　プレゼンテーションは制約要因との戦いといっても過言ではない。無制限に時間が与えられるわけでもないし、空調のきいた静かな場所で話ができるわけでもない。「時間」、「環境」、「人」などさまざまな要因を乗り越えていく必要がある。

　まず「時間」から考えてみよう。真っ先に思いつくのは「長さ」である。集中力はどこまで持つのか、長ければ休憩をはさむ必要もあるだろう。開始時間や終了時間、そして時間配分も検討すべきである。

　「環境」とは、会場と言い換えてもよい。プロジェクターやホワイトボードの有無、照明などについても気を付けておきたい。プレゼンテーションに大きな影響を及ぼす。

　「人」によっても伝え方は異なる。数百人の会場と、数人の会議室とでは伝え方を変える必要がでてくるし、聞き手の特徴なども考慮しなければならない。このような制約要因を味方につけることがプレゼンテーションでもある。

5. プレゼンテーションの氷山モデル

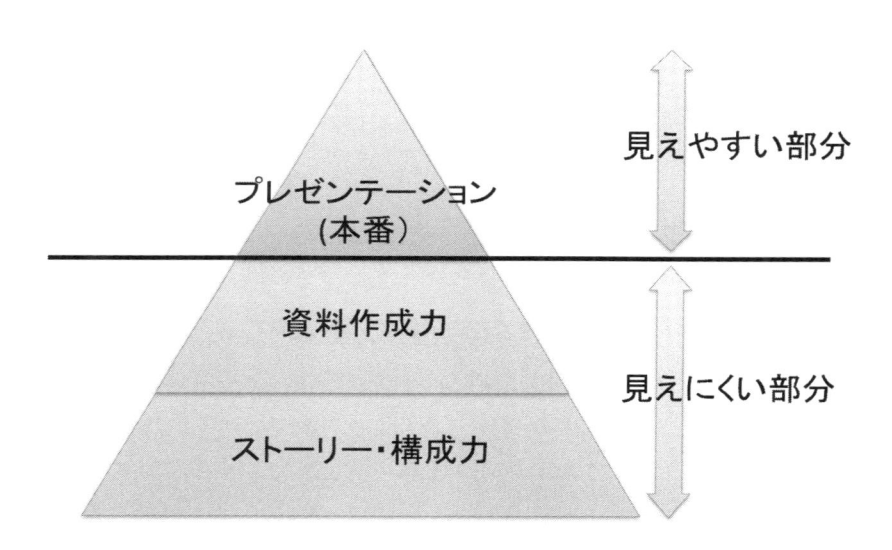

プレゼンテーション
(本番)

資料作成力

ストーリー・構成力

見えやすい部分

見えにくい部分

「見えにくい部分」の作り込み次第で、プレゼンテーション（本番）のパフォーマンスがかわるのです！

華々しいイメージのプレゼンテーション

　プレゼンテーションというと、人前で意気揚々と話をしている姿をイメージするが、実際はそうでもない。

　台本があり、役者の素質がある人であれば演じることは可能だろう。しかし、台本通りにいかないのがプレゼンテーションなのである。お客様の反応はその時々で異なる。現場の雰囲気を感じ取りながら、臨機応変に飛行ルートを変えながら、目的地に向かう必要に迫られる。ここに、プレゼンテーションの醍醐味がある。

　これができるプレゼンターは、しっかりとした準備を行い、目的が明確になっていないとできない。準備とは、一言一句記載した台本作りをすることではなく、ゴールへのストーリーと、柔軟な飛行ルートを考えることにある。

「見えにくい部分」こそ、プレゼンテーションの神髄

　プレゼンテーションに欠かせないのは、訴えかける内容に沿ったストーリーである。物語性のないプレゼンテーションは、単なる説明に他ならない。目的地に向かっていくストーリーを描くことができたら、次は、資料作りである。

　印刷資料を配布するだけのときもあれば、プロジェクターでパワーポイントを利用する場合もある。これらの作り込みが、プレゼンテーションの可否を左右している。

　プレゼンテーション本番は、見えやすい部分であり華々しさを感じるが、実際は、見えにくいコンテンツ作りが重要なのである。パフォーマンスに固執せず、地道な作り込みに全力を投じることが、プレゼンテーション成功の秘訣なのである。

6. 「書き言葉」と「話し言葉」

『文字』と『音声』の特性の違いは何か？

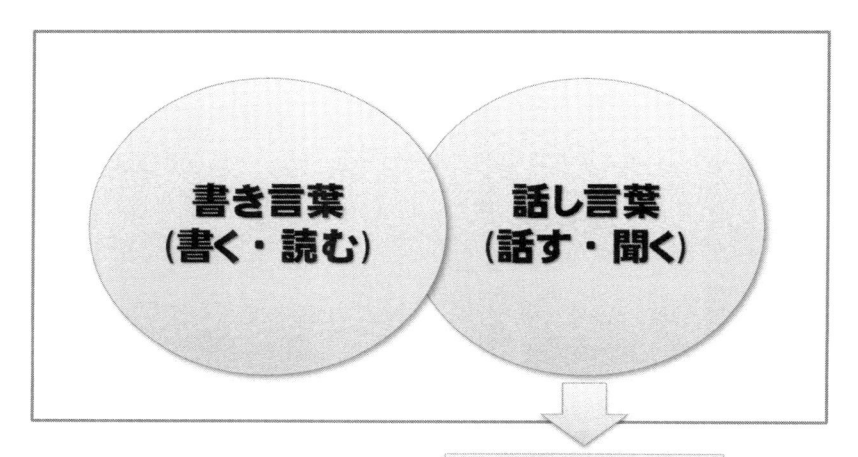

書き言葉
（書く・読む）

話し言葉
（話す・聞く）

『音』としての言葉

「話が分かりやすい」と言われる人には、理由があります！

プレゼンテーションは、「話し言葉」であり、音声である

　書籍を代表とする「書き言葉」は文章であり、書き手にとっては書き直し可能である。一方、読み手にとっては、理解できない部分があった場合などは、読み返すことができる。ところが「話し言葉」は、例えばリアルタイムの会話であり、話し手は一度声を発したら言い直すことはできても取り消すことはできない。聞き手は、聞き逃してしまうと、お願いしない限りは聞き直せない。

　このように、それぞれの特性を考えると「文字」と「音声」の違いであることが分かる。プレゼンテーションは、「音」としての言葉を巧みに使いこなしていく。その特徴を把握しておくことは重要なことといえる。

「音」としての言葉、の特徴を把握することからプレゼンは始まる

　「音」としての言葉は、聞き手にとって聞いた瞬間に理解をする必要がある。プレゼンターは、固有名詞や、聞きなれない専門用語などは、特に聞き取りやすい発音をしなければならない。さらに同音異義語にも注意が必要となる。例えば「保障・補償・保証」などである。また、音声は消えてなくなるため、短いセンテンスで伝えていかないと、聞き手の負担が大きくなってしまう。原則として「1センテンスに1情報」を意識すべきだろう。

　聞き手は、聞いた順番に考え理解していく。つまり、時系列ごと、カテゴリーごと、優先順位の高いものからなど、話す順番を考慮しないと伝わりにくくなってしまう。そして、話の組み立ても重要である。全体や結論が先、部分や理由がその後に来るようにすると聞き手は理解しやすくなる。

7. 聞き手とのコミュニケーション

＜聞き手を集中させる4つのポイント＞

> ・目線のコントロール
>
> ・手のコントロール
>
> ・耳のコントロール
>
> ・口のコントロール

聞き手が作業をしているのか、思考しているのかを常に意識してプレゼンテーションを進める

プレゼンテーションは、聞き手を把握し、集中してもらう工夫が常に必要です。

プレゼンテーションで重要なのは、聞き手の状況

　プレゼンターは、一生懸命になるあまり自分が話すことばかりに注力しがちになる。逆だ。聞き手の状況を常に把握し、それに沿ってプレゼンテーションを行わなければならない。

　聞き手の状況とは、例えば、必死にメモを取っているのか、それとも説明を聞いて考えているのか、眠りにつきそうな場合も考えられる。聞き手が作業をしているとき、思考をしているときは、話を進めない方が賢明だ。その間は何も聞いてくれない。そのような時は、ある程度「間」を取るのも一つであるし、それまでの話の「振り返り」を行うのも効果的だ。

聞き手の「集中力」をいかに保たせるかの工夫が必要

　人の集中力は、そう長く続くものではない。プレゼン中に、ふと窓の外の景色を見るときもあれば、隣の人と会話をすることだって普通にある。注意したいのは、配布資料に目を落としているときだ。後は目を閉じるだけで、すぐに眠ることができる。

　その様な場面を脱する方法のひとつは、聞き手の目線のコントロールである。有効なのは、通常では御法度の「これ、それ、あれ、どれ」といった指示詞を意図的に使うことだ。「ここがポイントです」と言えば、聞き手は「どこ？」と、プレゼンターを見るしかない。そして、ホワイトボードなどにポイントを書いたりすれば、聞き手はメモを取り始める。聞き手の手のコントロールである。このような工夫をしていかないと、聞き手はなかなか耳を貸してはくれない。何か質問等で発言してもらえば、聞き手は一気に覚醒し、聞くモードとなるのである。

8. プレゼンテーションに求められる4要素

分かりやすさ	聞きやすさ
面白さ	親しみやすさ

まずは「分かりやすさ」、しかし「聞きやすさ」、「面白さ」、「親しみやすさ」がなければ、プレゼンテーションは成功しません！

ダメダメなプレゼンテーションとは？

　「上手にプレゼンテーションを行うにはどうすればよいのか」と多くの人は考えるようだが、まずはその逆を考えた方が上達は早い。つまり、「ダメダメなプレゼンテーション」の具体例を考えるのである。

　真っ先に出てくる意見は、「分かりにくいプレゼン」というものだ。これは当然のことで、よく意味の分からないプレゼンはそもそも聞くに値しない。「分からない」となってしまう理由は、大きく2つが考えられる。一つは、説明が的を射ていないため、単純に意味が理解できない場合である。もう一つは、説明している内容自体が難解なため、理解するのに時間や事前知識を必要とする場合である。アンケートなどで「分かりにくい」と書かれてしまった時は、上記のどちらなのかを意識する必要がある。

関心を高め、知的好奇心を擽るプレゼンテーション

　滑舌の悪いプレゼンは聞くに堪えない。何を言っているかが聞き取れないという、意味を理解する以前の問題である。「聞きやすさ」は、快適なときには概して意識しないものであるが、聞きにくいときは、集中を妨げ、「分かりやすさ」の阻害要因になる。

　「面白さ」とは、笑わせる（funny）ことではなく、重要な情報やデータなどが提供されているなど興味深さ（interesting）があるかどうかという意味である。このサポートがあることで「分かりやすさ」を促進させ、さらに関心を高める効果が期待できる。

　「親しみやすさ」とは、プレゼンターと聞き手の距離感である。近すぎると、質問などはしやすくなるが、注意しないと馴れ馴れしさも強くなってしまう。距離感を可変させるコントロールが求められる。

9. オンラインセミナーの注意点

<講師(配信側)＞

基本はノートパソコンがあればＯＫ？

内蔵カメラ

内臓マイク

見やすい映像になっている？

音割れしていない？

ネット回線の調子は大丈夫？

<受講者＞

先生の声が聞きづらい！

画面が小さくてよく見えない！

オンラインセミナーの講師は、受講者の使用しているデバイスや環境を意識しましょう。明瞭な音声や見やすい映像にも注意が必要です。

オンラインセミナーはとても便利！

　新型コロナウイルス感染症の影響により、人との接触や移動・会話などが制限され、会場でのセミナーも難しい状況である。そこで登場したのが、Zoom や Microsoft の Teams などのオンラインミーティングを行うためのツールである。オンラインセミナーは、自宅から受講できるなど、会場までの移動の手間や時間がかからず、手軽に参加できる。画面上で資料を共有することも可能で、印刷の必要性も低くなってきた。かなりの効率化ができる一方で注意点もいくつかある。

オンラインツールによる「独特の疲れ」と「伝達情報の減少」

　講師として注意すべきは配信環境である。ノートパソコン一台あれば成立はするが、カメラやマイクの質を考えると、それぞれ用意した方が安心である。声の聞き取りにくさは致命的であるし、ノートPCの内蔵カメラでは下から煽った映像になりがちである。ネットの通信環境は最重要項目でもある。また、目が疲れる、質問等がしにくいといった弊害も出てきている。すべてはパソコンなどの画面を通じてのコミュニケーションなので、目が疲れるのはごく自然といえる。また、スマートフォンなどから受講している場合、画面が小さく共有された資料の文字が読みにくいといったことも起こりうる。また、画面越しになるため講師の顔しか見えず、講師の身振り手振りや雰囲気がつかみにくい。周囲の受講者がどのくらい理解しているかの判断もできず、相対的な自分の理解度の確認もできず、質問もしにくい。他にもたくさんの制約要因はあるが、開催側の講師としてそれらを意識したうえで、画面上で伝える必要がある。単なる会場セミナーの延長として捉えると思いもよらず不評を買う恐れがある。

10. 顧客相談と関係構築

<関係構築>

聞くべきこと	聴きかた
・家族構成？	・尋問になっていない？
・収入や貯蓄額？	・顧客の話を切っていない？
・持ち家か賃貸か？	・説明ばかりしていない？
etc…	etc…
本当にこれで十分？ 必要ないことも聞いてない？	受容・傾聴・共感してる？ 笑顔や明るい雰囲気ある？

「話の聴きかた」を考えるということは、お客様の気持ちを考慮し、ストーリーの中でどのように話をお伺いするかを考えることなのです。

顧客相談のポイントは、アドバイスをしないこと！

　ＦＰなどの資格を取得した人の顧客相談にありがちなのは、アドバイスをしたがることだ。もちろん、身につけた知識を提供したくなる気持ちは十分に理解できるし、最終的にはアドバイスは行うことになる。しかし、顧客相談の入り口はアドバイスではない。

　当然ではあるが、アドバイスをするには、お客様の不安に思っていることや疑問点を聴かなければアドバイスはできない。コミュニケーションのところと重複するが、人の話を聴くというのはそれなりの気力と体力を要する。意識しないとできないのだ。人は、話を聴くより、自分が話す方を好んでいる。「年金」、「運用」、「税金」といった、お客様が発した言葉に反応して、話を奪い取りアドバイスと称した単なる制度説明をはじめてしまいがちなのだ。満足度の低い相談の典型的な例といえる。お客様の話の追い剥ぎはご法度である。

「何を聴くべきか」ではなく「どのように聴くべきか」が大切！

　ＦＰ相談であれば、家族構成、年収や貯蓄額、持ち家か賃貸かなどといったことを根掘り葉掘りお伺いすることになる。お客様にとっては、最も他者に話したくない個人情報ばかりなのである。この点を軽く見ているＦＰはお客様からの信頼は得られにくい。

　「年収は？」、「貯蓄額は？」などと聞かれたら、お客様は尋問されている気分になってしまう。そこに信頼感は生まれない。住宅ローンの相談などでは、特にこのような質問からはじまりやすい。定量的な要素ばかりではなく、住宅を購入しようと思った動機など、定性的な要素にも注目し、質問の意味や意図が明確になるよう、聴きかたを工夫することが重要なのだ。

11. 共感を呼ぶ相談

- 反対・非難をしない
- 話を聞きたいという姿勢を見せる
- ポジティブ思考を促す
- 違いではなく共通点を見つける
- 共に考える意識をもつ

「受容・傾聴・共感」この三拍子を実践するのは、トレーニングが必要です。

顧客相談とは、お客様にどのように質問をするかということ

　ここでいう「質問」とは、もちろん「年収は？」、「貯蓄額は？」ということではない。「質問すること＝アドバイスに変えること」という意味である。次の3つの質問などがその例となる、3つとは、「確認する質問」、「共に考える質問」、「気づかせる質問」である。これらを駆使することで、それをアドバイスに変えることが可能となる。

　質問をするときに気を付けたいのは、分かりやすい質問をすることである。「何を答えればよいのでしょうか？」などと聞き返される質問は論外だ。質問の意味が伝わっていないことになる。また、「年収は？」などという質問は、その意図が伝わらないと本当の意味で答えてはもらえない。そして、相談の方向性が見えないとスムーズに相談を進めることは難しい。「意味・意図・方向性」を意識した相談をしたいものだ。

共感を呼ぶ相談をするための五か条とは

　図表に記載してあることを否定してみると分かりやすくなる。

- ・お客様の意見に反対し、非難をする
- ・話を聞いてあげているという態度をとる
- ・ネガティブな考え方ばかりする
- ・自分の考え方との違いばかりを強調する
- ・こちらの考えを押し付け、あとは自分で考えてと突き放す

　いかがだろうか。このようにならないよう気を付けることで、少しずつ共感を呼ぶ相談に近づいていけるのではないだろうか。これをみれば頭では簡単に理解できる。しかし、実際に経験を積まないと自分のものにはできないことが多い。

12. カウンセリングの技法

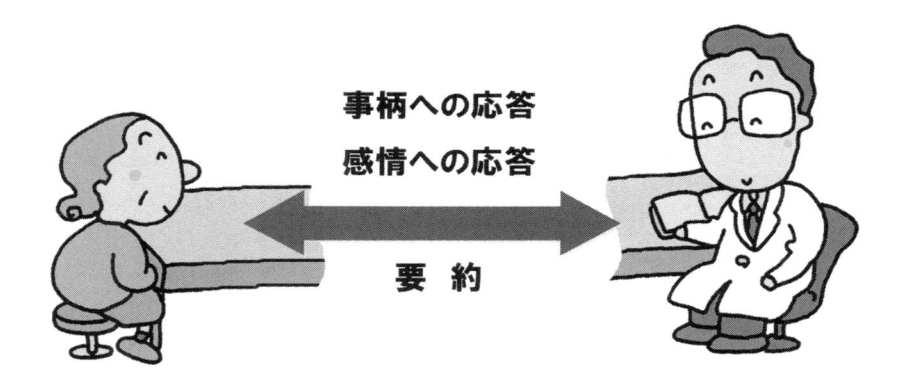

事柄への応答
感情への応答

要　約

お客様の話の「事柄」そして「感情」に対して応答することは、顧客相談にかかせません。
正しい知識とトレーニングが求められます。

カウンセリングの技法の一端を知る

　カウンセリングには、そのプロセスに必須となる７つの技法がある。ここでは、そのうち「事柄への応答」、「感情への応答」、そして「要約」の３つについて紹介してみたい。

　「事柄への応答」とは、内容の再陳述、言い換えともいわれており、お客様の話の内容のキーポイントを押さえ、性格にそして簡潔に伝え返すことを指す。お客様の考えを整理し、具体化するのを助け、また両者の関係性が進展するのをサポートする。

　「感情への応答」とは、お客様の感情的な表現を注意深く聴き取り、それを伝え返すことを指す。感情への応答により、お客様は、自分の気持ちが分かってもらえたといった安心感をもつことができる。お客様が自分自身の感情に気づくのを助ける効果も期待できる。

　「要約」とは、お客様の話の段落、セッションの終わりに、その話の趣旨をまとめて伝え返すことを指す。広範囲にわたる話の「事柄への応答」、「感情への応答」に相当するものといえる。

まずは、お客様の「事柄」と「感情」に目を向けてみることから

　カウンセリングの世界は広く深いため、この紙面で伝えることは困難を極めるが、顧客相談において、お客様の「事柄」と「感情」について、分けて注目するといったことだけでも、かなり参考になるのではないだろうか。それらを要約し伝えることで、お客様自身の考えが整理され、まとまってくるのだ。

　このような相談のできるＦＰは、知識だけのアドバイスを行うＦＰと比較すれば、想像以上にお客様の信頼感は高くなるのである。

13. オンライン相談の注意点

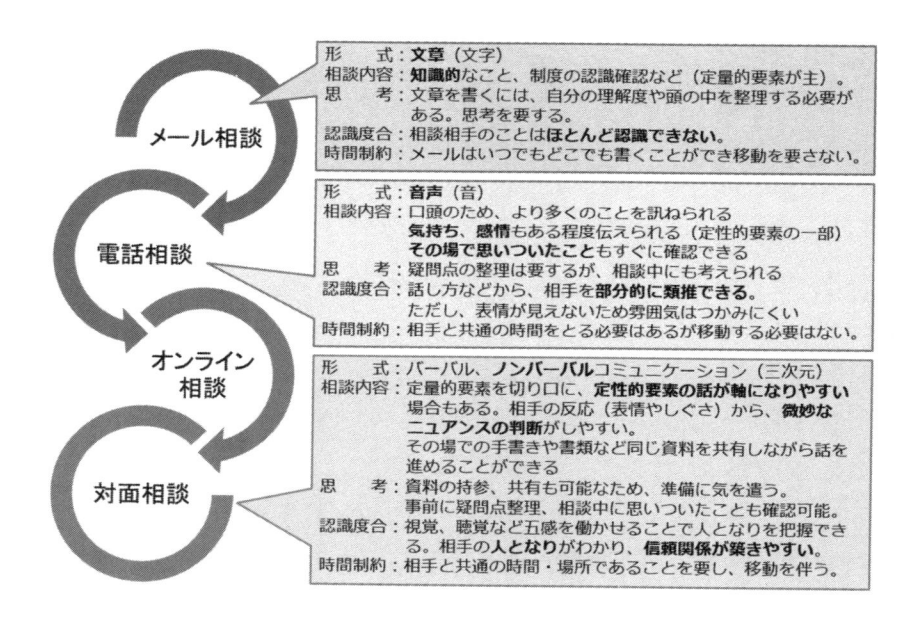

メール相談

形　　式：**文章**（文字）
相談内容：**知識的**なこと、制度の認識確認など（定量的要素が主）。
思　　考：文章を書くには、自分の理解度や頭の中を整理する必要がある。思考を要する。
認識度合：相談相手のことは**ほとんど認識できない**。
時間制約：メールはいつでもどこでも書くことができ移動を要さない。

電話相談

形　　式：**音声**（音）
相談内容：口頭のため、より多くのことを訊ねられる
　　　　　気持ち、感情もある程度伝えられる（定性的要素の一部）
　　　　　その場で思いついたこともすぐに確認できる
思　　考：疑問点の整理は要するが、相談中にも考えられる
認識度合：話し方などから、相手を**部分的に類推できる**。
　　　　　ただし、表情が見えないため雰囲気はつかみにくい
時間制約：相手と共通の時間をとる必要はあるが移動する必要はない。

オンライン相談

形　　式：バーバル、**ノンバーバル**コミュニケーション（三次元）
相談内容：定量的要素を切り口に、**定性的要素の話が軸になりやすい**
　　　　　場合もある。相手の反応（表情やしぐさ）から、**微妙な**
　　　　　ニュアンスの判断がしやすい。
　　　　　その場での手書きや書類など同じ資料を共有しながら話を
　　　　　進めることができる
思　　考：資料の持参、共有も可能なため、準備に気を遣う。
　　　　　事前に疑問点整理、相談中に思いついたことも確認可能。
認識度合：視覚、聴覚など五感を働かせることで人となりを把握でき
　　　　　る。相手の**人となり**がわかり、**信頼関係が築きやすい**。
時間制約：相手と共通の時間・場所であることを要し、移動を伴う。

対面相談

オンライン相談は、メール、電話、対面など様々な相談方法の一つとして捉え、活用していくことがポイントとなります！

まず、メール相談・電話相談・対面相談の特徴を考える

　メール相談は、一般に知識的なことや制度の認識確認などの相談がしやすい。顧客からすると相談したいことを文章化するという負担があり、最終的には対面を望まれることが少なくない。メール相談の大きな特徴は、ＦＰと相談者がそれぞれ同じ場所に集まる必要もなく、異なった時間で行うことができる。つまり「非同期」で相談を進められる点といえる。一方、電話相談は、場所は特定されないが同じ時間を共有する必要がある。つまり「同期」が要件になる。メール相談のように、文章化の負担がないため、相談者は自分の気持ちや感情などが伝えやすい。

　対面相談は、同じ場所・同じ時間である必要があり「同期」が条件となる。しかし、表情や身振り手振りなど、両者間でのバーバル・ノンバーバルなコミュニケーションを自然に行うことが可能で、伝達の情報量も多く、双方の人となりや信頼関係も築きやすいといえる。

オンライン相談の特徴と活用

　上記の視点でオンライン相談を分析すると、移動の必要がなく、同じ時間を共有できればよいため「同期」の特徴がある。そのため、夜遅い時間の相談であっても、外出する必要がないため双方が対応しやすい特徴も兼ね備えている。オンライン相談は、画面越しの映像（二次元）であるため、平面的で画面サイズの制約も受けてしまう。場合によっては相手の顔しか見えず表情等も分かりづらく、細かなニュアンスの判断がしにくい場合もある。一方、資料の共有もでき、効率的な相談が行える。大切なのはオンライン相談ひとつに固執するのではなく、他の方法も含め総合的に活用することが重要となる。

14. テクノロジーの進化

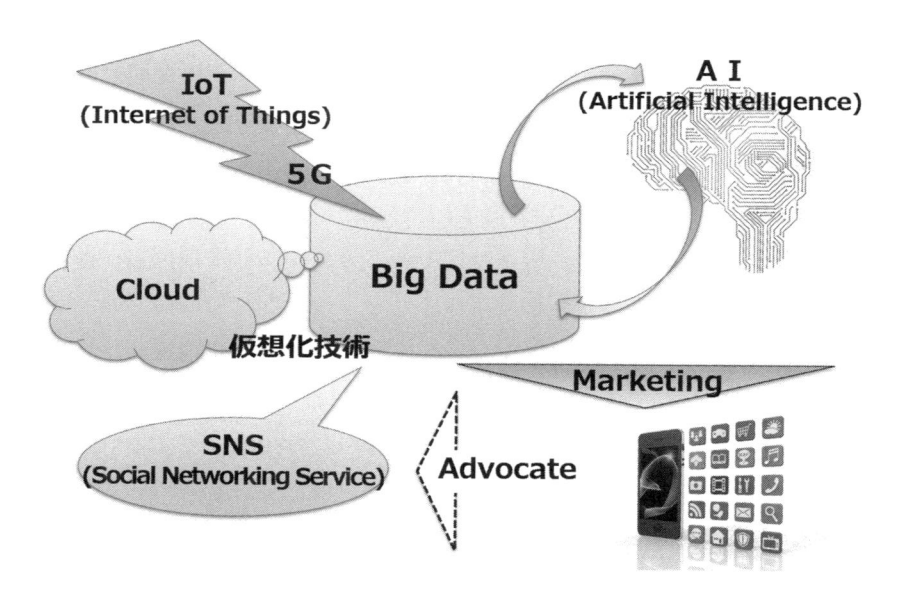

業種業態を問わず、ニューテクノロジーに対する顧客の行動変容に注目することは今後のビジネスに必須といえます！

テクノロジーの進化についていくことがコンサルの必要条件！

　このところテクノロジーの進化には目を見張るものがある。特にコロナ禍においてはその恩恵を多分に私たちは受けてきた。

　一昔前になるが「ビッグデータ」から振り返りたい。これは、従来のシステムでは扱えないような巨大で複雑なデータを指す。今では、クラウドを利用することで、私たちのスケジュールやアドレス帳、撮影した写真までもがビッグデータに保存されている。SNSでの夕飯の内容やつぶやきもそうだ。最近の技術に「５G」がある。高速・低遅延・多数同時接続などが可能となった。それらを車やテレビなど様々な「モノ」と接続して活用するのがＩｏＴである。これにより飛躍的にネット上のデータが増加する。これらのビッグデータは人では対応できないため、代わりにＡＩに24時間働いてもらうことになる。

データから分析されたマーケティング

　24時間働くＡＩが、様々な統計データや購入履歴などの個人情報をベースに、私たちのスマートフォンに対してアプローチしてくる。これがデジタル・マーケティングとも呼ばれる方法である。

　昨日欲しいものを検索したら、ＳＮＳの広告欄で推奨されるなど、当初は驚きを隠せなかったが、もう普通の出来事になってきている。

　私たちは意識することなく、情報を検索し購入している。そしてそれをＳＮＳなどにアップすることで推奨したりもしている。現代のマーケティングは、私たちに商品を買ってもらうことがゴールではない。購入後、他者に対して推奨してもらうところまでを意識している。私たちは知らず知らずのうちに営業の一端を担っているのである。

15. マーケットにおける消費行動の変化

◎モノ消費からコト消費へ

商品の「所有」に価値を見出す
　⇒　モノ消費

価値基準が多様化・細分化
　⇒　体験、コミュニティを重視

商品から得られる「体験」に価値を見出す
　⇒　コト消費

利用（コト）

所有（モノ）

顧客の価値観の変化に気づき、それを自分自身のビジネスに置き換えて考えるスキルは、ほとんどのビジネスパーソンに求められています！

日本経済の成熟化による消費者の行動変容

　日本経済は、戦後間もない1950年代後半に「三種の神器」といって、冷蔵庫、洗濯機、白黒テレビを所有することがひとつのステイタスとなっていた。そして高度成長期の1960年代半ばには「新・三種の神器」であるカラーテレビ、クーラー、自動車に変わり「３Ｃ」とも呼ばれた。

　　しかし日本経済が成熟するにつれて、多くの家庭では必要なものが揃うようになり、近年では、逆に家にモノがあふれて増やしたくないと思う人が増加するようになってきたのである。JR東日本の調査では回答者の半数以上がこの傾向にあったという。

モノ消費からコト消費へ

　モノに対する所有欲が薄れ、モノから得られるコト（体験）が重視されるようになってきた。例えば海外旅行を考えてみると、バブル時代の日本人観光客は、海外に出かけてはブランド物を買いあさっていた印象がある。しかし、現在では買い物目的はもちろんあるだろうが、海外での社会や文化を知ること、家族や友人たちと共通の体験、共通の時間を過ごすことが重視されてきている。これをコト消費と呼ぶ。

　昔、人生ゲームといったボードゲームが流行った時代がある。多くの人が買い求めたわけだが、デジタル化されたという違いはあるが、今でもゲームは人気が高い。海外旅行と同様に、現在はゲーム自体が欲しいのではなく、それを通じて仲間と対戦したり、一定の時間（トキ）を共有したりする「体験」に価値を見出している。モノ消費からコト消費に消費者の価値観が変化したことを考えると、モノが売れない時代といわれるのにもうなずける。

16. シェアリング・エコノミー

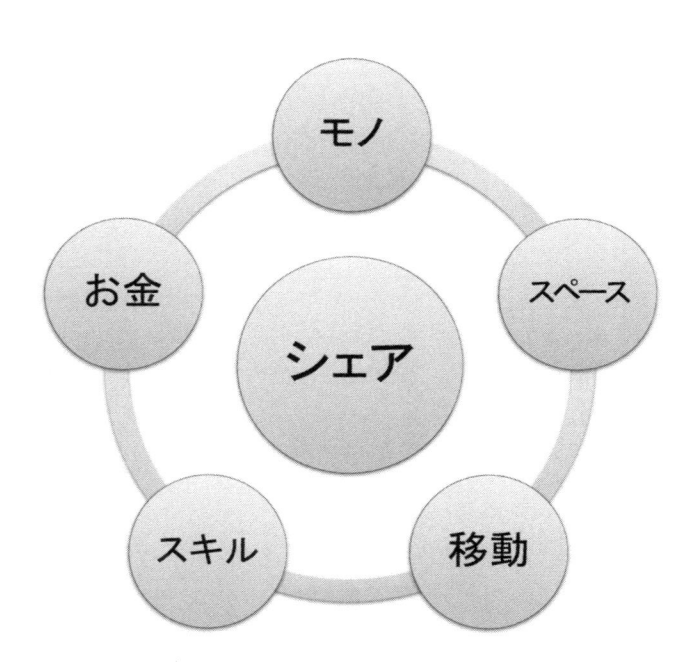

ＦＰの相談サービスなどは、「スキルのシェア」といえる。自分の得た知識をどのようにシェアするのか、そのような考え方も必要な時代です！

シェアリング・エコノミーとは何か？

　総務省の情報通信白書（2015年版）をみると、シェアリング・エコノミーとは「典型的には個人が保有する遊休資産（スキルのような無形のものも含む）の貸出しを仲介するサービス」とある。貸主は遊休資産の活用による収入が、借主は所有することなく利用できることが魅力となる。貸し借りが成立するためには、信頼関係の担保が必要となるが、それを管理・運営する企業等が作成したスマートフォンのアプリ等からインターネットを介して利用する仕組みである。

有形・無形を問わず、シェアする時代の到来！

　シェアといえば「モノ」の貸し借りが分かりやすい。古くからある図書館の本も無料ではあるが、貸し借りの世界である。少し視野を広げて、貸し借りから個人同士の売買と捉えると、メルカリなどが該当する。自分にとって不要となったものを売り、中古品ではあるがお手軽な価格で買うことができる。新品を販売する店舗は当然に売り上げが下がる。ネット店舗で販売するのとは少々特徴が異なる。

　「スペース（空間）」のシェアもある。平日の仕事中は自宅にいない間の時間貸し、貸会議室などは一般的にイメージがしやすい。「移動」については、カーシェアやアメリカのウーバーなどのライドシェアがある。形のないサービスでは「スキル」のシェアがある。家事代行から介護や育児アドバイスなどもある。「お金」のシェアは、最近よく聞くクラウドファンディングが当てはまる。

　シェアビジネスの注意点は、信用関係のリスクが大きいことだ。仲介業者の適切な対応と仕組みづくりが求められている。

17. デジタル・トランス フォーメーション（DX）

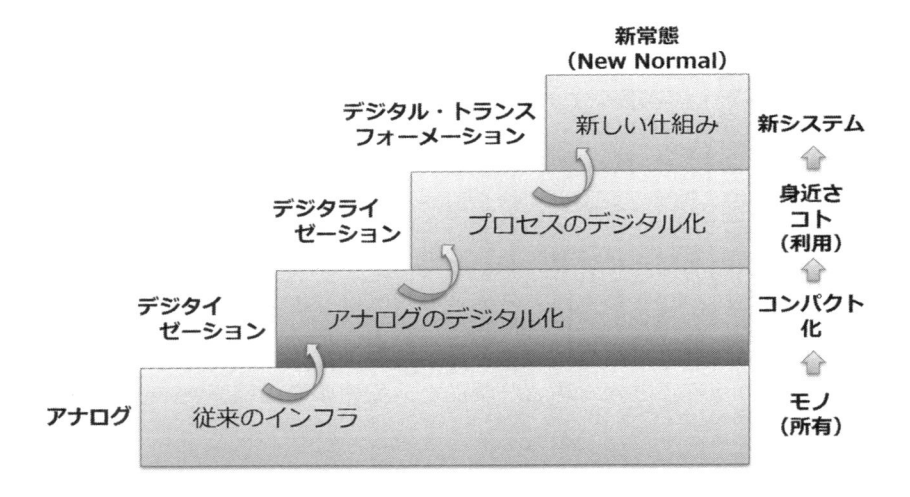

デジタル・トランスフォーメーションは、単純にデジタル化することではなく、デジタル技術を活用し、新しい仕組みづくりをすることなのです！

デジタル・トランスフォーメーション（ＤＸ）とは？

　経済産業省も推進しているＤＸだが、とりたてて新しい言葉ではない。2004年ウメオ大学のストルターマン教授がＤＸについて「ITの浸透が、人々の生活をあらゆる面でより良い方向に変化させる」と定義したと説明されている。ITの浸透を、スマートフォンと捉えて考えてみると、その便利さゆえに生活をしていく上で欠かせないツールになっている。「デジタル」が私たちの生活を豊かにしてくれている。

「音楽」でデジタル・トランスフォーメーションを考えてみる

　例えばレコードはアナログの世界だが、アナログ音源をデジタル化したことによりＣＤ（コンパクト・ディスク）が登場した。アナログのデジタル化を「デジタイゼーション」と呼ぶ。時代が変わり、スマートフォンが台頭してくると、デジタル化された音楽データはＣＤを介さずダウンロードして楽しむようになる。これを実現するには、デジタル化された音源をストックしダウンロードできる仕組みを作る必要がある。そのプロセス全体をデジタル化していくことを「デジタライゼーション」という。デジタライズされたものが普及すると、単価は下がり重さもないため、いつでもどこでも利用できるようになる。

　そして今求められているのが「ＤＸ」である。音楽でいえばサブスクリプションという、新しい仕組みである。サブスクリプションとは、商品ごとに購入するのではなく、１ヵ月間、１年間といったように一定期間の利用権を支払う方式だ。つまり、聴きたい曲を購入して「所有」するのではなく、何十万曲という曲を一定期間「利用」するという考え方に変容したのである。デジタル技術を活用し新システムを構築することが今、ビジネスで求められている。

番外 お客様の「選択」における７つの バイアス　〜行動経済学〜

　行動経済学では認知の仕方による思考の偏りを「バイアス」と呼んでいる。人が「選択」をする際、何らかのバイアスがかかり合理的な判断を誤ることがある。代表的なものが次の７つのバイアスだ。キーワードは「選択」である。

　偏った意思決定をしないようにするためにも、人の持つバイアスの特徴を理解し、「選択」することが重要となる。

① 　損失回避性……損失が恐ろしく安全確実な「選択」をしがちになる

　次のようなコイン投げギャンブルがあったとする。あなたは参加するだろうか。

「コインの裏が出たら10,000円を支払う、

コインの表が出たら12,000円を受け取る」

　冷静に考えれば、このギャンブルは参加者に有利だが、多くの場合、参加しないことがわかっている。12,000円を得る期待感より、10,000円を損してしまう恐怖感のほうが大きく感じるからだ。この特徴を「損失回避性」という。

　損失回避性の重要なポイントは、私たちが回避したいと考えているのは、リスクではなく損失という点だ。損失を目の前にすると、それを回避するため大きなリターンを求め、リスク追求的になる。損失とリスクを明確に分けて考えることが大切なのである。

②　メンタル・アカウンティング……総合的でなく個別の会計と考えた「選択」をしがちになる

　「心の会計」とも呼ばれ、人がお金に対し個別の会計ごとに管理しがちな傾向を指す。

　預貯金があるにもかかわらず、クレジットカードでリボルビングを利用している方もいるだろう。現時点での預貯金の金利を考えれば、リボルビングを利用したときの手数料のほうが割高だ。しかし預貯金がないのは不安なため、預貯金を残しながら（別会計として）リボルビングを利用してしまう。

　FPが家計のアドバイスをするとき、「毎月の収入を使う前に、例えば「生活費」、「娯楽費」、「貯金」といった３つの封筒に分けて管理しましょう」と言ったりする。このように"別々の会計"と考えると、仮に娯楽費が不足した場合でも、生活費や貯金の封筒からお金を抜き取ることに抵抗を感じさせているのだ。このちょっとした抵抗感が、日々の家計の見直しには重要となる。まさに、心の会計の特徴を押さえた上手な活用例と言えるだろう。

③　現在志向バイアス……目先の利益を追求した「選択」をしがちになる

　長期的な利益より短期的な利益を優先してしまう傾向を「現在志向バイアス」といい、状況や順番などによって選択が変わることを「選好の逆転」と呼ぶ。

　例えば、ダイエットによる長期的な利益は、健康でいられたり、スリムな体型が維持できたりと数多く思いつくだろう。しかし、私たちは、長期的なダイエットの目標を掲げながらも、現在の快

楽を重視し、ついつい甘いものを食べてしまう。「毎月貯金しよう
と計画していたけれど、つい欲しいものを買ってしまった」など
も同様だ。

　お客様が短期的思考になっているときは、長期的な思考に転換
するようなアドバイスが求められる。

④　**現状維持バイアス……現状を維持し「選択」を先延ばししがちに
なる**

　人は現状を維持する選択をしようとする傾向がある。

　例えば、「貯蓄から投資へ」という言葉をよく耳にするが、預
貯金しかしたことのない人にとって、投資をすることは金融機
関の選択や取引方法、投資商品の学習など様々な労力を必要と
する。そして、リスク商品に投資した場合、損失を被る場合も
あり、前出の損失回避の意識も高まる。さらに、多種多様な投
資商品から選択しなければならない困難が待ち受けている。そ
こで、私たちは意思決定（選択）の先延ばしをしてしまう。つ
まり、現状を変えることを嫌うのだ。これが「現状維持バイアス」
である。

　現状維持バイアスへの対応方法の一つに、「目的の再確認」が
ある。資産運用であれば、その目的が達成できるかどうかを改
めて検討することだ。運用の目的を考えることの重要性が分か
るだろう。

⑤　極端性の回避……中立的な「選択」をしがちになる

　仮に欲しいものが2つあって、どちらか一方しか購入できない
場合、私たちは迷ってしまう。どちらかに決める決定的な要素が
ないと、散々迷った挙句、どちらも購入しないという選択をして
しまうことさえある。何かを選択するには、機会費用についても
考慮するため、自分自身で納得できる「理由」を求めてしまうか
らなのだ。後になって明らかに失敗と思われる選択をしたとして
も、選んだ「理由」があると、後悔の程度が軽く思える場合もあ
る。「上中下」といった3択の場合、私たちは間を取って、「中」を
選んでしまう理由がここにある。

　相手の選択のプロセスをできるだけ簡略化する方法が「極端性
の回避」である。お客様に提案する際、選択しやすい方法を工夫
することも大切になる。

⑥　フレーミング効果……表現のされ方次第で異なる「選択」をしが
ちになる

　例えば、電機製品の1年間の電気代が「1年間で7,300円かか
る」と言われるより、「1日当たり20円しかかからない」と言わ
れた方が安く感じてしまう。7,300円を365日で割れば20円であ
り、両者は同じことを伝えている。このように、表現の仕方次第
で認識が変わる現象をフレーミング効果と言う。

　「年単位」よりも「1日単位」で表現されている方が、私たち
にとってイメージしやすく、アクセスが容易になる。つまり、年
間で表現されると、比較対象となる事例が1日単位と比べてイ
メージしにくいのがその理由だ。このようにアクセスの容易さを
「アクセシビリティ」と呼んでいる。

> 　私たちは、お客様のアクセシビリティを考慮したアドバイスが求められている。

⑦　ヒューリスティクス……直感的な「選択」をしがちになる

> 　直感的な判断（速い思考）を「ヒューリスティクス」と言う。スピード感があるため「思考の近道」などと言われたりもするが、往々にして間違いもあるため「早とちり」などと表現されたりもする。
> 　例えば、次の問題を考えてみよう。
> 　「ここにあるバットとボールは合わせて1,100円です。バットの値段はボールより1,000円高いとき、ボールの値段はいくらか」
> 　直感的に「ボールの値段は100円」と答えがちだが、そうだとすると、バットは1,100円となり、合計額が1,200円になってしまう。一方で時間はかかるが、連立方程式建てて計算すると、ボールは50円であることがわかる。
> 　直感的判断であるヒューリスティクスは素早く答えをイメージできるが、早とちりもしがちだ。一方、論理的な判断（遅い思考）は、時間がかかる反面、直感的判断の誤りに気づき修正することも可能となる。
> 　ただしヒューリスティクスは必ずしも間違った行動とは限らない。人は日常的に繰り返される判断（例えば買い物や車の運転など）ではヒューリスティクスに頼ることで時間と労力を節約できるからである。直感的判断と論理的判断をバランスよく活用することが大切なのである。

MEMO

MEMO

MEMO

MEMO

MEMO

MEMO

MEMO

【著者】

中野克彦（なかの・かつひこ）

リンク・イノベーション代表。経営コンサルタント、認定心理士、ＣＦＰ®、１級ＦＰ技能士、Ａ・Ｆ・Ｔ色彩検定１級、行動経済学会会員（第630496号）、日本心理学会会員（第47081号）財務・税務コンピューターメーカーに入社し会計を学んだ後、コンサルティング会社にて、企業のマーケティング戦略の策定や人材の有効活用等を行う。現在は、リンク・イノベーションを設立し、心理学を導入した経営コンサルティング、ＦＰ講師も含めファイナンシャル・プランニングを両輪に事業を展開。講演回数は年間150本以上。
著書『困る前に貯める！１円から始める資産運用（共著）』（日本経済新聞社）
　　『イラストで分かる！ＦＰ技能士３級スピード合格テキスト』（日本能率協会）
　　『試験をあてる TAC 直前予想 FP 技能士２級・AFP』（ＴＡＣ出版）
　　『ＦＰのための最新情報＆データ満載　2018年 ＦＰ６課目総復習』（ビジネス教育出版社）
　　『ロジカル・シンキング超入門　― 心理と論理のベストミックス―』（ビジネス教育出版社）

**2022年度版　「コンサルティング力」がアップする
ＦＰ資格を活かす　150の話題**

2022年1月30日　初版第1刷発行

著　者　　　　　中　野　克　彦

発行者　　　　　中　野　進　介

発行所　　　株式会社 ビジネス教育出版社

〒102-0074　東京都千代田区九段南４-７-13
TEL 03(3221)5361(代表)／FAX 03(3222)7878
E-mail ▶ info@bks.co.jp　　URL ▶ https://www.bks.co.jp

印刷・製本／中央精版印刷株式会社
ブックカバーデザイン／飯田理湖　本文デザイン・DTP／坪内友季
落丁・乱丁はお取替えします。

ISBN978-4-8283-0935-4